中文社会科学引文索引（CSSCI）收录集刊（2023-2024）
中国系统工程学会信息系统工程专业委员会（CNAIS）

信息系统学报

CHINA JOURNAL OF INFORMATION SYSTEMS

第30辑

清华大学经济管理学院　编

科学出版社

北　京

内 容 简 介

　　《信息系统学报》是我国信息系统科学研究领域内唯一的专门学术出版物，被中国系统工程学会信息系统工程专业委员会（CNAIS）指定为会刊。《信息系统学报》倡导学术研究的科学精神和规范方法，鼓励对信息系统与信息管理领域中的理论和应用问题进行原创性探讨和研究，旨在发表信息系统研究领域中应用科学严谨的方法论、具有思想性与创新性的研究成果。本书内容包括相关的理论、方法、应用经验等方面，涵盖信息系统各个研究领域，注重结合我国国情进行探讨，从而对我国和世界信息系统的研究与应用做出贡献。

　　《信息系统学报》主要面向信息系统领域的研究人员，其作为我国信息系统领域学术研究探索与发展的重要交流平台，为相关研究工作创造了一个友好而广阔的交流空间，推动着我国信息系统研究、应用及学科建设不断前进。

图书在版编目（CIP）数据

信息系统学报. 第 30 辑 / 清华大学经济管理学院编. —北京：科学出版社，2024.2

ISBN 978-7-03-076735-6

Ⅰ．①信… Ⅱ．①清… Ⅲ．①信息系统—丛刊 Ⅳ．①G202-55

中国版本图书馆 CIP 数据核字（2023）第 200944 号

责任编辑：李　嘉 / 责任校对：贾娜娜
责任印制：张　伟 / 封面设计：无极书装

科学出版社 出版
北京东黄城根北街 16 号
邮政编码：100717
http://www.sciencep.com
北京厚诚则铭印刷科技有限公司 印刷
科学出版社发行　各地新华书店经销

＊

2024 年 2 月第　一　版　开本：889×1094　1/16
2024 年 2 月第一次印刷　印张：11
字数：260 000
定价：128.00 元
（如有印装质量问题，我社负责调换）

《信息系统学报》编委会

主 编 单 位　清华大学（经济管理学院）

副主编单位　北京大学（光华管理学院）　　　　复旦大学（管理学院）
　　　　　　哈尔滨工业大学（经济与管理学院）　西安交通大学（管理学院）
　　　　　　中国人民大学（商学院）

参 编 单 位　北京大学（光华管理学院）　　　　　北京航空航天大学（经济管理学院）
　　　　　　北京理工大学（管理与经济学院）　　大连理工大学（经济管理学院）
　　　　　　电子科技大学（经济与管理学院）　　东南大学（经济管理学院）
　　　　　　复旦大学（管理学院）　　　　　　　哈尔滨工业大学（经济与管理学院）
　　　　　　合肥工业大学（管理学院）　　　　　华中科技大学（管理学院）
　　　　　　南开大学（商学院）　　　　　　　　清华大学（经济管理学院）
　　　　　　上海交通大学（安泰经济与管理学院）天津大学（管理与经济学部）
　　　　　　同济大学（经济与管理学院）　　　　武汉大学（信息管理学院）
　　　　　　西安交通大学（管理学院）　　　　　中国科学技术大学（管理学院）
　　　　　　中国人民大学（商学院、信息学院）　中南大学（商学院）
　　　　　　中山大学（管理学院）

通信地址

　　北京市清华大学经济管理学院《信息系统学报》，邮政编码：100084。

　　联系电话：86-10-62789850，传真：86-10-62771647，电子邮件：CJIS@sem.tsinghua.edu.cn，网址：http://cjis.sem.tsinghua.edu.cn。

信息系统学报

（第 30 辑）

目　录

China Journal of Information Systems

Issue 30

CONTENTS

主 编 的 话

本期《信息系统学报》是总第 30 辑，共收录 8 篇研究论文、1 篇领域综述和 1 篇学科建设专论。其中，学科建设专论来自中国系统工程学会信息系统工程专业委员会（CNAIS）2022 学术年会院长/系主任论坛上的交流总结。CNAIS 2022 学术年会于 2022 年 12 月 2 日至 4 日在上海市举办，会议主题为"数智化新跃迁时代的信息系统创新与管理"，会议由中国系统工程学会信息系统工程专业委员会（CNAIS）主办，上海外国语大学国际工商管理学院承办，得到了国际信息系统协会（Association for Information Systems）、中国信息经济学会、中国管理现代化研究会信息管理专业委员会等多个国内外协/学会的支持，来自 350 多所院校的近 1700 位国内外信息系统领域的专家学者和学生参加了会议。专论由许伟、程絮森、马宝君和左美云四位老师执笔撰写，基于 CNAIS 2022 学术年会期间举办的第八届院长/系主任论坛上特邀专家分享与讨论内容，回顾了信息管理与信息系统专业的发展历程，探讨了新一代信息技术快速发展对该专业建设及发展带来的挑战和机遇，梳理了信管专业改革与创新的主要举措，提出了促进信管专业发展的建议。

此次发表的 8 篇研究论文涵盖了在线医疗、电子健康管理、在线电子商务、社交网络营销、企业数字化转型、交通流量预测等多方面的主题，采用了多样化的研究方法。孙士伟等的论文基于信任源理论和信任传递理论，研究医生线下评价结果与在线医疗绩效的关系，构建了医生在线医疗绩效影响因素模型，并分析了医生在线声誉的调节作用。沈禹聪等的论文采用概况性评价对健康管理类 APP 用户持续使用影响因素相关文献进行分析，通过对相关文献中涉及的研究方法、结局变量、影响因素归纳总结，得出了健康管理类 APP 持续使用影响因素的综合模型，为研发团队开发高用户黏性的健康管理类 APP 提供理论依据。吴亮和廖雨婷的论文基于计划行为理论和规范激活模型，构建了新能源汽车购买意愿影响因素的理论模型，并运用回归和 Bootstrap 法定量检验了该模型的合理性。周金应等的论文基于中国消费者既要面子又要里子的心理特质，通过实验探究面子文化情境下企业线上平台产品陈列方式对消费者购买不同地位属性产品偏好的影响，分析了产品陈列数量的调节作用。张明华和严威的论文以依赖口碑传播的体验型产品电影为例，结合定性与定量方法分析电影官方微博主导的转发网络，从网络结构视角探究如何提升微博营销影响力，为企业微博营销提供实践指导和启示。贾琳和李帅圻的论文以中国上市制造业企业的数据为样本，基于动态能力视角，研究新一代信息技术对企业创新绩效和企业财务绩效的影响。张新等的论文从企业业务层面对数字化技术促进中小型制造企业转型升级的规律进行研究，运用系统动力学方法探索中小型制造企业数字化转型的路径及其机理。昝欣等的论文针对现有交通流量预测方法在综合交通时空信息捕获节点时空依赖关系上存在模型能力弱、可解释性差等不足，提出了一种时序双分支图卷积网络，设计了基于时序特征提取的双分支图卷积网络，并运用真实场景下的交通数据集评估了该方法的预测性能。本辑刊发的 1 篇领域综述聚焦社交媒体原生广告下的赞助披露，贾微微等撰写的这篇论文基于系统述评及文献计量，诠释了现有研究理论视角和研究范式。

我们希望本期刊登的这些文章能够在促进科学探讨、启发创新思维、分享学术新知方面发挥应有的作用，同时也希望《信息系统学报》得到大家更多关注并刊登更多高水平的文章。谨向关心和支持《信息系统学报》的国内外学者同仁及各界人士致以深深的谢意。感谢参与稿件评审的各位专家的辛勤工作，感谢各位作者对学报的支持以及出版过程中的配合，并感谢科学出版社在编辑和出版过程中的勤恳努力！

主　编　陈国青

副主编　黄丽华　李　东　李一军　毛基业　王刊良

2023 年 7 月于北京

医生在线医疗绩效影响因素研究：信任传递视角*

孙士伟　刘思宇　颜志军

（北京理工大学管理与经济学院，北京 100081）

摘　要　近年来互联网医疗发展迅速，医生在线医疗绩效成为研究热点。本文基于信任源理论和信任传递理论，研究了医生线下评价结果与在线医疗绩效的关系，构建了医生在线医疗绩效影响因素模型，并分析了医生在线声誉的调节作用。通过对互联网医疗平台医生的行为数据分析，检验了医生线下评价结果对在线医疗绩效的影响。研究表明，医生的线下职称越高，在线医疗绩效表现越好，并且医生的在线声誉增强了医生线下职称等级对在线医疗绩效的正向影响。研究结果有利于揭示线下医生职称与在线声誉对在线医疗社区医生参与贡献的影响，有利于对影响在线医疗社区医生在线医疗绩效的因素进行深入剖析。

关键词　医生绩效，在线医疗社区，信任传递理论，线性回归，调节效应

中图分类号　C931.6

1　引言

随着当前全球人口结构的转变，医疗服务的高需求与高供给能力之间的矛盾日益突出。互联网的不断发展给医疗健康领域带来新的发展机遇，互联网信息技术正在给中国医疗界带来体验革命。我国政府高度重视国民健康，实施了健康中国战略，积极发展"互联网＋医疗健康"服务，引入优质医疗资源，创新服务模式，提高服务效率，做出了一系列加快互联网医疗发展的重大决策部署。例如，2018 年《关于促进"互联网＋医疗健康"发展的意见》中鼓励发展"互联网＋"医疗服务，构建覆盖诊前、诊中、诊后的线上线下一体化医疗服务模式。2021 年发布的《中华人民共和国国民经济和社会发展第十四个五年规划和 2035 年远景目标纲要》提到要"培育壮大人工智能、大数据、区块链、云计算、网络安全等新兴数字产业，提升通信设备、核心电子元器件、关键软件等产业水平。构建基于 5G 的应用场景和产业生态，在智能交通、智慧物流、智慧能源、智慧医疗等重点领域开展试点示范"。在线医疗社区是互联网在医疗行业的一种新的应用。在线医疗社区中，医生绩效评价问题是互联网医疗健康发展的关键所在。医生与患者建立联系，医生为患者提供文字咨询、图文咨询、电话咨询服务。这不仅使患者方便地了解自己的病情，而且使医生提高了知名度并获得相应的奖励[1-3]。互联网医疗依靠信息技术手段的支持，突破了时间和空间的限制，缓解了医疗服务不足的状况[4]，如何评价和看待医生在互联网医疗中的参与绩效是推动互联网医疗政策制定的重要参考。

在线医疗社区发展迅速，医生在线医疗绩效的影响因素是研究热点，医生的服务价格[5]、医生的服务质量、医患信任[6]等都是影响医生在线医疗绩效的重要因素。首先，医患间的信息不对称使得信任更为重要。在线医疗中，信任在建立医患关系和决定是否继续选择服务中起着重要作用。在线医疗社区中，

---

* 基金项目：国家自然科学基金项目（72110107003）。

通信作者：孙士伟，北京理工大学管理与经济学院，助理教授/特别副研究员，E-mail: shiweisun@bit.edu.cn。

信任关系的主体是患者和医生，两者间的信任对其在在线医疗社区中的参与行为产生影响。患者对医生素质（能力、善良和诚信）和技术因素（平台的功能性和可靠性）[7]的信任影响着 IT 平台上患者–医生的交互。在线医疗社区中，用户的信任会增强用户长期参与社区活动的意愿，信任和关系承诺对于在线医疗社区用户持续分享知识的意图有重要的影响作用[8]。其次，医生声誉影响医生在线医疗绩效。在在线市场上，声誉已被公认为影响消费者行为和卖家表现的最具影响力的因素之一[9]。在线医疗社区的评价有利于帮助患者了解医生的能力和服务质量，可以减少医患间的信息不对称。

医生线下评价的结果是否会影响医生的在线医疗绩效引起学术界广泛讨论。医生线下职称的评定是十分严格和全面的，某种程度上体现了其专业能力、职业素养。医生的专业资本和地位资本对医生的经济回报产生影响[10]，其中地位资本指医生的临床职称或学术职称。Deng 等研究医生在线努力与声誉对患者择医影响时[11]，探究了在线声誉（主页浏览总数、投票数、感谢留言、虚拟礼物）的调节作用。通过梳理有关在线医疗社区中医生绩效的研究可以发现，同一个在线社区中医生在线医疗绩效的影响因素主要分为两类，一类是医生线上行为，另一类是医生线下本身具有的各种属性，如医生职称、从业年限等。医生的线上参与行为会受到哪些因素的影响是非常值得探讨的问题。相关的理论或模型有社会资本理论[12]、用户感知理论[13]、信任理论[14]、技术接受模型等。根据这些理论，学者们从不同的角度研究医生在线医疗绩效的影响因素。在在线医疗社区中，医生的信息审核合格后才可以入驻网站，其中医生的职称是医生以往能力、经验的评价结果。医生职称和教学职称是通过检验医生线下的各种行为来评判的，是对医生线下行为的评价。在在线医疗社区中，患者也可能观察医生职称等线下评价"信号"来选择医生，这是否会影响医生在线医疗绩效，是本文的主要研究问题。

本文探索在线医疗社区中，医生线下评价与医生在线医疗绩效之间的关系。首先，构建了医生在线医疗绩效影响因素的研究模型。目前学者研究在线医疗社区内的医生绩效大多是考虑医生的线上活动或者线上评价，较少考虑医生线下活动或者线下评价对线上的影响。本文探讨了医生线下评价与医生在线医疗绩效的关系，并考虑了在线声誉的调节作用。其次，本文采用信任理论和回归模型，研究各影响因素对医生在线医疗绩效的影响。本文采用好大夫在线网站（www.haodf.com）的医生数据，使用 Python 爬取数据，进行数据预处理后，得到活跃医生的 6855 条数据，使用线性回归模型检验了研究模型和理论假设。根据研究结果，本文对患者、医生、平台提出相关建议。患者选择医生要充分利用在线医疗社区展示的各种信息并给予反馈；医生如果想在在线医疗社区中获得更多的利益，应该关注自己的线下评价、服务态度和在线声誉；平台需要减少医生和患者之间的信息不对称。

2　文献综述

2.1　在线医疗社区及其功能研究

国外对在线医疗社区的研究较早，2011 年后中国的在线医疗初步发展。在线医疗社区是互联网在医疗行业的新应用，其内容主要包括医疗信息查询、在线疾病咨询、远程会诊以及远程治疗等多种形式的在线健康服务[15]。Demiris 认为在线医疗社区是利用信息技术提供医疗保健、教育等交流的医疗保健社区[16]，涵盖了广泛的临床专业、技术和利益相关者。Kingod 等提出在线医疗社区可以看作是日常生活中点对点交互的独特空间[17]，并具有为参与其中的慢性病患者提供丰富、具体化和特定的知识的潜力。Wu 和 Lu 认为在线医疗社区通过为医生提供各种功能，使医生更好地帮助患者并为患者提供服务[18]。赵栋祥认为在线医疗社区可以视为一个复杂系统，包含信息、用户和社区三个要素[19]，三者之间相互影响、相互依存。吴江指出在线医疗社区是医生、患者及其他用户分享信息并寻求或者提供医疗健康服务的平台[20]。在线医疗社区主要有三种类型，分别是医生-患者社区、医生-医生社区、患者-患者社区，本文主要研究医生-患者社区。在线医疗社区的功能有很多，如在线沟通交流、医疗信息查询、医疗咨询、个人健康管理等[21]。

2.2 医生在线医疗绩效影响因素研究

对于医生绩效的研究多在医院层面，考虑了不同的维度和指标体系。世界卫生组织对医疗机构绩效的定义是：医疗机构管理者评价和提升医疗服务效果和质量的有效工具[22]。医生的绩效评价即对医生的工作能力、工作态度、工作业绩的评价，绩效评价的结果可以改进、激励医生的行为。绩效评价指标体系是绩效考核的核心与基础，评价标准是考核的依据[23]。一般来讲，对医生的绩效进行评价要选择相应的维度和指标体系。

随着在线医疗社区的不断发展，许多学者开始研究在线医疗社区参与、贡献相关的各种问题。过去有关在线医疗社区的大多数文献都是从患者的角度进行研究的，先前的研究对在线医疗社区的患者给予了相当多的关注，但是，在线医疗社区的可持续发展取决于医生的参与，更多的研究应探讨影响医生行为和表现的因素[24]。随着在线医疗社区的不断发展，许多学者开始研究影响医生绩效的因素。

医生的在线医疗绩效受到很多因素的影响，如医生声誉、医生经验、医生的在线服务质量、医患互动、医患信任等。Wu 和 Lu 重点研究一位医师同事的声誉如何影响重点医师的未来患者就诊量，发现焦点医师的声誉和他的同事的声誉都对他的患者分享在线治疗经验的概率产生重大影响[25]。梁俏等研究了在线医疗中医生努力和声誉对新增患者数量的影响[26]，研究表明，医生及其同事的努力和声誉对新患者数量有显著影响。Lu 和 Rui 研究了心脏外科医生在线评分与其实际医疗状况之间的相关性[27]。Lu 和 Wu 研究了在线评论和服务如何影响内科医生就诊，发现与总体评价等级相比，评价数量在影响患者决策方面更有效[28]。Yang 和 Zhang 调查了关于医师远程医疗服务付费和免费反馈（paid and free feedback）对患者选择医生行为的影响[29]，患者给医生购买的虚拟礼物的数量，对其他患者的选择有较强的影响。Wang 等研究了医生在线声誉对门诊经验共享的影响[30]。学者关于医生在线医疗绩效代表性研究如表 1 所示。

表 1　学者关于医生在线医疗绩效代表性研究

国内外学者	结果变量	影响因素	主要结论
梁俏等[26]	新增患者数	医生在线努力，同事在线努力，医生在线声誉，同事在线声誉	医生努力程度和在线声誉对新增患者数量均有正向影响
Lu 和 Rui[27]	住院死亡率	在线等级，外科医生特征，患者特征，医院特征	五星级外科医生的患者死亡率显著降低，且病情较重的患者更容易选择五星级外科医生
Lu 和 Wu[28]	内科门诊人数	总体评价等级，在线评论数量，在线图文咨询人数	与总体评价等级相比，评价数量在影响患者决策方面更为有效
Yang 和 Zhang[29]	病人选择，医生贡献	付费反馈，免费反馈，医生职称等级，医院等级，医生主页访问量	付费反馈对患者的选择和医生的贡献有更强的影响
Wang 等[30]	患者接受治疗后的选择倾向	医疗质量，服务态度，在线声誉，疾病等级，医生职称等级，医院等级	患者更愿意与医疗质量较高和服务态度较好的医生和在网上声誉较高的医院工作的医生分享治疗经验

上述文献表明以前的研究主要集中在医生的能力、经验、声誉、努力程度等因素对医生在线医疗绩效的影响，本文主要研究的是医生的线下评价对医生在线医疗绩效的影响，其中考虑了在线声誉的调节作用。

3　相关理论与假设

3.1　信任理论

信任理论被广泛应用于心理学、管理学、经济学等领域。在线医疗社区中，主体是患者和医生，在其进行交互的过程中，信任是必不可少的。Rousseau 等认为信任是一种心理状态，是基于对他人意图或行为的积极期望而产生的接受脆弱的意愿[31]。研究领域不同，对于信任的分类不同，学者对信任的研究角度和应用也有所不同。本文研究过程中应用了信任源理论和信任传递理论。

1. 信任源理论

信任源是信任产生的关键驱动力，是研究信任的关键问题之一。在信任源理论中，Mayer 等在 1995 年提出的信任三维度模型被广大学者认同。此模型将信任分为能力信任、善意信任和诚实信任三个维度，能力是指受信方在某一领域有丰富的经验，善意指除了利己主义外，受信方对施信方的帮助，诚实指受信方会坚持一套施信方认可的原则[32]，这三个维度可以表示信任的可信度。在在线医疗社区的医生绩效影响因素研究中，医生能力是关键影响因素。医生的从业年限、职称、所在医院等信息可以使患者了解医生的能力和经验。

信任源理论在医患关系的相关研究中应用广泛。李德玲和吴燕琳认为医患人际信任的基本信任维度是善意、诚信和能力[33]；对施信方而言，对人的信心与信任态度尤为重要；对受信方来说，可信性与可信度是核心。林瑛妮研究了互联网医疗的线上线下患者择医行为[6]，从能力、善意、诚信三个信任维度将医生的个人属性进行划分。易梦馨等从声誉、能力、面孔三个维度出发，基于信任源理论，构建了在线医疗社区患者择医行为研究模型[34]。刘朦朦等对医患信任进行了研究，认为医生信任的三个维度是能力、善心（对患者的关怀）和正直[35]（职业操守）。

2. 信任传递理论

信任具有传递性，信任传递是指施信方根据第三方主体与受信方的交互经验，进而建立起对受信方的感知信任[6]。Beales 等研究发现，除信任源外，他人的购买决策也会影响消费者的决策行为[36]。线下购买产品时，朋友或同事对产品的信任程度会影响消费者的决策。大部分电子商务网站都有评分、评价、热度等相关信息，线上购买产品时，消费者会选择评分较高、评价较好的产品或者服务，这是信任通过互联网在多个陌生的主体之间传递。通过信任传递，消费者可以对即将购买的产品形成初步印象，商家也可以凭借较高的声誉口碑来获得更多消费者的信任。

信任传递理论广泛应用于管理学和经济学等学科。在互联网环境下，信任传递也被证实是影响个体信任信念和购买意向的重要因素[37]。Bock 等研究了多渠道零售商背景下评估在线信任的影响因素[38]，结果表明线下信任是影响在线信任的关键因素。吴江和周露莎构建了网络健康信息服务的用户购买决策模型[37]，研究表明，基于信任传递理论，网络信息（评论数量、好评率等）也能为用户决策提供支持。Meng 等研究发现信任传递对在线医疗社区服务的使用有积极影响[39]。

3.2　线下评价结果对医生在线医疗绩效的影响

本文中医生的在线医疗绩效的具体指标为医生服务的患者数量。医生在向患者提供服务的同时也收取诊疗费，因此使用被服务患者的数量来展示医生在在线医疗社区中的表现。服务患者人数记录了患者购买医生医疗咨询服务的次数，这直接与在线医疗社区的医生收入密切相关[40]。

本文将医生职称和医院等级作为医生的线下评价结果指标。医生职称有初级、中级、副高级、高级，每一层的职称晋升都有学历、工作年限等相应的要求。医院的等级有一级、二级、三级，是我国根据医院规模、科研方向、人才技术力量、医疗硬件设备等对医院资质评定的指标。医院等级划分全国统一，不分医院背景、所有性质等。医生职称一定程度上可以体现该医生的资历和经验，医院等级一定程度上可以体现医院的基础设施条件。医生职称和所在医院等级是医生本身具有的能力特性。医生职称的评定对医生的学历、从业年限、经验等有相关要求，医院等级的评定也是如此，其评定都在线下有严格的流程和标准，医生职称和医院等级可合称为医生的线下评价结果。

根据信任源理论，受信方的能力会影响施信方的信任程度。在在线医疗社区中，医生是受信方，患者是施信方，医生需要向患者展示其能力、善意、诚信等相关信息，使患者信任他并选择相关咨询。医生的相关信息有医生职称、从业年限、所在城市、所在医院等。在好大夫在线网站上，患者可以直接观察到医生的线下评价结果。医生的线下评价（职称、从业年限等）是对医生线下医疗活动的总结与评价，医生的线下医疗活动可能会影响他们参与在线医疗平台的行为[41]，然而患者无法在网站上直观感受医生的线下医疗活动，患者可以根据网站上医生的线下评价了解医生的能力，从而产生信任。

Yang 和 Zhang 调查了关于医师远程医疗服务付费和免费反馈对患者选择医生行为的影响，其中将医生职称等级和医院等级作为控制变量[29]，说明这两个因素对患者择医行为有一定的影响。医生对患者的吸引力表现为医生在线医疗绩效，即医生的总患者数量。患者在浏览该网站时可以直观地观察到医生职称的高低和医院等级的高低，本文假设医生职称和医院等级都可以促进网络医疗平台医生的在线医疗绩效。因此，提出以下假设。

H1：医生职称对医生在线医疗绩效有正向影响。

H2：医院等级对医生在线医疗绩效有正向影响。

3.3　在线声誉对医生在线医疗绩效的影响

信任理论被广泛应用于心理学、管理学、经济学等领域。在在线医疗社区中，主体是患者和医生，在其进行交互的过程中，声誉是消费者对于产品或者服务的评价，其他消费者在购买此产品时会把产品声誉作为重要参考。随着互联网的发展，在线声誉逐渐成为研究热点。用户可以在各种社交平台上分享对某种产品或者服务的评价，通过互联网进行传播，从而使更多的消费者知晓该产品或者服务的优劣。Connelly 等研究发现在线声誉在减少消费者的选择困难和增加消费者的购买意愿中起到了重要作用[42]。因此，平台需要为自己建立一个积极的在线声誉，以克服消费者的感知风险，并说服消费者购买产品或服务[43]。在实际情况中，消费者可以从不同的方面对产品或者服务进行评价，所以在线声誉有不同的维度，如商品的性价比、耐用性等。在网络购物中，商品的在线声誉通过其评分、评论体现，信任是在线声誉形成的关键因素。在选择 Web 服务时，声誉在患者的决策过程中起着重要作用[44]，服务提供商的良好声誉可以增强消费者对其服务的信心。Jøsang 的研究表明声誉系统可以应用于卫生服务[45]，可以根据声誉系统中分数的高低评价外科医生的绩效，从而选择合适的医生。

梁俏等在研究医生努力与声誉对新增患者数量的影响时，提出在线声誉包括物质评价和非物质评价，并发现医生声誉对新患者数有显著影响[26]。本文将医生收到的物质评价和精神评价作为医生的在线声誉评价指标。线上精神评价和物质评价是指感谢信和心意礼物。感谢信是患者对医生的诊断过程和诊断态度的认可与感谢，心意礼物需要患者付费，对医生用虚拟礼物进行答谢。

基于信任传递理论，在在线医疗社区中，医生的在线声誉可以在患者之间传递。在好大夫在线网站上，用户可以观察到医生的在线热度、满意度、礼物数量等信息，这些是线上购买过该医生服务的患者对其的评价。患者在选择医生进行咨询时，可以查看医生的历史评价和收到的感谢信数量和礼物数量等信息，从而感知此医生的可信度。感谢信是好大夫在线网站上的一种反馈形式，购买了医生服务的患者可以通过写感谢信的方式来表扬和感谢医生，感谢信中要写明诊断过程的信息和医生的态度。因此，感谢信是患者对医生的服务质量和满意度的反馈，可以减少信息不对称带来的负面影响，提高患者对医生的信任度。医生收到的感谢信越多，医生受到的认可和关注就越多。梁俏等研究了医生努力与声誉对新增患者数量的影响[26]，提出医生收到的在线非物质评价对新患者数量有显著影响。医生收到的感谢信数量一定程度上可以显示医生的声誉。一方面，这体现了患者对医生的肯定，另一方面，感谢信数量越多，越会带来良好的口碑。因此，提出以下假设。

H3：医生收到的感谢信数量增强了医生职称与医生在线医疗绩效之间的正相关关系。

H4：医生收到的感谢信数量增强了医院等级与医生在线医疗绩效之间的正相关关系。

心意礼物是患者在好大夫在线网站中购买并发送给医生的虚拟电子礼物，以表达对医生的支持和感谢。由于虚拟礼品的有偿性，患者需要付费才能给予，礼品的数量可以客观、准确地反映医生在医疗平台上的真实情况。Yang 和 Zhang 的调查结果显示患者给医生购买的虚拟礼物的数量，对其他患者的选择有较强的影响[29]。医生收到的礼物的数量，在一定程度上可以显示医生的声誉。一方面，这体现了患者对医生的肯定，另一方面，心意礼物数量越多，越会带来良好的口碑。因此，提出以下假设。

H5：医生收到的心意礼物数量增强了医生职称与医生在线医疗绩效之间的正相关关系。

H6：医生收到的心意礼物数量增强了医院等级与医生在线医疗绩效之间的正相关关系。

图 1 展示了本文的研究模型。本文基于信任源理论与信任传递理论探讨医生的线下评价对医生在线医疗绩效的影响，以及其影响程度是否取决于医生的在线声誉。

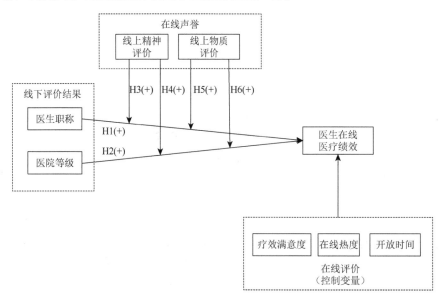

图 1　研究模型

4 模型验证与结果分析

4.1 数据收集和变量测量

本文采用的数据均来自好大夫在线网站，并利用 Python 收集数据。好大夫在线创立于 2006 年，是中国领先的互联网医疗平台。经过十几年的诚信经营，好大夫在线在文字图像咨询、电话咨询、预约转诊、远程诊疗、后期管理、家庭医生等多个领域均处于领先地位。好大夫在线拥有全国权威、优质的医生，到 2020 年底，约有 20 万名医生在该平台注册，拥有自己的个人网站。医生可以通过自己的个人网站直接向患者提供医疗咨询、预约、疾病管理、科学知识传播等服务。

本文从好大夫在线的医生个人网站上抓取了约 18 万条数据。虽然网站上有很多医生已经注册了，但是他们很少进行咨询服务，甚至从未进行过咨询服务，对于研究来说是不活跃的，没有价值的，剔除掉不活跃的数据后，活跃医生数据约 4 万条。通过对活跃医生数据的观察发现，很多医生信息数据存在缺失值，如缺失医生职称、所在医院等信息，因此本文选取了 6855 条具有良好的完整性和可靠性的活跃医生的数据。

在医生的线下绩效影响因素分析中，我们发现患者会观察医生职称、教学职称、从业年限等来选择医生进行诊断，从而间接影响医生线下绩效。医生职称和教学职称是通过检验医生线下的各种行为来评判的，是对医生线下行为的评价。在在线医疗社区中，患者也可能观察医生职称等线下评价"信号"来选择医生，从而间接影响医生在线医疗绩效。本文使用医生在线医疗绩效作为因变量，医生的线下评价作为自变量，在线声誉作为调节变量，在线评价作为控制变量。医生在线医疗绩效通过医生的在线咨询量的自然对数表示，医生的线下评价通过医生职称和医院等级表示，医生的在线声誉用医生收到的感谢信数量和心意礼物数量表示。医生的个人网站开放天数，以医生在网上注册的时间为基础，以 2020 年 1 月 1 日为结束时间计算医生的开放天数。一般认为，在相同条件下，开放时间越长，医生为患者服务的机会就越多，绩效也就越高。对于疗效满意度和态度满意度，当医生疗效满意度和态度满意度较高时，患者会认为购买医生的服务可以更好地进行诊疗服务。因此，较高的疗效满意度和态度满意度可以促进医生绩效的提高[46]，本文使用疗效满意度作为控制变量之一。同时医生的在线热度也会影响医生绩效[5,47]，在线热度的数据直接来源于网站爬取结果，调研网站后，网站根据病友推荐情况、点击量、访问量等进行计算得到数值，本文通过爬虫直接获取该数值。在线热度也是本文选取的控制变量之一。表 2 提供了这些变量的描述。其中，对定性变量进行了量化处理，数值较大的数据进行了取对数处理。

表 2 变量描述

变量类型	构念变量	变量测量	测量描述
自变量	线下评价结果	医生职称	医生职称等级
		医院等级	医生就职医院等级
因变量	医生在线医疗绩效	Ln 总患者	医生的在线咨询量的自然对数
调节变量	在线声誉	Ln 感谢信数量	感谢信数量的自然对数
		Ln 心意礼物数量	心意礼物数量的自然对数
控制变量	在线评价	疗效满意度	医生接待的患者对医生疗效的满意度评分
		Ln 开放时间	截至 2020 年 1 月 1 日，医生在网站注册的天数的自然对数
		Ln 在线热度	医生在线热度的自然对数

4.2　数据分析

在数据分析的过程中，一般用定量描述代替定性描述，医生职称划分如表 3 所示。

表 3　医生职称内容对应表

职称	内容	编号
初级	医师/住院医师/护师/技师/检验技师/检验医师/康复师/药师/营养师	1
中级	主治医师/主治检验医师/主管护师/主管技师/主管检验师/主管康复师/主管药师	2
副高级	副主任医师/副主任技师/副主任护师/副主任检验师/副主任检验医师/副主任康复师/副主任药师	3
高级	主任医师/主任康复师/主任技师/主任护师/主任药师/主任检验师/主任检验医师	4

对医院的等级进行数值化的表述，结果如表 4 所示。

表 4　医院等级对应表

等级	编号
一级	1
二级	2
三级	3

在进行回归之前，本文对变量进行了描述性统计分析，结果如表 5 和表 6 所示。

表 5　变量的统计量

变量名	观测数	平均值	标准差	最小值	中位数	最大值
Ln 总患者	6855	6.55	1.391	2.303	6.588	11.235
疗效满意度	6855	0.99	0.037	0.2	1	1
Ln 开放时间	6855	7.43	0.692	4.718	7.486	8.371
Ln 在线热度	6855	1.30	0.129	0.0953	1.308	1.609
医生职称	6855	3.06	0.850	1	3	4
医院等级	6855	2.92	0.270	1	3	3
Ln 感谢信数量	6855	3.33	1.163	0	3.296	6.902
Ln 心意礼物数量	6855	3.53	1.645	0	3.555	8.305

表 6　变量的相关性

	Ln 总患者	疗效满意度	Ln 开放时间	Ln 在线热度	医生职称	医院等级	Ln 感谢信数量	Ln 心意礼物数量
Ln 总患者	1							
疗效满意度	-0.133^{***}	1						
Ln 开放时间	0.474^{***}	-0.101^{***}	1					
Ln 在线热度	0.397^{***}	0.034^{**}	0.189^{***}	1				

续表

	Ln 总患者	疗效满意度	Ln 开放时间	Ln 在线热度	医生职称	医院等级	Ln 感谢信数量	Ln 心意礼物数量
医生职称	0.327***	−0.111***	0.462***	0.270***	1			
医院等级	0.031*	−0.050***	0.103***	0.231***	0.061***	1		
Ln 感谢信数量	0.759***	−0.026*	0.439***	0.638***	0.311***	0.134***	1	
Ln 心意礼物数量	0.836***	−0.062***	0.498***	0.440***	0.304***	0.103***	0.822***	1

*表示 $p<0.05$，**表示 $p<0.01$，***表示 $p<0.001$

从变量的统计性描述可以看出经过对数处理后，各个变量的方差都较小，最大值最小值差值有限。从变量之间的相关系数矩阵分布可以看出，Ln 感谢信数量和 Ln 心意礼物数量之间存在很强的相关性，其他指标的相关系数均在可接受的范围内[34]。为了确认模型是否存在多重共线性问题，本文检验了模型的方差膨胀系数（variance inflation factor，VIF），结果如表 7 所示。从表 7 可以看出变量的 VIF 值均小于 5，变量之间不存在多重共线性。

表 7　变量的 VIF 值

变量	VIF	1/VIF
Ln 心意礼物数量	3.33	0.30
Ln 感谢信数量	3.16	0.32
Ln 开放时间	1.56	0.64
医生职称	1.30	0.77
医院等级	1.02	0.98
疗效满意度	1.02	0.98
VIF 均值	1.90	

本文中因变量为 Ln 总患者（$\text{Ln}P$），自变量为医生职称（PL）和医院等级（HL），调节变量为 Ln 感谢信数量（$\text{Ln}T$）和 Ln 心意礼物数量（$\text{Ln}G$），控制变量为疗效满意度（ES）、Ln 开放时间（LnOT）、Ln 在线热度（LnH），具体多元回归模型如下。

模型 1：

$$\text{Ln}P = \beta_1 + \beta_2 \text{ES} + \beta_3 \text{LnOT} + \beta_4 \text{LnH} + \varepsilon \tag{1}$$

模型 2：

$$\text{Ln}P = \beta_1 + \beta_2 \text{ES} + \beta_3 \text{LnOT} + \beta_4 \text{LnH} + \beta_5 \text{PL} + \beta_6 \text{HL} + \varepsilon \tag{2}$$

模型 3：

$$\text{Ln}P = \beta_1 + \beta_2 \text{ES} + \beta_3 \text{LnOT} + \beta_4 \text{LnH} + \beta_5 \text{PL} + \beta_6 \text{HL} + \beta_7 \text{Ln}T + \beta_8 \text{Ln}T \times \text{PL} + \beta_9 \text{Ln}T \times \text{HL} + \varepsilon \tag{3}$$

模型 4：

$$\text{Ln}P = \beta_1 + \beta_2 \text{ES} + \beta_3 \text{LnOT} + \beta_4 \text{LnH} + \beta_5 \text{PL} + \beta_6 \text{HL} + \beta_7 \text{Ln}G + \beta_8 (\text{Ln}G \times \text{PL}) + \beta_9 (\text{Ln}G \times \text{HL}) + \varepsilon \tag{4}$$

模型 1 中只有控制变量，模型 2 中有控制变量和自变量。本文的控制变量用来在多元回归分析中缓解混杂变量对因果效应估计的干扰。本文主要研究线下评价结果对在线医疗绩效的影响，同时考虑在线声誉的调节作用，所以将好大夫在线网站中的在线评分信息（在线评价）作为控制变量，以减少网站中的评分信息对研究的干扰。模型 3 检验感谢信的调节作用，模型 4 检验心意礼物的调节作用。在模型 3 和模型 4 中，对调节变量做了中心化处理，运用逐步线性回归模型。具体结果如表 8 所示。

表 8　线性回归结果

	变量	模型 1	模型 2	模型 3	模型 4
控制变量	疗效满意度	−3.697***	−3.727***	−3.334***	−2.869***
	Ln 开放时间	0.835***	0.804***	0.280***	0.116***
	Ln 在线热度	3.530***	3.644***	−1.124***	0.550***
自变量	医生职称		0.079***	0.088***	0.080***
	医院等级		−0.456***	−0.326***	−0.356***
交叉项	Ln 感谢信数量×医生职称			0.043***	
	Ln 感谢信数量×医院等级			−0.026	
	Ln 心意礼物数量×医生职称				0.016**
	Ln 心意礼物数量×医院等级				0.032
调节变量	Ln 感谢信数量			0.855***	
	Ln 心意礼物数量				0.497***
	常数项	−0.599	0.600	9.908***	8.645***
	观测数	6855	6855	6855	6855
	R^2	0.354	0.363	0.639	0.719

表示 $p<0.010$，*表示 $p<0.001$

在模型 1 中，控制变量对医生在线医疗绩效的影响是显著的。在模型 2 中，医生职称（$\beta=0.079$，$p<0.001$）的影响是积极且显著的，医院等级（$\beta=-0.456$，$p<0.001$）的影响是消极的。因此接受 H1，拒绝 H2。在模型 3 中，感谢信数量（$\beta=0.043$，$p<0.001$）增强了医生职称（$\beta=0.088$，$p<0.001$）对医生在线医疗绩效的影响，且是显著的，支持 H3。感谢信数量对医院等级与医生在线医疗绩效的调节作用是不显著的，拒绝 H4。在模型 4 中，心意礼物数量（$\beta=0.016$，$p<0.010$）增强了医生职称（$\beta=0.080$，$p<0.001$）对医生在线医疗绩效的影响，且是显著的，支持 H5。心意礼物数量对医院等级与医生在线医疗绩效的调节作用不显著，拒绝 H6。表 9 为假设检验结果。

表 9　假设检验结果

	假设	结果
H1	医生职称对医生在线医疗绩效有正向影响	支持
H2	医院等级对医生在线医疗绩效有正向影响	拒绝
H3	医生收到的感谢信数量增强了医生职称与医生在线医疗绩效之间的正相关关系	支持
H4	医生收到的感谢信数量增强了医院等级与医生在线医疗绩效之间的正相关关系	拒绝
H5	医生收到的心意礼物数量增强了医生职称与医生在线医疗绩效之间的正相关关系	支持
H6	医生收到的心意礼物数量增强了医院等级与医生在线医疗绩效之间的正相关关系	拒绝

4.3　调节效应检验

在线声誉包括物质评价和精神评价。本文以在线声誉作为调节变量，猜测因为在线声誉的不同，医生的线下评价对在线医疗绩效的影响强度不同，在线声誉会起到调节作用。本文采用温忠麟等提出的调节效应检验方法[48]，并采用 Aiken 和 West[49]、Dawson[50]以及 Dawson 和 Richter[51]的程序绘制相互作用效果。

模型 3 以精神评价作为调节变量，猜测因为医生收到的感谢信数量的不同，在医生线下评价与在线医疗绩效的影响中，精神评价会起到调节作用。结果显示，当医生职称和医院等级为自变量，总患者的对数为因变量时，精神评价（感谢信数量）对医生职称和 Ln 总患者之间的调节效应显著。H3 成立，H4 不成立。在图 2 中，较高感谢信数量下，医生的在线医疗绩效增长速度要快于在较低感谢信数量下，说明较高的精神评价增强了医生职称对医生在线医疗绩效的积极影响。

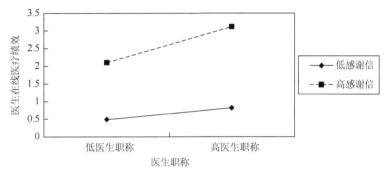

图 2　感谢信数量的调节作用

模型 4 以物质评价作为调节变量，猜测因为医生收到的心意礼物数量的不同，在医生线下评价与在线医疗绩效的影响中，物质评价会起到调节作用。结果显示，当医生职称和医院等级为自变量，总患者的对数为因变量时，物质评价（心意礼物数量）对医生职称和 Ln 总患者之间的调节效应显著。在图 3 中，较高心意礼物数量下，较高的物质评价增强了医生职称对医生在线医疗绩效的积极影响。

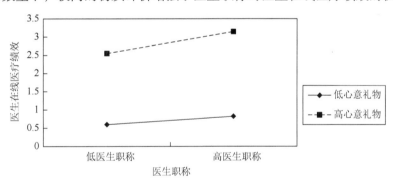

图 3　心意礼物数量的调节作用

5　结论、展望及政策启示

5.1　主要结论

国外对在线医疗社区的研究较早，2011 年后中国的在线医疗初步发展。在线医疗社区是互联网在医疗行业的新应用，本文梳理了在线医疗社区中医生绩效问题的研究热点，深入分析了医生线下评价对医生在线医疗绩效的影响，以及医生在线声誉的调节作用。最后采用线性回归模型对本文的研究假设进行检验，进行调节作用分析。主要结论如下。

（1）医生职称对医生在线医疗绩效有正向影响，医院等级对医生在线医疗绩效有负向影响。医生的线下评价在网站上体现为医生职称和所在医院等级，是医生的能力属性。在线医疗社区具有信息不对称性，患者无法准确了解医生的能力，难以做出相关决策。医生主动披露自己的职称、所在医院、从业年限等能力信息，体现了其诚实、善意和能力。医院等级对医生在线医疗绩效有负向影响的原因可能有三点，一是三甲医院的医生线下医疗活动过多，可能会因为受到资源的限制使得医生的在线医疗咨询服务量减少[41]；二是患者感到无须为小病而向高级医院的医生咨询，咨询一些基础疾病时可能会选择中等医院的医生；三是本文数据集中的医生所在医院大多为三甲医院，其咨询价格高，造成反向影响，患者反而选择其他医生进行咨询。

（2）在线声誉对于医生职称与医生在线医疗绩效之间的调节作用显著，加强了医生职称与医生在线医疗绩效之间的正相关关系。用户可以在网站上看到第三方对此医生的物质评价和精神评价，从而影响其对医生的判断，医生在线声誉可能会调节医生线下评价对其在线医疗绩效的影响。通过回归结果可以看出，在线医疗绩效在医生职称相同的情况下，医生的在线声誉越高，其在线医疗绩效越高。然而，医生在线声誉对于医院等级与其在线医疗绩效的调节作用并不显著，可能由于在线声誉是医生的个人属性，是医生的个人在线声誉，并不是医院整体的声誉。

5.2　研究意义及展望

本文有重要的理论意义。①丰富了医生线下信息与线上参与行为的研究，目前研究大多聚焦在医生线上信息影响线上参与行为，线下信息对其线上参与行为影响的研究较少。②基于信任理论构建了医生在线医疗绩效影响因素的研究模型。本文依据信任源理论探究了医生的线下评价对医生在线医疗绩效的影响，基于信任传递理论考虑了医生在线声誉的调节作用，构建了医生线下评价、医生在线声誉和医生在线医疗绩效之间的研究模型，希望促进在线医疗社区的医生在线医疗绩效的评价指标体系建设。

为了方便患者选择适合的医生，增强医生的线上参与行为，本文提出以下实践建议。

（1）患者选择医生要充分利用在线医疗社区展示的各种信息并给予反馈。在在线医疗社区中选择医生进行线上咨询时，患者要了解医生的个人信息，如线下评价、在线声誉、在线评价等，并且进一步了解医生擅长的方向。根据信任传递理论，在线评价是其他用户了解医生能力等信息的重要渠道，所以患者在接受服务之后，如果可以及时给予客观公正的反馈，会促进平台的运营，方便其他用户做出决策。

（2）医生如果想在在线医疗社区中获得更多的利益，应该关注自己的线下评价、服务态度和在线声誉。由本文结论可知，医生职称、医院等级、医生收到的心意礼物数量和感谢信数量，以及他的在线热度、疗效满意度等信息，对其在线医疗绩效有一定的影响。在咨询过程中，如果患者对医生的服务态度与服务质量感觉满意，医生可以得到好的在线评价信息，从而形成良好的声誉。所以医生要提高自己的服务态度和在线声誉，从而获得更多的利益。

（3）平台要减少医生和患者之间的信息不对称。首先，加强对信息的审核。医生注册时，需要填写相关的信息，要加强审核，确保信息的真实性和及时性。还要尽可能地展示更多的医生信息，如其上次在线时间、擅长的方向等，方便患者做出决策。其次，加强对患者在线反馈的处理。平台的长期运营在于留住老用户吸引新用户，清晰明了的评价反馈会增强用户对平台的黏性。平台还要安排客服人员，及时解决患者主动咨询的问题，关注平台的口碑等信息，做好舆情监控。

未来的研究可以探索更多的线下评价变量，如从业年限、教学职称等，考虑在线评论的文本情感等信息，同时可以考虑测试医生服务价格等其他影响因素的调节效应。同时，未来可以研究某一类别的医生绩效影响因素，如对内科、神经科的医生绩效影响因素进行相关研究。

5.3 政策启示

本文对进一步建立健全相应的在线医疗政策有启示作用。患者、医生、平台是在线医疗的主体，这三个主体对互联网医疗的进一步发展起着不可忽视的作用。本文的研究从这三个主体出发，对如何完善互联网医疗的政策提出如下建议。

（1）健全在线患者反馈机制。患者是在线医疗的用户，是在线医疗服务的对象，其满意度是在线医疗评价体系的重要组成部分。完善在线患者反馈机制，可以促进医生规范行医、提升平台的便捷性。首先，患者就诊后对医生工作进行反馈，医德高尚、医术精湛的医生的口碑声誉会越来越好，其在线问诊的患者会越来越多，形成良性循环。其次，患者在使用在线医疗平台时，对其设计流程、信息安全、隐私保护等方面提出反馈，可以促进平台的高质量发展。

（2）健全在线医生激励机制。目前，我国医疗资源存在分布不均匀、不平衡的问题，如果三甲医院的医生可以在在线医疗社区进行在线诊疗，可以缓解资源配置不均衡现状[52]。建立健全在线医生激励机制，鼓励职称高、医院等级高的医生参与在线医疗，提高在线医疗的服务质量。首先，医生进行在线诊疗，对其工作绩效、声誉、职称评级等有一定的促进帮助作用，其次，注意不同在线医生的个性化价值诉求[53]，对不同地区、不同等级的医生制定不同的激励机制。

（3）健全平台监管机制。2021年国家卫生健康委员会发布了《关于互联网诊疗监管细则（征求意见稿）公开征求意见的公告》，包含医疗机构监管、人员监管、业务监管、质量安全监管等。平台对于医生和患者之间的信息交流有监管职责，要延续全程可追溯、责任可倒追的原则，发生问题时责任主体需明确。假如没有健全的监管机制，可能出现医生通过在线医疗服务诱导需求，增加患者服务利用和诊疗费用的情况[54]。而且，我们需要明确互联网医疗的目的是为患者提供医疗服务，提高行业的进入标准，医生诊疗时线上线下的要求一致，让互联网医疗进入高质量发展阶段。

参 考 文 献

[1] Yan Z J，Wang T M，Chen Y，et al. Knowledge sharing in online health communities：a social exchange theory perspective[J]. Information & Management，2016，53（5）：643-653.

[2] Goh J M，Gao G D，Agarwal R. The creation of social value：can an online health community reduce rural-urban health disparities？[J]. MIS Quarterly，2016，40（1）：247-263.

[3] Yan L L，Tan Y. The consensus effect in online health-care communities[J]. Journal of Management Information Systems，2017，34（1）：11-39.

[4] 刘璇，潘明天，陈梅梅，等. 医院间合作网络对医院绩效的影响研究——基于在线健康咨询平台的实证分析[J]. 信息系统学报，2020，14（2）：86-102.

[5] 曹仙叶，刘嘉琪. 基于服务多样性视角的在线医疗社区患者选择决策行为[J]. 系统管理学报，2021，30（1）：76-87.

[6] 林瑛妮. 互联网医疗的线上线下患者择医行为——基于信任和服务质量视角的实证研究[D]. 成都：电子科技大学，2020.

[7] Yang M，Jiang J L，Kiang M，et al. Re-Examining the impact of multidimensional trust on patients' online medical consultation service continuance decision[J]. Information Systems Frontiers，2022，24（3）：983-1007.

[8] 陈星，张星，肖泉.在线健康社区的用户持续知识分享意愿研究——一个集成社会支持与承诺-信任理论的模型[J]. 现代情报，2019，39（11）：55-68.

[9] Liu X X，Guo X T，Wu H，et al. The impact of individual and organizational reputation on physicians' appointments

online[J]. International Journal of Electronic Commerce，2016，20（4）：551-577.

[10] Guo S S，Guo X T，Fang Y L，et al. How doctors gain social and economic returns in online health-care communities：a professional capital perspective[J]. Journal of Management Information Systems，2017，34（2）：487-519.

[11] Deng Z H，Hong Z Y，Zhang W，et al. The effect of online effort and reputation of physicians on patients' choice：3-wave data analysis of China's good doctor website[J]. Journal of Medical Internet Research，2019，21（3）：e10170.

[12] 付少雄，朱梦蝶，郑德俊，等. 基于社会资本理论的在线医疗社区医生知识贡献行为动因研究[J]. 情报资料工作，2022，43（3）：67-74.

[13] 邓君，胡明乐. 用户感知视角下在线医疗社区信息服务质量评价体系研究[J]. 情报理论与实践，2019，42（10）：91-96，108.

[14] Freeman K S，Spyridakis J. An examination of factors that affect the credibility of online health information[J]. Technical Communication，2004，51（2）：239-263.

[15] 吴江，黄晓，董克. 基于知识图谱的在线医疗研究综述[J]. 信息资源管理学报，2016，6（2）：4-12，21.

[16] Demiris G. The diffusion of virtual communities in health care：concepts and challenges[J]. Patient Education and Counseling，2006，62（2）：178-188.

[17] Kingod N，Cleal B，Wahlberg A，et al. Online peer-to-peer communities in the daily lives of people with chronic illness：a qualitative systematic review[J]. Qualitative Health Research，2017，27（1）：89-99.

[18] Wu H，Lu N J. Online written consultation，telephone consultation and offline appointment：an examination of the channel effect in online health communities[J]. International Journal of Medical Informatics，2017，107：107-119.

[19] 赵栋祥. 国内在线健康社区研究现状综述[J]. 图书情报工作，2018，62（9）：134-142.

[20] 吴江. "在线医疗健康社区数据分析和用户行为研究"专题序[J]. 数据分析与知识发现，2019，3（4）：1.

[21] 刘笑笑. 在线医疗社区中的医患参与及其影响研究[D]. 哈尔滨：哈尔滨工业大学，2019.

[22] Reinhardt U，Cheng T. The World Health Report 2000–Health system：improving performance[J]. Bulletin of the World Health Organization，2000，78（8）：1064.

[23] 陈云，李敏，李欣华，等. 国内公立医院医务人员绩效考核研究的现状[J]. 现代医院管理，2019，17（3）：51-54.

[24] Yang H，Yan Z J，Jia L，et al. The impact of team diversity on physician teams' performance in online health communities[J]. Information Processing & Management，2021，58（1）：102421.

[25] Wu H，Lu N J. How your colleagues' reputation impact your patients' odds of posting experiences：evidence from an online health community[J]. Electronic Commerce Research and Applications，2016，16（C）：7-17.

[26] 梁俏，罗继峰，吴志艳. 在线医疗中医生努力与声誉对新增患者数的影响研究[J]. 中国卫生政策研究，2017，10（10）：63-71

[27] Lu S F，Rui H X. Can we trust online physician ratings？Evidence from cardiac surgeons in Florida[J]. Management Science，2014，64（6）：2557-2573.

[28] Lu W，Wu H. How online reviews and services affect physician outpatient visits：content analysis of evidence from two online health care communities[J]. JMIR Medical Informatics，2019，7（4）：e16185.

[29] Yang H L，Zhang X F. Investigating the effect of paid and free feedback about physicians' telemedicine services on patients' and physicians' behaviors：panel data analysis[J]. Journal of Medical Internet Research，2019，21（3）：e12156.

[30] Wang Y，Wu H，Lei X Q，et al. The influence of doctors' online reputation on the sharing of outpatient experiences：empirical study[J]. Journal of Medical Internet Research，2020，22（12）：e16691.

[31] Rousseau D M，Sitkin S B，Burt R S，et al. Not so different after all：a cross-discipline view of trust[J]. Academy of Management Review，1998，23（3）：393-404.

[32] Mayer R C，Davis J H，Schoorman F D. An integrative model of organizational trust[J]. Academy of Management Review，1995，20（3）：709-734.

[33] 李德玲，吴燕琳. 信任源理论对构建医患关系信任机制的启示[J]. 医学与社会，2012，25（8）：17-19.

[34] 易梦馨，吴江，蔡婧璇，等. 信任视角下基于文本图片多源信息的在线择医行为研究[J]. 情报科学，2021，39（9）：84-93.

[35] 刘朦朦，孙小越，郝雨，等. 医患共同决策中的信任和沟通[J]. 医学与哲学，2021，42（14）：26-29.

[36] Beales H，Mazis M B，Salop S C，et al. Consumer search and public policy[J]. Journal of Consumer Research，1981，8（1）：11-22.

[37] 吴江，周露莎. 网络健康信息服务用户购买决策的影响因素研究[J]. 情报学报，2017，36（10）：1058-1065.

[38] Bock G W，Lee J M，Kuan H H，et al. The progression of online trust in the multi-channel retailer context and the role of product uncertainty[J]. Decision Support Systems，2012，53（1）：97-107.

[39] Meng F B，Guo X T，Peng Z Y，et al. Investigating the adoption of mobile health services by elderly users：trust transfer model and survey study[J]. JMIR mHealth and uHealth，2019，7（1）：e12269.

[40] Jing D，Jin Y，Liu J W. The impact of monetary incentives on physician prosocial behavior in online medical consulting platforms：evidence from China[J]. Journal of Medical Internet Research，2019，21（7）：e14685.

[41] Wang L A，Yan L L，Zhou T，et al. Understanding physicians' online-offline behavior dynamics：an empirical study[J]. Information Systems Research，2020，31（2）：537-555.

[42] Connelly，B L，Certo S T，Ireland R D，et al. Signaling theory：a review and assessment[J]. Journal of Management，2011，37（1）：39-67.

[43] 汪旭晖，郭一凡. 商品-卖家在线声誉不一致如何影响消费者购买意愿？[J]. 经济管理，2020，42（11）：125-140.

[44] Wang Y，Vassileva J. A review on trust and reputation for web service selection[R]. Toronto：the 27th International Conference on Distributed Computing Systems Workshops.

[45] Jøsang A. Online reputation systems for the health sector[J]. Electronic Journal of Health Informatics，2008，3（1）：8.

[46] Lederman R，Fan H M，Smith S，et al. Who can You trust？Credibility assessment in online health forums[J]. Health Policy and Technology，2014，3（1）：13-25.

[47] 杨致远，吴宇轩，乔清瑀，等. 在线医疗平台中推荐热度的中介效应分析[J]. 首都医科大学学报，2022，43（3）：456-462.

[48] 温忠麟，侯杰泰，张雷. 调节效应与中介效应的比较和应用[J]. 心理学报，2005，37（2）：268-274.

[49] Aiken L S，West S G. Multiple Regression：Testing and Interpreting Interactions[M]. Newbury Park：Sage Publications，1991.

[50] Dawson J F. Moderation in management research：what，why，when and how[J]. Journal of Business and Psychology，2014，29：1-19.

[51] Dawson J F，Richter A W. Probing three-way interactions in moderated multiple regression：development and application of a slope difference test[J]. Journal of Applied Psychology，2006，91：917-926.

[52] 赵英，李佳，周良，李芳菲. 在线医疗平台老年与非老年用户需求及满意度对比分析——以春雨医生为例[J]. 信息系统学报，2019，13（2）：67-80.

[53] 张泽洪，熊晶晶. 互联网医疗服务供给的主体驱动因素[J]. 河海大学学报（哲学社会科学版），2022，24（1）：38-46，110.

[54] 马骋宇. 开通在线医疗服务会影响医生的线下服务量及诊疗收入吗？——基于 PSM-DID 模型的实证研究[J]. 中国卫生政策研究，2021，14（9）：47-53.

Factors Influencing Doctors' Online Medical Performance: from the Perspective of Trust Transmission

SUN Shiwei, LIU Siyu, YAN Zhijun

（School of Management and Economics, Beijing Institute of Technology, Beijing 100081, China）

Abstract　In recent years, with the rapid development of online healthcare communities, doctors' online medical performance has become a research hotspot. Based on trust source theory and trust transmission theory, this paper studies the relationship between doctors' offline evaluation results and online medical performance, builds a model of influencing factors of doctors' online medical performance, and analyzes the moderating effect of doctors' online reputation. Through the analysis of the behavioral data of doctors on the online healthcare community, the influence of the offline evaluation results of doctors on their online performance was examined. The research shows that the higher the offline professional title of doctors, the better the online performance, and the online reputation of doctors enhances the positive impact of the offline professional title of doctors on online medical performance. The research results are conducive to revealing the impact of offline doctor titles and online reputation on the participation and contribution of doctors in online medical communities, and are conducive to in-depth analysis of the factors affecting the online medical performance of doctors in online medical communities.

Keywords　Doctor performance, Online health community, Trust transmission theory, Linear regression, Moderating effect

作者简介
　　孙士伟（1987—），男，北京理工大学管理与经济学院助理教授/特别副研究员，博士，研究方向为电子商务及医疗数据分析。Email：shiweisun@bit.edu.cn。
　　刘思宇（1999—），女，北京理工大学管理与经济学院硕士研究生，研究方向为互联网医疗。Email：luckyliusy@163.com。
　　颜志军（1974—），男，北京理工大学管理与经济学院教授，研究方向为互联网医疗、健康大数据分析、电子商务等。Email：yanzhijun@bit.edu.cn。

健康管理类 APP 用户持续使用影响因素的概况性评价*

沈禹聪　高晨晨　孙则锶　张旗胜

（温州医科大学护理学院，浙江 温州 325035）

摘　要　为了全面识别、理解健康管理类 APP 用户持续使用的影响因素，本文采用概况性评价对 2010—2022 年发表的 27 篇健康管理类 APP 用户持续使用影响因素相关文献进行分析，对研究方法、结局变量以及信息生态维度下的影响因素进行总结。概述识别了以结构方程模型为主的研究方法、以持续使用意愿为主的结局变量，以及信息人、信息、信息技术和信息环境四个维度下的 17 个影响因素和健康管理类 APP 用户持续使用影响因素的综合模型，并在此基础上对未来研究及 APP 开发商提出建议。

关键词　健康管理类 APP，持续使用，影响因素，概况性评价，信息生态

中图分类号　C912.6

1　引言

随着"互联网＋"和移动医疗的迅速发展，手机应用（application，APP）程序已成为健康管理研究新的干预支点。干预效果不仅在于用户接受健康管理类 APP，更在于 APP 的持续使用[1]。有证据显示，我国健康管理类 APP 呈现出用户黏性低的特点[2]。因此，促进健康管理类 APP 用户持续使用是手机 APP 这种新型干预方式发挥成效的关键驱动力。国内外研究者尚未对健康管理类 APP 用户持续使用的影响因素进行全面系统的整合。

概况性评价是一种证据识别与整理的方法，目前尚无统一的名称[3]，常用术语包括概况性综述（scoping review）[4]、概况性研究（scoping study）[5]和概况性文献综述（scoping literature review）[6]。在真实世界中，健康管理类 APP 并不仅限于某一特定 APP，其用户的持续使用涉及广泛且复杂的影响因素，并且研究结论间存在明显的异质性[7]。概况性评价作为一种识别和整理研究证据的新方法，可用以全面了解研究者感兴趣的领域和现有研究的数量、属性及特征[8, 9]，为本文整合分析国内外健康管理类 APP 用户持续使用的影响因素提供了一个良好的研究方法。

本文根据 Arksey 和 O'Malley 提出的概况性评价方法学框架[10]（图 1）和概况性评价报告规范[11]，对国内外健康管理类 APP 持续使用相关文献进行概况性评价。通过对相关文献中涉及的研究方法、结局变量、影响因素进行归纳总结，得出健康管理类 APP 持续使用影响因素的综合模型，为研发团队开发高用户黏性的健康管理类 APP 提供理论依据。

---

* 基金项目：浙江省哲学社会科学规划课题（22NDQN253YB）、浙江省教育厅一般科研项目（Y201840389）。

通信作者：高晨晨，温州医科大学护理学院，博士，讲师，E-mail：gaochenchen@wmu.edu.cn。

图 1　Arksey 和 O'Malley 提出的概况性评价方法学框架步骤

2　研究方法与设计

2.1　明确研究问题

本文基于 PCC 原则（participant、concept、context，感兴趣的人群、概念、研究背景）[12]构建如下涵盖范围较为广泛的研究问题：现有研究对健康管理类 APP 用户持续使用影响因素已有哪些认识以及存在哪些不足？

2.2　获取相关研究

2.2.1　文献的纳入及排除标准

纳入标准：①研究对象为健康管理类 APP 用户，其中健康管理类 APP 具体包括疾病和治疗管理、运动健身、减肥、饮食与营养、生活方式管理类 APP[13]；②结局指标为持续使用，持续使用是指用户在初次使用健康管理类 APP 后，未来的某一段时间内仍然选择该产品的意愿和行为[14]；③研究类型为原始研究。

排除标准：①研究对象为医护人员或 APP 设计开发者；②发表期刊属于非核心期刊（评判标准依据 2020 版北京大学《中文核心期刊要目总览》[15]和中文社会科学引文索引[16]）；③不涉及理论模型；④个人观点、摘录、新闻简报。

2.2.2　检索策略

检索 PubMed、CINAHL、Embase、Web of Science、Cochrane、Ovid of JBI、中国知网、万方、维普及中国生物医学文献数据库。采取主题词加自由词结合检索的方式。英文检索词："online health""online medical""mhealth""e-health""internet hospital""health management""app*""smartphone"；"continu*""intention to continue""users stickiness""post-adoption"。中文检索词："在线健康""在线医疗""移动医疗""电子医疗""在线医院""健康管理""APP""手机应用软件""持续""用户黏性""采纳后"。检索时限为 2010 年 1 月至 2022 年 11 月。

2.3　文献筛选

由 2 名研究者独立阅读文献标题与摘要进行初筛，再精读全文，根据纳入与排除标准筛选文献，若有分歧则由第 3 名研究者判断，直至对每篇文献的评价结果达成共识。

2.4　资料处理

由 2 名研究者根据标准化的数据提取表独立提取每篇文献的资料并交叉核对，包括第一作者、发表年份、理论模型、影响因素、结局指标、样本量、数据分析方法、发表期刊等。若遇分歧则由第 3 名研究者进行判断，直至对每份资料都达成共识。

3 结果

3.1 纳入文献的基本情况

最终纳入 27 篇文献，具体的文献纳入与排除流程见图 2。本文利用 Origin 2023 软件绘制桑基图，分别对涉及的研究方法、结局变量及信息生态维度下的各影响因素进行了可视化分析（图 3 和图 4）。从 2015 年至 2022 年，健康管理类 APP 用户持续使用相关的文献呈缓慢增长趋势，且大部分研究主要采用结构方程模型对影响因素进行分析，近几年开始出现一些其他的方法，如层次回归分析[17]、模糊集定性比较分析[18]以及决策评估和实验室分析法[19]。结局指标为持续使用意愿的共 25 篇[14, 17-40]，结局指标为持续使用行为的共 2 篇[41, 42]。

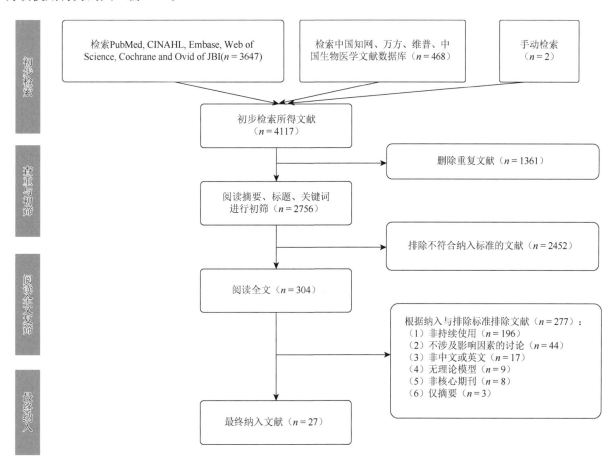

图 2　文献纳入与排除流程图

3.2 健康管理类 APP 用户持续使用的影响因素及理论模型

对 27 篇文献的研究变量及研究路径进行进一步归纳总结，为了得到主要的影响因素，形成一个相对汇聚的影响因素模型框架，本文去除仅被报道一次的变量及路径，得到一个健康管理类 APP 用户持续使用影响因素的综合模型，如图 5 所示。

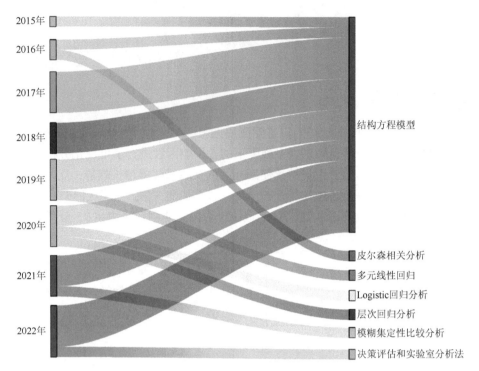

图 3　研究方法的桑基图

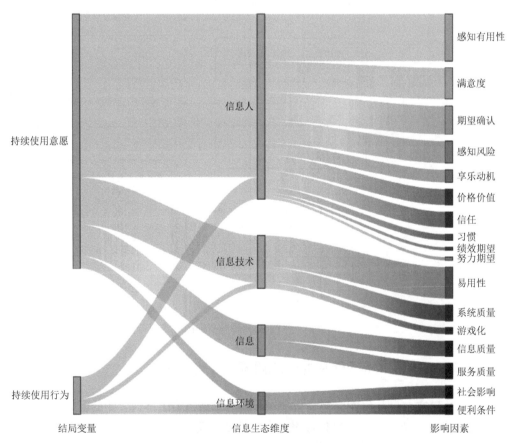

图 4　信息生态维度各影响因素的桑基图

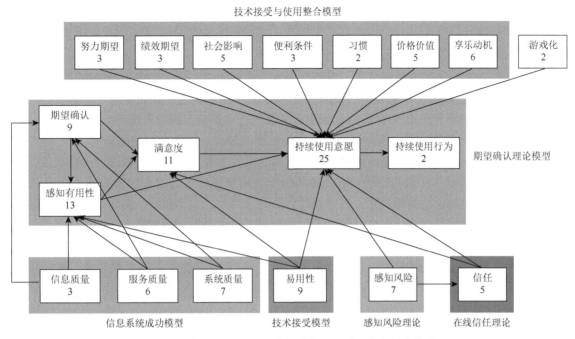

图 5　健康管理类 APP 用户持续使用影响因素的综合模型

对于涉及的影响因素，根据所得的综合模型可知：感知有用性、满意度是研究中涉及最多的两个因素，分别有 13 篇、11 篇文献涉及；其次是易用性、期望确认，分别有 9 篇文献涉及；其余影响因素被涉及次数为 7 次及以下，其中习惯和游戏化是研究中涉及最少的两个因素，分别仅有 2 篇文献涉及。

对于依托的理论模型，根据所得的综合模型可知：现有文献主要基于期望确认理论模型[22, 23, 25, 28, 38]、信息系统成功模型[22, 26, 33]、技术接受与使用整合模型[20, 29, 41]、技术接受模型[17, 20, 21, 28, 30, 31, 35, 36, 39-41]、感知风险理论[14, 18, 25, 29, 35, 37, 41]、在线信任理论[14, 26, 27, 30, 37]探索健康管理类 APP 用户持续使用的影响因素。

4　讨论

4.1　健康管理类 APP 用户持续使用的影响因素在信息生态下是多维和复杂的

影响用户持续使用 APP 的因素处于一个复杂变化的信息生态系统之中。信息生态理论是指在特定空间中，基于信息技术手段，为达到一种均衡状态，信息人与信息环境在信息资源支持下的传递与反馈活动[43]。用户利用手机 APP 进行自我管理涉及用户自身与手机 APP 系统的信息交互，获取、接收和利用健康信息等一系列过程，同时处在同伴影响的社会环境之中。因此，用户利用手机 APP 进行健康管理可视为一个独立完整的信息生态系统。本文从信息人、信息、信息技术、信息环境这四个方面对影响因素进行概述与探讨。

4.1.1　信息人

信息人是现有研究涉及最多的维度。本文将信息人界定为健康管理类 APP 所面向的用户。研究证实，用户对 APP 的感知体验、用户的享乐动机、用户的习惯对用户的持续使用意愿和行为产生影响。

1. 用户对 APP 的感知体验

用户对 APP 的感知体验包括满意度、感知有用性、绩效期望、努力期望、期望确认、价格价值、信任、感知风险。满意度是用户与健康管理类 APP 交互后的情感表达[14]。研究[14, 21-23, 28, 30, 33, 34, 36, 40, 42]证实，用户满意度对健康管理类 APP 的持续使用有显著的正向影响，满意程度越高越倾向于长期使用，且多项研究显示[14, 22, 23, 28, 42]，满意度对持续使用意愿的影响最大。感知有用性是影响 APP 用户持续使用的另一个重要因素。感知有用性是指用户使用信息系统对其本身工作和生活效率的提升程度[44]。大部分研究[14, 21-23, 28, 30, 31, 33, 34, 36, 39]表明，感知有用性与持续使用意愿有显著的正相关关系，即用户对 APP 的感知有用性越高，越能促进持续使用。其中，部分研究[21-23, 27, 33, 34, 36]显示，感知有用性是通过间接影响满意度从而影响持续使用意愿，但也有研究[14, 42]得出感知有用性对满意度影响不显著的结论，提示用户对某类健康管理类 APP 的满意程度可能来源于更多方面的需求。这一结果强调用户满意度是促进健康管理类 APP 持续使用的重要前提，有用性是用户采纳 APP 后持续使用的重要考量，提高用户体验仍需基于用户需求，尤其对于慢性疾病管理类 APP，需重点关注并满足不同疾病阶段动态变化的个性化需求。

涉及绩效期望和努力期望的研究较少。其中，绩效期望是指用户感知健康管理类 APP 对自己健康管理有帮助的程度[45]，现有研究多将其等同于感知有用性[7]。研究[20, 29, 41]表明，绩效期望与持续使用意愿有显著的正向相关关系，即用户对健康管理类 APP 的绩效期望越高，其持续使用该 APP 的意愿越强。努力期望是指用户感知使用健康管理类 APP 的难易程度以及自己所需要付出的努力程度[45]，现有研究多将其等同于易用性[7]且研究结果存在差异。部分研究[41]表明，努力期望能直接正向影响持续使用意愿，而部分研究[20, 29]显示，努力期望对用户的持续使用无显著作用。这提示未来研究需要增大样本量对该变量进行验证，并采用元分析（meta-analysis）对现有研究结果进行整合。

期望确认是指用户根据使用 APP 前的期望与使用后绩效表现差距的认知评价而形成的一种心理或情感状态[46]。研究证实，期望确认是通过正向影响感知有用性[14, 21-23, 28, 34, 36]、满意度[14, 21-23, 28, 34, 36]、易用性[21, 28]和负向影响感知风险[25]来间接促进持续使用意愿。这提示除了强化 APP 本身的效用之外，健康管理者有必要及时介入用户的使用过程，帮助用户确认并强化使用 APP 的获益感。

价格价值是指用户对使用健康管理类 APP 的收益和成本的感知[45]，即用户使用健康管理类 APP 时所做出的价值权衡。现有涉及价格价值的研究仍较少，且 APP 的主题存在差异，研究结果并未达成一致。大部分[20, 30, 41]研究显示，当用户认为该健康管理类 APP "物有所值"时，更有可能持续使用；部分[35]研究则发现高价格价值并不能显著影响用户的持续使用。提示未来研究可针对该因素广泛开展实证研究，在某一特定健康管理主题的 APP 中，通过大样本调查验证价格价值在健康管理类 APP 中的作用。

信任和感知风险的研究结果较一致。用户对 APP 的信任对其持续使用存在正向促进作用[14, 26, 27, 31, 37]。感知风险，尤其是感知隐私风险[18, 25, 29, 35, 41]负向影响持续使用行为。同时，感知风险对信任存在显著的负向影响[14, 27]，即感知风险越高，用户对 APP 的信任度越低，从而负向影响持续使用意愿。这提示健康管理类 APP 在提高自身口碑、权威性以获得用户信任的同时还应提高网络安全性，做好隐私保护承诺。

2. 用户的享乐动机

享乐动机指用户使用健康管理类 APP 时可感受到的愉悦程度[45]。部分健康管理类 APP 利用游戏化（gamification）元素[25, 32]，使 APP 具备享乐的特征或利用游戏的机制来增加 APP 和用户互动的娱乐性。

研究[17, 19, 20, 35, 41]证实，享乐动机正向影响用户的持续使用意愿，然而部分研究[24]并未得出显著性结论。研究结果的不一致一方面可能是由于受到了新冠疫情的影响。2019 年以后，涉及享乐动机的研究较之前增多，常态化的疫情管控可能激发了用户的享乐动机，他们希望在使用 APP 进行健康管理的同时也能获得享乐体验。另外，在一项针对平均年龄为 21 岁的大学生的研究中[20]也得出享乐动机对用户的持续使用有显著促进作用。因此，导致结果不一致的另一方面原因可能是用户年龄层差异。这提示享乐动机仍需在不同年龄用户群以及后疫情时期中加以验证。

3. 用户的习惯

习惯是指用户对自动参与某一行为的自我感知[47]。研究表明用户对健康管理 APP 的习惯性使用会促进用户的持续使用行为[20, 32]，然而鲜有研究探索健康管理类 APP 用户的习惯形成机制。这提示未来研究可基于用户习惯形成机制，针对性构建培养用户使用习惯的策略，促进其持续使用行为。健康管理类 APP 可以通过整合位置实时监测系统、机器学习、数据抓取等人工智能技术[48, 49]，精准识别用户使用健康管理类 APP 的行为习惯（如何时、何地、何种情境下会使用 APP），在特定时间、特定地点、特定情境下，通过发送弹窗等方式提示用户使用 APP，激发并加深用户的使用习惯。

4.1.2 信息

信息是信息生态系统的核心因素，其在各个生态因子中起桥梁作用。本文将信息界定为健康管理类 APP 中提供的健康资讯、健康咨询、健康管理等内容。研究证实信息质量[17-19, 22-24, 26, 27, 33]和服务质量[18, 19, 22, 26, 27, 33]对用户的持续使用产生影响。

信息质量包括信息内容的可信度、准确性、及时性和可理解性等[50]。有研究表明，信息质量可直接影响持续使用意愿[24]，信息的可信度[24]、完整性[24]、准确性[26]、一致性[23]、个性化[22]和相关性[27]等显著影响用户的感知有用性和期望确认，信息的及时性[26]和准确性[26]显著影响用户的满意度，进而间接影响持续使用意愿。这提示在信息超载的环境下，健康管理类 APP 向用户提供准确权威的信息是用户进行科学健康管理的首要因素，同时及时、个性化的信息对于提高用户评价和关系强度非常重要。建立在信息准确性的基础上，信息的可理解性则是考虑了用户的接受程度。有研究显示，信息的可理解性正向影响用户的持续使用意愿[24]，这提示健康管理类 APP 在定位其服务受众时，保证信息的可理解性能够提高 APP 的可及性和辐射范围。

服务质量包括服务的可靠性、科学性、专业性、响应性、人性化和个性化等[50]。有研究[19, 22, 26, 27, 33]显示，健康管理类 APP 及时响应用户需求，准确完成服务，能显著影响用户的期望确认，进而影响持续使用意愿。其中，服务个性化更能体现在问诊类 APP 中，用户与 APP 后台沟通越顺畅，感知的关怀度越高，则用户对健康管理类 APP 的信任和满意度越高[26, 27]。这提示健康管理类 APP，尤其是问诊类 APP 需要重视服务质量，其中问诊类 APP 可以结合融合案例与规则推理（CBR/RBR①融合推理方法）的智能决策推理系统为患者提供初步服务，健康管理者在此基础上再辅以高效的沟通反馈服务，保证服务的技术优势和定制化。

4.1.3 信息技术

信息技术是信息生态系统的保障因素。本文将信息技术界定为健康管理类 APP 得以顺利运行的技术支撑。研究证实，健康管理类 APP 的系统质量[17-19, 22-24, 33]、易用性[17, 21, 23, 28, 30, 31, 42]、游戏化[25, 32, 45]对用户的持续使用意愿和行为产生影响。

---

① CBR 全称为 case-based reasoning，基于案例推理；RBR 全称为 rule-based reasoning，基于规则推理。

系统质量是指健康管理类 APP 系统本身的质量情况，包括系统的可用性、适用性、流畅性及有效性等[50]，即健康管理类 APP 的系统能否满足用户需求，系统设计是否清晰明白、有效等。部分研究[19, 24]表明，系统质量与用户的持续使用意愿呈直接正相关关系，而部分研究[22, 23]则认为系统质量通过提高用户的满意度和感知有用性间接促进用户的持续使用。这提示健康管理类 APP 需重视 APP 的系统质量，在保证 APP 不卡顿、流畅的基础上通过页面设置自定义的形式让用户自己选定想要的功能并布置页面布局，提高页面布局及功能的可用性、适用性以及有效性[47]。

易用性是指用户操作健康管理类 APP 的容易程度。研究显示，易用性直接正向影响持续使用意愿[17, 21, 28, 39]，也可以通过正向影响感知有用性[21, 23, 28, 31, 42]、满意度[21, 28, 30, 42]间接影响持续使用意愿。这提示健康管理类 APP 的易用性是影响用户持续使用意愿的重要因素之一，健康管理类 APP 开发者需重视系统易用性，尤其需要考虑老年用户的技术使用困境。

游戏化是指健康管理类 APP 系统功能的娱乐性[32]。游戏化因素与信息人维度下的享乐动机存在一定联系，即健康管理类 APP 系统或功能的游戏化是实现用户享乐动机的有效路径之一[45]。研究[25]显示系统功能的游戏化机制能够鼓励用户与 APP 进行有意义的互动，通过直接[32]或间接[25]的作用促进用户的持续使用。这提示健康管理类 APP 可以通过添加一定的游戏化元素，帮助用户在使用健康管理类 APP 的同时获得游戏化的娱乐体验，以促进用户的持续使用。

4.1.4 信息环境

信息环境是现有文献涉及较少的维度。信息环境是指影响用户持续使用健康管理类手机 APP 时所处的社会环境。研究证实，健康管理类 APP 的社会影响[20, 29, 31, 41, 42]和便利条件[20, 29, 41]对用户的持续使用意愿和行为产生影响。

社会影响指用户在意的人的看法对用户使用行为的影响[45]。在健康领域，这些人大多是用户的医生、家人或健康管理同伴等。部分研究显示，身边亲朋好友的推荐[41]、APP 中的用户数量的增加[29]可以使用户对 APP 的感知有用性增强，促使其坚持使用健康管理类 APP。但也有研究[20]显示，社会影响对健康管理类 APP 的持续使用没有显著影响，这可能是由研究人群、变量分类和用户受社会影响程度的不同所导致，对于这些差异的具体分析有待进一步探索。

便利条件是指用户在使用某项技术时可用的社会支持资源[45]。研究发现[20, 29, 41]，社会网络性能、他人的使用指导等可以通过感知体验影响持续使用意愿。新冠疫情推动数字健康快速发展，用户尤其是老年人只有会用健康管理类 APP 才能真正享受到其带来的便利。因此，促进健康管理系统应用的便利条件对用户的持续使用行为越来越重要，并将直接影响到后疫情阶段用户的持续使用行为。健康管理类 APP 可以联合医疗机构以及医护人员，针对健康管理类 APP 的使用开展线下面对面指导，尤其针对老年用户，为用户在使用 APP 时提供支持资源，促进其持续使用。

4.2 对未来研究的启示

第一，期望确认理论为健康管理类 APP 用户持续使用研究中最常用的理论依据。结果显示，关于健康管理类 APP 用户持续使用的理论模型中常用的为期望确认理论、技术接受与使用整合理论、信息系统成功模型、感知风险理论和在线信任理论，其中期望确认理论中的三个核心变量（感知有用性、满意度、期望确认）出现的频率最高，表明期望确认理论是健康管理类 APP 用户持续使用研究领域中使用最为广泛的理论模型，这为后续研究的开展提供了理论方向。

第二，未来研究应更专注于信息系统持续使用领域的理论。研究结果发现，仍有部分研究采用技术接受领域的模型，如技术接受与使用整合模型、技术接受模型。然而，Bhattacherjee 等[51]指出，技术接受行为和持续使用行为是不同的，应用技术接受领域的理论模型验证持续使用领域的研究是不恰当的。因此，未来健康管理类 APP 用户持续使用相关的研究应更加专注于信息系统持续使用领域的理论。

第三，采用定性比较分析从组态视角分析因素组合。研究结果显示，开始有研究尝试采用新兴的研究方法如定性比较分析[52, 53]，从组态视角出发，探索导致健康管理类 APP 用户持续使用意愿或行为的因素组合，这为持续使用领域的研究注入了新的思考和发现。

第四，对存在争议的影响因素进行荟萃分析。由于各研究的研究设计、研究对象、健康管理类 APP 主题等存在差异，部分影响因素如感知有用性、绩效期望、价格价值、享乐动机、社会影响的研究结论并不一致。未来的研究可以在本文研究的基础上对结果进行荟萃分析，得到一个结论统一的影响因素模型，为健康管理类 APP 研发团队提供参考。

5 小结

本文通过对 2010—2022 年发表的健康管理类 APP 用户持续使用影响因素的 27 篇相关文献进行概况性分析，总结涉及的研究方法、结局变量，并分别从信息人、信息、信息技术和信息环境四个维度概述 17 个影响因素，并进一步得出了健康管理类 APP 用户持续使用影响因素的综合模型，得到如下结论：现有研究主要使用结构方程模型进行分析，结局变量多为持续使用意愿。本文明确了健康管理类 APP 用户持续使用影响因素在信息生态维度下的多维性和复杂性。其中信息人维度下包含满意度、感知有用性、绩效期望、努力期望、期望确认、价格价值、信任、感知风险、享乐动机和习惯，信息维度下包含信息质量和服务质量，信息技术维度下包含系统质量、易用性和游戏化，信息环境维度下包含社会影响和便利条件。基于现有的证据，本文建议健康管理类 APP 研发团队：①提升信息人维度因素，通过整合决策树算法、机器学习等人工智能技术，有效识别用户的使用行为轨迹，激发并维持用户的使用习惯，提升用户对 APP 价格价值的感知；②提升信息维度因素，提高 APP 的信息质量和服务质量，从而提高用户对健康管理类 APP 的有用性感知；③提升信息技术维度因素，在保证系统易用、必要功能完备的情况下，尽可能添加游戏化元素，以满足部分用户的享乐动机；④提升信息环境维度因素，通过医生推荐、社会声望等途径提高 APP 的社会影响，促进持续使用。

参 考 文 献

[1] Bhattacherjee A. Understanding information systems continuance：an expectation-confirmation model[J]. MIS Quarterly，2001，25（3）：351-70.

[2] 刘庆顺，梁之栋. 移动医疗 APP 用户接受行为研究[J]. 山东青年政治学院学报，2015，31（4）：14-8.

[3] 卞薇，陈慧，宋国敏，等. 概况性评价简介[J]. 中国循证医学杂志，2017，17（4）：488-493.

[4] Fischer F，Lange K，Klose K，et al. Barriers and strategies in guideline implementation-a scoping review[J]. Healthcare，2016，4（3）：36.

[5] Jowsey T，Yen L，Paul M W. Time spent on health related activities associated with chronic illness：a scoping literature review[J]. BMC Public Health，2012，12：1044.

[6] Aspinall P J，Jacobson B，Castillo-Salgado C，et al. Establishing and sustaining health observatories serving urbanized populations around the world：scoping study and survey[J]. European Journal of Public Health，2016，26（4）：681-686.

[7] Shen Y C，Xu W X，Liang A D，et al. Online health management continuance and the moderating effect of service type and

age difference：a meta-analysis[J]. Health Informatics Journal，2022，28（3）：14604582221119950.

[8]　Pham M T，Rajić A，Greig J D，et al. A scoping review of scoping reviews：advancing the approach and enhancing the consistency[J]. Research Synthesis Methods，2014，5（4）：371-385.

[9]　Davis K，Drey N，Gould D. What are scoping studies? A review of the nursing literature[J]. International Journal of Nursing Studies，2009，46（10）：1386-1400.

[10]　Arksey H，O'Malley L. Scoping studies：towards a methodological framework[J]. International Journal of Social Research Methodology，2005，8（1）：19-32.

[11]　卢存存，王芳芳，高亚，等. Scoping Review 报告规范简介[J]. 中国药物评价，2018，35（6）：401-403.

[12]　Peters M D J，Godfrey C M，Khalil H，et al. Guidance for conducting systematic scoping reviews[J]. JBI Evidence Implementation，2015，13（3）：141-146.

[13]　IMS Institute for Healthcare Informatics. Patient Adoption of mHealth[R]. USA：IMS Institute for Healthcare Informatics，2015.

[14]　何明贵，龙晓丹. 感知风险与信任对移动医疗 APP 持续使用的影响研究——基于 ECM-ISC 模型[J]. 新闻与传播评论辑刊，2016，（1）：152-165.

[15]　陈建龙，张俊娥，蔡蓉华. 中文核心期刊要目总览（2020 版）[M]. 北京：北京大学出版社，2020.

[16]　南京大学中国社会科学研究评价中心. 中文社会科学引文索引[EB/OL]. 2023. http://cssci.nju.edu.cn/ login_u.html. [2023-09-28].

[17]　Huang G X，Ren Y C. Linking technological functions of fitness mobile apps with continuance usage among Chinese users：moderating role of exercise self-efficacy[J]. Computers in Human Behavior，2020，103：151-160.

[18]　吴大伟，胡小飞，赵宇翔，等. 感知价值视角下数字健康 APP 用户持续采纳意愿的影响因素及路径研究：基于 fsQCA 方法[J]. 图书情报工作，2021，65（18）：93-104.

[19]　Alzahrani A I，Al-Samarraie H，Eldenfria A，et al. Users' intention to continue using mHealth services：a DEMATEL approach during the COVID-19 pandemic[J]. Technology in Society，2022，68：101862.

[20]　Yuan S P，Ma W J，Kanthawala S，et al. Keepusing my health apps：discover users' perception of health and fitness apps with the UTAUT2 model[J]. Telemedicine and E-Health，2015，21（9）：735-741.

[21]　Cho J. The impact of post-adoption beliefs on the continued use of health apps[J]. International Journal of Medical Informatics，2016，87：75-83.

[22]　殷猛，李琪. 整合 ECT 和 IS 成功理论的移动 APP 持续使用意愿研究——以健康 APP 为例[J]. 大连理工大学学报（社会科学版），2017，38（1）：81-87.

[23]　张敏，罗梅芬，聂瑞，等. 信息生态视域下移动医疗 APP 用户持续使用意愿分析[J]. 数据分析与知识发现，2017，1（4）：46-56.

[24]　Lee H E，Cho J. What motivates users to continue using diet and fitness apps? Application of the uses and gratifications approach[J]. Health Communication，2017，32（12）：1445-1453.

[25]　侯贵生，曲薪池，王鹏民，等. 基于 ECM-ISC 模型的健康管理类 APP 用户粘性形成及强化研究[J]. 山东科技大学学报（社会科学版），2018，20（3）：92-99.

[26]　张敏，罗梅芬，聂瑞，等. 问诊类移动医疗 APP 用户持续使用意愿分析——基于患者特征、医护特性与系统质量的多维视角[J]. 软科学，2018，32（5）：99-104.

[27]　Chen Y，Yang L L，Zhang M，et al. Central or peripheral? Cognition elaboration cues' effect on users' continuance intention of mobile health applications in the developing markets[J]. International Journal of Medical Informatics，2018，116：33-45.

[28]　林瑶瑶，魏雪蕊. 运动健身类 APP 用户持续使用意愿影响因素的研究[J]. 数学的实践与认识，2019，49（4）：61-65.

[29]　Zhang Y Y，Liu C Y，Luo S M，et al. Factors influencing patients' intentions to use diabetes management apps based on an extended unified theory of acceptance and use of technology model：web-based survey[J]. Journal of Medical Internet Research，2019，21（8）：e15023.

[30]　曹南燕，曾艳，张州艳，等. 心理类 APP 用户持续使用意愿的影响因素探析——以"壹心理"为例[J]. 统计与管理，2020，35（4）：83-88.

[31] 崔洪成，陈庆果. 移动健身 APP 用户持续使用意愿研究[J]. 首都体育学院学报，2020，32（1）：75-81，96.

[32] Esmaeilzadeh P . The influence of gamification and information technology identity on postadoption behaviors of health and fitness app users：empirical study in the United States[J]. JMIR Serious Games，2021，9（3）：e28282.

[33] Song T，Deng N，Cui T，et al. Measuring success of patients' continuous use of mobile health services for self-management of chronic conditions：model development and validation [J]. Journal of Medical Internet Research，2021，23（7）：e26670.

[34] Wang T，Fan L Y，Zheng X，et al. The impact of gamification-induced users' feelings on the continued use of mHealth apps：a structural equation model with the self-determination theory approach[J]. Journal of Medical Internet Research，2021，23（8）：e24546.

[35] Kim B，Lee E，Jo S H. The effects of extrinsic reward that affect a user's continuous intention to use a fitness application[J]. Informatics for Health and Social Care，2023，48（2）：153-164.

[36] Wu X Y，Song L B，Lin Z Y. Effect of behavior change techniques on users' continuance intention of health management apps[J]. DYNA，2022，97（5）：501-507.

[37] 邓朝华，洪紫映. 在线医疗健康服务医患信任影响因素实证研究[J]. 管理科学，2017，30（1）：43-52.

[38] Li J，Liu X，Ma L，et al. Users' intention to continue using social fitness-tracking apps：expectation confirmation theory and social comparison theory perspective[J]. Informatics for Health and Social Care，2019，44（3）：298-312.

[39] Shemesh T，Barnoy S. Assessment of the intention to use mobile health applications using a technology acceptance model in an Israeli adult population[J]. Telemedicine and e-Health，2020，26（9）：1141-1149.

[40] Madhumitha T，Lekshmi R S. The influence of social media on the adoption and continuous use of health fitness mobile apps during the COVID-19 pandemic[J]. Ethiopian Journal of Health Development，2022，36（1）：1-8.

[41] Bai B，Guo Z Q. Understanding users' continuance usage behavior towards digital health information system driven by the digital revolution under COVID-19 context：an extended UTAUT model[J]. Psychology Research and Behavior Management，2022，15：2831-2842.

[42] 吴冰，王毓芳. 移动健身 APP 持续使用的影响因素研究[J]. 软科学，2019，33（10）：87-92.

[43] 柯健，黄文倩，彭瀚琦. 基于信息生态理论的农村电子商务发展研究[J]. 情报探索，2019，（9）：7-12.

[44] Davis F D. Perceived usefulness，perceived ease of use，and user acceptance of information technology[J]. MIS Quarterly，1989，13（3）：319-340.

[45] Venkatesh V，Thong J Y L，Xu X V，et al. Consumer acceptance and use of information technology：extending the unified theory of acceptance and use of technology[J]. MIS Quarterly，2012，36（1）：157-178.

[46] Oliver R L. A cognitive model of the antecedents and consequences of satisfaction decisions[J]. Journal of Marketing Research，1980，17（4）：460-469.

[47] Bol N，Høie N M，Nguyen M H，et al. Customization in mobile health apps：explaining effects on physical activity intentions by the need for autonomy[J]. Digital Health，2019，5：205520761988807.

[48] Mandel J C，Kreda D A，Mandl K D，et al. SMART on FHIR：a standards-based，interoperable apps platform for electronic health records[J]. Journal of the American Medical Informatics Association，2016，23（5）：899-908.

[49] Jiang W H，Wang J Y，Shen X F，et al. Establishment and validation of a risk prediction model for early diabetic kidney disease based on a systematic review and meta-analysis of 20 cohorts[J]. Diabetes Care，2020，43（4）：925-933.

[50] DeLone W H，McLean E R. Information systems success：the quest for the dependent variable[J]. Information Systems Research，1992，3（1）：60-95.

[51] Bhattacherjee A，Perols J，Sanford C，et al. Information technology continuance: a theoretic extension and empirical test[J]. Journal of Computer Information Systems，2008，49（1）：17-26.

[52] Fiss P C. A set-theoretic approach to organizational configurations[J]. Academy of Management，2007，32（4）：1180-1198.

[53] Ragin C. Fuzzy-Set Social Science[M]. Chicago：University of Chicago Press，2000.

Scoping Review of Factors Associated with Continued Use in Health Management APP Users

SHEN Yucong, GAO Chenchen, SUN Zesi, ZHANG Qisheng

（School of Nursing, Wenzhou Medical University, Wenzhou 325035, Zhejiang, China）

Abstract　To comprehensively identify and understand the research methods, outcome variables, and the influential factors of users' continuous use of health management APP, studies published between 2010 and 2022 were summarized using the scoping review. Twenty-seven studies were analyzed and we summarized that the structural equation model was the main research method, the continuous use intention was the main outcome variable, and 17 influential factors in the four dimensions of information-specific, user-specific, information technology-specific and information environment-specific were identified. A comprehensive model of influential factors for users' continuous use of health management APP was constructed, and detailed suggestions were proposed for future research and APP developers.

Keywords　Health management APP, Continued use, Influential factors, Scoping review, Information ecologies

作者简介

沈禹聪（1997—），女，温州医科大学护理学院 2020 级硕士研究生，浙江绍兴人，研究方向包括社区及老年护理、移动医疗等。E-mail：syc11401@163.com。

高晨晨（1989—），女，温州医科大学护理学院讲师、博士、研究生导师，浙江温州人，研究方向包括社区及老年护理、数字健康、叙事教育等。E-mail：gaochenchen@wmu.edu.cn。

孙则锶（1998—），女，温州医科大学护理学院 2017 级本科生，浙江宁波人，研究方向为移动医疗。E-mail：573627079@qq.com。

张旗胜（1999—），男，温州医科大学护理学院 2017 级本科生，河南漯河市人，研究方向为移动医疗。E-mail：1586664610@qq.com。

环境认知，行为控制与新能源汽车购买意愿：一个基于 TPB-NAM 的中介模型*

吴亮　廖雨婷

（贵州师范大学经济与管理学院，贵州 贵阳 550025）

摘　要　基于计划行为理论和规范激活模型,构建新能源汽车购买意愿影响因素的理论模型,并运用回归和 Bootstrap 法定量检验该模型的合理性。实证结果表明：消费者的感知行为控制、绿色购买态度、主观规范及环境责任感对新能源汽车购买意愿产生显著的正向影响；感知行为控制被证明在消费者环境意识与新能源汽车购买意愿的关系中起完全中介作用；绿色购买态度、感知行为控制在消费者环境责任感对新能源汽车购买意愿的影响中起部分中介作用。

关键词　计划行为理论，规范激活模型，新能源汽车，购买意愿

中图分类号　F426

1　引言

新能源汽车的推广应用是以习近平同志为核心的党中央在新发展阶段促进我国经济高质量发展的重要战略举措，是推动我国数字经济与传统经济深度融合发展的重要动力和引擎，是我国碳达峰、碳中和"双碳"目标的重要实现路径，发展新能源汽车不仅积极响应了国家"节能减排"的号召，还保障了国家能源安全和电网稳定，对推动我国从汽车大国迈向汽车强国具有重要意义。早在 2018 年我国新能源汽车销量就已排名世界第一，销量可观的背后是国家政策的支持，不管是对新能源汽车企业的财政补贴，还是对购买新能源汽车免征购置税，政府在扶持新能源汽车产业中发挥了重要作用。但是，随着国家补贴的逐步退出，新能源汽车市场由政策驱动转为市场引导，新能源汽车销量提升，更要从消费者需求入手，充分考虑影响消费者购买行为的因素，才能实现市场转型和产业可持续发展。

现有从消费者角度探索新能源汽车购买意愿的研究内容集中在消费者的感知有用性[1, 2]、感知易用性[1]、感知风险[2-4]以及感知价值[2, 4]等方面，主要聚焦于新能源汽车的实用性与接受度上，忽视了新能源汽车绿色、低碳、节能等方面的价值。但随着经济的增长以及国民素质的提高，消费者对新能源汽车的购买行为不单是出于利己主义的角度，对于环境问题的重视以及社会责任感的强化都将提高他们的绿色消费意愿。计划行为理论（theory of planned behavior，TPB）和规范激活模型（norm activation model，NAM）是当前亲环境行为研究领域中被研究者运用最多也是最成熟的理论模型框架[5]。亲环境行为指不同领域采取环境保护的一种积极行为[6]。计划行为理论认为人的行为意愿是源于自身利益和社会支持的理性抉择，忽视了非理性因素和利他动机在亲环境行为中的作用[7]。规范激活模型则认为人的行

---

* 基金项目：国家社会科学基金项目（22XJY021）、贵州省教育厅自然科学研究项目（黔教技〔2023〕033 号）、贵州省科技计划项目（黔科合成果〔2023〕一般 007）。

通信作者：廖雨婷，贵州师范大学经济与管理学院，硕士研究生，E-mail: 865415226@qq.com。

为意愿是围绕着个人支持环境的动机和道德义务做出的感性选择，在由自利驱动行为发生时缺乏解释力。计划行为理论和规范激活模型的结合可以提供互补的视角来解释消费者的亲环境行为意愿，因此，环境行为方面的研究越来越关注计划行为理论和规范激活模型的整合应用[8]。在此背景下，本文以计划行为理论和规范激活模型为理论基础，从理性行为和亲环境行为两个维度解释消费者新能源汽车购买意愿的驱动因素，不仅考虑了消费者在行为决策过程中的利己心理因素，还关注了非理性因素（道德因素）在绿色消费行为中的重要作用。由此，本文构建整合的 TPB-NAM 模型研究新能源汽车购买意愿的影响因素，帮助企业了解消费者对新能源汽车的情绪和购买意愿，提高新能源汽车营销策略制定的合理性。

2　理论与假设

2.1　计划行为理论和规范激活模型

社会心理学研究表明，意愿是预测个人行为比较合适的指标[9]，它包含了所有可能影响个人实际行为的相关因素，计划行为理论对个人意愿和行为具有较强的解释力[10]。计划行为理论最早由 Ajzen 提出[10]，用于解释决策过程中影响个体行为的相关因素，是对理性行为理论的继承和发展[11]。理性行为理论认为态度和主观规范是影响行为意愿的驱动因素[7]，行为意愿则是实际行为的直接心理决定因素。态度是个人对参与某一特定行为的总体评价，一个人的态度包括情感评价（积极和消极的评价）及行为和想法的偏好[12]，Ajzen 的观点指出个体对某一特定行为的态度会影响个体的行为意愿；主观规范是指个体进行决策是否执行某一特定行为时所感知到的社会压力。然而，现实中行为意愿和行为并不完全取决于态度和主观规范。例如，消费者对新能源汽车的实际购买行为不仅取决于消费者对其的购买态度和周围重要人物的影响，还取决于消费者对感知购买新能源汽车的难易程度。因此，为了增强理性行为理论的解释能力，Ajzen 引入了感知行为控制变量，感知行为控制是个体在决定采取行动之前意识到自己执行该行为的能力，是行为意愿不可或缺的一个推动因素，被定义为"人们对执行兴趣行为难易度的感知"[13]。

规范激活模型被广泛应用于环境心理学领域，用于探索绿色消费行为的影响因素[14]。该模型认为个人能否做出亲环境行为主要依赖于个人规范，个人规范是个人对行为结果是否正确的信念，是消费者内生的一种约束力，自律能够为消费者带来自豪感和自尊的提升[14]。个人规范的激活取决于结果意识和责任归属两个方面[14]，责任归属指消费者认为自己对环境保护负有责任，并感到自己有能力去控制非环保行为及其带来的后果，因此，个人拥有责任意识，在做出行为决策时内心会受到道德责任的影响[14]；结果意识是指消费者意识到没有执行亲环境行为会给社会或他人造成不良后果的认识。

计划行为理论作为理性选择模型是一个可兼容其他预测因素的理论[10]，因此可以通过与其他理论模型进行整合运用[15]，有学者在结合计划行为理论和规范激活模型的模型变量时，研究发现两个理论模型的整合运用可极大提高对行为意向的预测能力，例如计划行为理论和规范激活模型的整合用于预测消费者在家庭消费环境中的环保行为，包括垃圾回收[16]、有机食品的摄入[17]和绿色商品的购买[12]等；另外，两个模型结合应用在解释汽车司机出行意愿的影响因素时，较好地预测了新能源汽车的采纳意愿[8]。因此，计划行为理论和规范激活模型的结合可以提供互补的视角来解释消费者购买新能源汽车的行为意愿。

2.2　研究假设

根据计划行为理论，消费者对亲环境行为持有积极的态度会提升其绿色消费意愿。绿色消费行为发生的前提条件依赖于消费者的绿色行为态度，态度越积极个体所表现出的绿色消费意愿就越强烈[17]。当消费者对绿色产品有好感时他们会认为购买的绿色产品是有益的、值得的和令人满意的[15]，故消费者对新能源汽车持有的态度越积极就越倾向于表现出对新能源汽车的购买意愿[18, 19]。同时，研究表明，消费者感觉自己拥有新能源汽车的能力和条件越好，障碍越少，对新能源汽车的购买意愿就越强[20]。消费者对其财务能力的控制反映了他们对购买新能源汽车的个人信念[21]，对财务能力有更好控制的消费者往往对新能源汽车的购买意愿更强[22]。因此，新能源汽车的高昂价格限制了消费者对其的购买意愿，因为它可能超出了主流和中等收入消费群体的负担能力[23]。此外，购买新能源汽车的消费行为是一种理性行为决策，消费者感知到的社会环保压力越大，产生绿色消费的意愿就越强。大量研究也证实了主观规范与绿色行为之间有关系，例如，在零售购物、废物回收以及低碳出行等研究中均可发现二者的关系[24]。Afroz 等[25]揭示了个体对新能源汽车的购买意愿受来自社交网络（如亲戚和朋友）中社会压力的影响；Wang 等[26]也强调，社会压力在影响消费者行为方面起着重要作用，甚至影响了他们的个人道德规范。综上所述，提出以下假设。

H1：消费者的绿色购买态度对新能源汽车购买意愿具有显著正向影响。

H2：消费者的感知行为控制对新能源汽车购买意愿具有显著正向影响。

H3：消费者积极的主观规范能显著增强对新能源汽车的购买意愿。

规范激活模型认为，当消费者意识到购买新能源汽车的积极作用，并感知自己有责任去改善环境污染时，购买新能源汽车的意愿就会比较强烈。环境意识是消费者的一种情感特征，包括对环境质量的考虑和担忧，反映了消费者对环境问题的关注[18]。关注环境的消费者可能会关心自身消费行为对环境产生的影响，从而引导他们做出环保行为。因此，该因素可以恰当反映消费者个人规范的结果认知层面。大量研究发现，消费者环境意识与自身亲环境行为密切相关，如可持续回收[15]、减少垃圾生产[27]等环保行为，具有较高环保意识的消费者也更有可能选择购买新能源汽车[19]。同时，环境关注度较高的消费者会更加意识到驾驶燃油车对环境的负面影响，也更容易感知到新能源汽车的环保属性，出于对燃油汽车排放物造成空气污染的担忧，环境关注度较高的消费者会对新能源汽车产生更积极的购买态度，更倾向于表现出对其的购买意愿[28]。此外，研究表明，对环境有较高关注的消费者愿意为环境友好型产品支付溢价[29]，也就是说，这类消费者会在主观上削弱环境友好型产品的支付成本[22]，增强对拥有新能源汽车的感知能力，由此提高对新能源汽车的购买意愿，即当个人环境意识越强，对个人行为控制的感知就会增强，从而极大地鼓励他们对新能源汽车产生购买意愿[23]。

环境责任感是个体对实施环保行为能为社会带来福利结果的充分认知，从而积极地采取措施去解决环境问题的责任意识，是个体主动承担社会责任并将其内化为个人行为的责任倾向[30]，能够较好地反映消费者个人规范的责任归属层面。个体的环境责任感是实施环保行为的重要内驱力，环保责任感越强，实施环保行为就越多[31, 32]，包括主动选择环保产品、减少不可持续的消费以及积极关注环境问题等[33]。环境责任感在消费者的购买决策中起着重要的影响作用，当消费者对保护环境负有更高的责任时，购买新能源汽车的倾向就会增加[34]。环境责任感被认为是一种自我强化的行为，当消费者在道德上被认为有义务支持环境事业时，就会对保护环境产生个人责任感，由此形成积极的绿色购买态度，这种态度通常会融入消费者的价值观，使消费者表现出更多的亲环境行为[16]。由于环境责任感是个体亲环境行为的重要心理变量，当消费者环境责任感越强，对做出绿色消费行为的感知障碍就越低，就越倾向于表现出亲环境行为，即环境责任感对消费者的绿色购买行为有积极推动作用[35]。综上，提出以下假设。

H4：环境意识对新能源汽车的购买意愿产生积极正向影响，绿色购买态度（H4a）、感知行为控制（H4b）能够中介环境意识对新能源汽车购买意愿产生的积极影响。

H5：环境责任感对新能源汽车的购买意愿具有显著正向影响，绿色购买态度（H5a）、感知行为控制（H5b）能够中介环境责任感对新能源汽车购买意愿产生的积极影响。

基于此，得到本文理论模型如图 1 所示。

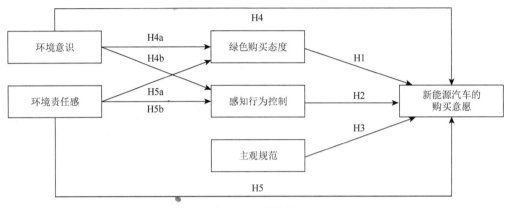

图 1　理论模型

3　研究设计

3.1　样本选择与数据收集

本次问卷调查对象是国内某城市有意愿购买或已经购买汽车的消费者，问卷的发放与收集主要采用网络在线发放的方式进行。网络问卷以问卷星为工具进行制作，调查时间从 2022 年 5 月 10 日持续到 5 月 20 日，总共发出问卷 430 份，收回问卷 400 份，排除不符合样本要求、填写时间过短、答案乱填等无效样本，得到有效问卷 278 份，问卷的有效率为 69.5%。样本属性为男性 156 人，占 56.12%，女性 122 人，占 43.88%；20—29 岁人数最多，为 120 人，占样本总体的 43.17%；本科生人数最多，为 120 人，占 43.17%；月收入为 3001—5000 元的人数最多，为 101 人，占 36.33%，如表 1 所示。

表 1　研究对象的基本情况

项目	类型	数量	占比	项目	类型	数量	占比
年龄	20 岁以下	12	4.32%	月收入水平	1 000 元及以下	14	5.04%
	20—29 岁	120	43.17%		1 001—3 000 元	96	34.53%
	30—39 岁	57	20.50%		3 001—5 000 元	101	36.33%
	40—49 岁	52	18.71%		5 001—10 000 元	50	17.99%
	50 岁及以上	37	13.31%		10 000 元以上	17	6.12%

续表

项目	类型	数量	占比	项目	类型	数量	占比
受教育程度	初中及以下	27	9.71%	性别	男	156	56.12%
	高中/中专	45	16.19%		女	122	43.88%
	大专	46	16.55%				
	大学本科	120	43.17%				
	研究生及以上	40	14.39%				

资料来源：作者整理

3.2　测量工具

为保证问卷信效度，问卷题项均采用国内外的成熟量表，由三位该研究领域精通两种语言的专家将问卷题项的英文版翻译为中文，然后，通过面对面访谈展开小范围的预调查，由 25 个不同专业背景的人仔细填写问卷并对问卷题项进行评价，根据被调查者的意见反馈以及预调查结果探索性因子分析的结论进行综合考虑后对问卷题项做出更改，最终形成本文研究问卷的测量题项。

调查问卷由环境意识、环境责任感、感知行为控制、绿色购买态度、主观规范、新能源汽车购买意愿六部分构成，在问卷中除基础信息外，余下测量题目均采用利克特（Likert）5 点量表进行评分，从"1"非常不同意到"5"非常同意。其中，环境意识（EC）参考 Schultz[36]的量表，衡量受访者对环境的关注情况；环境责任感（ER）参考 Yeung 和 Hau[37]的量表，评估消费者对环境保护的责任感；感知行为控制（PBC）参考 Paul 等[38]的量表，衡量受访者对拥有新能源汽车难易度的感知；绿色购买态度（GPA）参考 Ko 和 Jin[29]的量表，评估受访者对新能源汽车的总体态度；主观规范（SN）参考 Oliver 和 Lee[39]的量表，衡量受访者受社交网络中重要人物对其购买新能源汽车态度的影响；新能源汽车购买意愿（GPI）参考 Bagozzi 等[40]的量表，用于评估受访者近期或未来打算购买新能源汽车的意向。

4　研究结果

4.1　信度和效度检验

本文采用 SPSS 26.0 及 AMOS 24.0 对调研数据进行信效度分析。结果显示量表整体以及各潜在变量的克龙巴赫 α 系数（Cronbach's α coefficient）在 0.790—0.908，均大于 0.7，且 Bartlett 球形检验的伴随概率均小于 0.001。利用 AMOS 24.0 对测量模型进行验证性因子分析，组合信度（composite reliability，CR）值与克龙巴赫 α 系数基本一致，量表通过信度检验，所有变量的标准化因子负荷量（Std.）均在 0.7 以上，$p < 0.001$ 具有统计学意义，所有潜在变量的平均方差萃取值（average variance extraction，AVE）均高于 0.5，模型量表具有较高的收敛效度，具体见表 2。同时，各潜在变量的 AVE 平方根均高于潜在变量间的相关系数，并且表中的每个项目在其分配的构造上的加载要比在其他构造上的加载高得多。因此，本文的模型具有足够的收敛性和区别效度（表 3）。

表 2　变量信度、效度及因子分析结果

题项	信度检验		效度检验		
	Cronbach's α	CR	KMO	Bartlett 球形检验	AVE
环境意识（EC）	0.832	0.835	0.793	267.089（$p=0.000$）	0.560
环境责任感（ER）	0.823	0.822	0.719	189.407（$p=0.000$）	0.607
绿色购买态度（GPA）	0.879	0.879	0.837	358.012（$p=0.000$）	0.646
感知行为控制（PBC）	0.908	0.909	0.890	548.642（$p=0.000$）	0.667
主观规范（SN）	0.894	0.894	0.839	405.609（$p=0.000$）	0.679
新能源汽车购买意愿（GPI）	0.790	0.796	0.500	98.059（$p=0.000$）	0.663

表 3　区别效度

题 项	EC	ER	GPA	PBC	SN	GPI
EC	**0.753**					
ER	0.108	**0.782**				
GPA	0.049	0.262	**0.804**			
PBC	0.206	0.324	0.262	**0.816**		
SN	0.231	0.362	0.338	0.323	**0.824**	
GPI	0.144	0.310	0.224	0.287	0.345	**0.818**

注：斜对角线加粗数字为 AVE 平方根值

　　最后经过检验，各因素的指标与其模型拟合较好。其中，λ^2/df 值为 1.090，模型拟合效果较好；GFI 为 0.901，CFI 为 0.990，IFI 为 0.924，TLI 为 0.988[①]，符合预期结果；RMSEA[②]为 0.022，符合期望结果，说明本文所提的理论模型和实际调研的数据切合。

4.2　假设检验

　　本文通过层级回归分析探究变量间的因果关系，以验证前文提出的理论模型与研究假设。利用 SPSS 26.0 进行直接效应和调节效应的假设检验，回归分析结果（表 4）显示：模型 M5 中环境意识（EC）对新能源汽车购买意愿没有显著性影响（$\beta=0.151$，$p>0.05$），H4 没有得到统计意义上的支持；模型 M6

---

① GFI 为 goodness-of-fit index，拟合优度指数；CFI 为 comparative fit index，比较拟合指数；IFI 为 incremental fit index，增值拟合指数；TLI 为 Tucker-Lewis index，塔克-刘易斯指数。

② RMSEA 为 root mean square error of approximation，近似均方根误差。

中环境责任感（ER）能够显著正向影响新能源汽车购买意愿（$\beta = 0.331$，$p<0.001$），H5 成立；模型 M7 中绿色购买态度（GPA）对新能源汽车购买意愿产生显著的正向影响（$\beta = 0.250$，$p<0.01$），H1 成立；模型 M8 中感知行为控制（PBC）显著正向影响新能源汽车购买意愿（$\beta = 0.315$，$p<0.001$），H2 成立；模型 M9 中主观规范（SN）对新能源汽车购买意愿产生显著正向影响（$\beta = 0.371$，$p<0.001$），H3 成立；模型 M4 表明环境责任感（ER）对绿色购买态度（GPA）产生显著正向影响（$\beta = 0.238$，$p<0.01$），同时，模型 M10 将绿色购买态度纳入环境责任感的回归方程中，结果显示环境责任感与新能源汽车购买意愿的正相关关系仍存在，但回归系数从模型 M6 中的 0.331 降低到 0.289，表明绿色购买态度在其中起到部分中介作用，H5a 得到验证。模型 M1 表明环境责任感（ER）对感知行为控制（PBC）产生显著正向影响（$\beta = 0.327$，$p<0.01$），同时，模型 M11 将感知行为控制纳入环境责任感的回归方程，结果显示环境责任感与新能源汽车购买意愿仍存在正相关关系，但回归系数由模型 M6 的 0.331 降低到 0.254，表明感知行为控制起部分中介作用，H5b 成立。

表 4　主效应和中介效应分析

变量	PBC		GPA		新能源汽车购买意愿						
	M1	M2	M3	M4	M5	M6	M7	M8	M9	M10	M11
常数	2.561** (0.073)	3.073** (0.530)	3.079** 0.519	2.374** (0.017)	3.174** (0.080)	2.497** (0.073)	2.886** (0.076)	2.511** (0.08)	2.243** (0.072)	2.078** (0.201)	1.899** (0.099)
性别	0.114 (0.079)	0.130 (0.154)	0.226 0.151	0.212 (0.146)	−0.047 (0.168)	−0.064 (0.162)	−0.101 (0.167)	−0.087 (0.163)	−0.036 (0.159)	−0.102 (0.161)	−0.091 (0.159)
年龄	0.042 (0.060)	0.023 0.065	0.020 0.064	0.032 (0.062)	−0.025 (0.072)	−0.007 (0.069)	−0.029 (0.071)	−0.031 (0.069)	−0.041 (0.068)	−0.012 (0.068)	−0.016 (0.068)
教育	−0.019 (0.063)	0.026 0.062	0.113 0.060	0.081 (0.059)	0.071 (0.067)	0.025 (0.066)	0.041 (0.067)	0.062 (0.065)	0.045 (0.064)	0.011 (0.065)	0.030 (0.064)
收入	−0.070 (0.149)	−0.075 0.082	−0.032 0.080	−0.027 (0.078)	0.039 (0.090)	0.045 (0.086)	0.044 (0.088)	0.060 (0.087)	0.080 (0.085)	0.049 (0.085)	0.061 (0.085)
EC		0.195** 0.071	0.045 0.069		0.151 (0.077)						
ER	0.327** (0.526)			0.238** (0.072)		0.331*** (0.079)				0.289*** (0.081)	0.254** (0.082)
GPA							0.250** (0.084)			0.177* (0.084)	
PBC								0.315*** (0.079)			0.234** (0.081)
SN									0.371*** (0.076)		
R^2	0.115	0.153	0.134	0.190	0.171	0.315	0.238	0.304	0.358	0.349	0.375
Adj R^2	0.089	0.126	0.206	0.163	0.090	0.265	0.158	0.189	0.262	0.197	0.264
F	4.473**	1.927*	1.196	3.396**	1.037	3.784**	2.064*	3.490**	5.051***	3.960**	4.659***

注：括号内为标准误

*为 $p<0.05$，**为 $p<0.01$，***为 $p<0.001$

使用 Bootstrap 方法进行稳健性检验，设定在 95%的置信区间下随机抽样 5000 次，分析结果见表 5。结果显示绿色购买态度在环境意识对新能源汽车购买意愿的路径中间接效应不显著（Effect = 0.012，95%CI[-0.019, 0.064]包含 0），H4a 不成立。但感知行为控制在环境意识对新能源汽车购买意愿路径中的中介效应显著（Effect = 0.058，95%CI[0.009, 0.143]不包含 0），H4b 得到验证，说明环境意识能够通过感知行为控制的中介作用对新能源汽车购买意愿产生间接影响。在环境责任感与新能源汽车购买意愿的关系中，总效应值为 0.331，置信区间不包含 0，H5 再次成立。同时，在环境责任感→绿色购买态度→新能源汽车购买意愿路径中的间接效应显著（Effect = 0.042，95%CI[0.001, 0.128]不包含 0），H5a 得到验证；在环境责任感→感知行为控制→新能源汽车购买意愿路径中间接效应也显著（Effect = 0.075，95%CI[0.014, 0.183]不包含 0），H5b 得到验证。

表 5　基于 Bootstrap 的中介效应估计表

路径	Effect	Boot SE	Boot LLCI	Boot ULCI	结论
总效应					
H4：EC→GPI	0.151	0.077	-0.002	0.304	不成立
中介效应					
H4a：EC→GPA→GPI	0.012	0.020	-0.019	0.064	不成立
H4b：EC→PBC→GPI	0.058	0.033	0.009	0.143	成立
总效应					
H5：ER→GPI	0.331	0.079	0.1744	0.487	成立
中介效应					
H5a：ER→GPA→CPI	0.042	0.031	0.001	0.128	成立
H5b：ER→PBC→CPI	0.075	0.045	0.014	0.183	成立

注：Effect 为效应值，Boot SE 为标准误，Boot LLCI 为置信区间下限，Boot ULCI 为置信区间上限

4.3　研究结果讨论

本文基于计划行为理论和规范激活模型从环境心理层面探讨消费者对新能源汽车购买意愿的影响因素，通过实证分析结果可得出如下结论。

在直接影响方面：研究发现绿色购买态度正向影响消费者对新能源汽车的购买意愿，该研究结论与 Chen 和 Deng[41]的研究结果一致，说明消费者对拥有环保产品的态度会影响消费者的行为意愿，即消费者对新能源汽车的积极态度会在一定程度上转化为对其的购买意愿。感知行为控制对新能源汽车购买意愿产生显著正向影响，这与 Wang 等[20]关于新能源汽车购买意愿的研究结果一致，说明如果消费者有信心或认为自己有能力拥有新能源汽车时，他们的购买意愿会增强。主观规范对新能源汽车购买意愿产生显著正向影响，该结论与 Hamzah 和 Tanwir[42]研究认为主观规范对新能源汽车购买意愿几乎没有影响的结论不一致，本文认为获得社会认可或家庭成员的赞赏对消费者的绿色购买行为产生积极的正向影响，消费者在对新能源汽车的购买决策过程中会参考身边家人或朋友的意见，即社交网络会影响消费者对新能源汽车的购买意愿。消费者的环境责任感对新能源汽车购买意愿有显著的正向影响，该研究结果进一步丰富了以往绿色购买意愿方面的理论[34]，当消费者意识到个体的消费行为会对环境产生影响时，环境责任感就会被有效地归因于此。因此，如果消费者坚信新能源汽车能够有效缓解环境污染时，则

会增强绿色自我认同感，从而对新能源汽车产生购买意愿[18]。在环境意识对绿色购买意愿的直接影响中与前人研究认为消费者对环境问题的意识通常通过购买产品来表现[43]不一致的是，本文发现消费者的环境意识与购买意愿的关系并不显著，但当加入感知行为控制作为中介变量后，环境意识又能间接对新能源汽车购买意愿产生影响，说明消费者环境意识对新能源汽车购买意愿的正向影响被感知行为控制变量所吸收。

在间接影响方面：首先，环境责任感通过绿色购买态度和感知行为控制对新能源汽车购买意愿产生影响。消费者若认为自己有能力对使用燃油车造成环境污染负责任时，则更倾向于形成环保理念，随着时间的推移，将环保理念内化为道德义务，并作为行为规范的一个组成部分，促使他们做出亲环境行为[29]。其次，当人们积极关注环境问题，认为采用新能源汽车可以缓解环境污染时，会形成积极的购买态度，从而增强对其的购买意愿。最后，环境意识通过感知行为控制对新能源汽车购买意愿产生间接影响，这与 Paul 等[38]的研究结果部分一致，感知行为控制完全中介环境意识对购买意愿的影响，表明在决定是否购买新能源汽车时，消费者会评估他们拥有新能源汽车的能力，只有在有信心和有能力拥有新能源汽车时环境意识才会转化为购买意愿。

5　结论与启示

5.1　研究结论

本文从消费者对新能源汽车的实际购买情景出发，构建基于 TPB-NAM 的中介模型，实证检验影响消费者新能源汽车购买意愿的因素。研究结果表明：消费者的感知行为控制、绿色购买态度、主观规范及环境责任感对新能源汽车购买意愿产生积极影响；绿色购买态度、感知行为控制在消费者环境责任感对新能源汽车购买意愿的正向影响中发挥部分中介作用；感知行为控制在消费者环境意识对新能源汽车购买意愿的影响中发挥完全中介作用。研究从消费者环境心理层面揭示了对新能源汽车购买意愿的路径与机理，TPB-NAM 的整合运用提供了不同的观点来解释消费者对新能源汽车的购买行为，是对传统计划行为理论的拓展，研究结论丰富了新能源汽车购买意愿的相关文献。

5.2　管理启示

绿色购买态度、感知行为控制、主观规范和环境责任感是影响消费者购买新能源汽车的重要因素，更好地理解消费者这些认知和情感因素可以帮助企业做出适当的营销活动。本文为企业相关管理实践提供以下启示。

首先，企业应加强环保宣传，增强消费者环境责任感。根据本文的研究结论，主观规范和环境责任感在绿色购买意愿的影响路径中是相对于其他影响因素而言更需重点强调的领域，也是最为可靠的两个预测变量。因此，企业应该通过各种营销渠道大力宣传生态环境信息，营造人与自然和谐相处的社会氛围，使消费者感知到亲环境行为能够获得社会认可及赞赏，从而产生积极的绿色购买意愿。同时，企业可以协同政府一起开展低碳教育活动，强调环境的重要性和当前环境问题的严重性，以此增强消费者的环境责任感，形成绿色消费意识和消费理念，做出亲环境消费行为。

其次，企业应重视环境保护，塑造良好的企业形象。本文研究结果表明绿色购买态度能够推动消费者的购买意愿。因此，企业在实际生产经营期间，不能够仅仅重视自身经济利益的获得，还应该充分考虑环境效益与生态效益的综合利益，在大力追求企业利益前提下，充分考虑相关经济行为给环境带来的影响，为企业在社会公众面前塑造良好绿色品牌形象，引导持有绿色购买态度的消费者做出更加积极的新能源汽车消费行为。

　　最后，企业应注重消费者体验，提升产品竞争力。感知行为控制对于消费者就其购买行为做出明智的决定是不可或缺的。因此，企业应以消费需求为导向，为消费者创造有价值的体验，给消费者提供机会参与产品或服务的开发与设计，增加消费者对产品心理价值的理解。在产品价格的制定过程中，与消费者进行广泛的情感沟通，尊重不同消费者对于产品价值的理解，从消费者心理体验上发掘情感需求、责任实现等心理期望，为产品制定满足消费者心理预期的价格，使消费者在财务上对拥有绿色产品减少心理压力。

参 考 文 献

[1]　Chong A Y L，Ooi K B，Lin B S，et al. An empirical analysis of the determinants of 3G adoption in China[J]. Computers in Human Behavior，2012，28（2）：360-369.

[2]　尹洁林，张子芊，廖赣丽，等. 基于技术接受模型和感知风险理论的消费者新能源汽车购买意愿研究[J]. 预测，2019，38（6）：83-89.

[3]　王颖，李英. 基于感知风险和涉入程度的消费者新能源汽车购买意愿实证研究[J]. 数理统计与管理，2013，32（05）：863-872.

[4]　陈凯，顾荣，胡静. 基于感知收益—感知风险框架的新能源汽车购买意愿研究[J]. 南京工业大学学报（社会科学版），2019，18（2）：61-70，112.

[5]　王建明，吴龙昌. 亲环境行为研究中情感的类别、维度及其作用机理[J]. 心理科学进展，2015，23（12）：2153-2166.

[6]　Kaida N，Kaida A.Facilitating pro-environmental behavior：the role of pessimism and anthropocentric environmental values[J].Social Indicators Research，2016，126（3）：1243-1260.

[7]　Kaiser F G，Gutscher H. The proposition of a general version of the theory of planned behavior：predicting ecological Behavior1[J]. Journal of Applied Social Psychology，2003，33（3）：586-603.

[8]　Liu Y W，Sheng H，Mundorf N，et al. Integrating norm activation model and theory of planned behavior to understand sustainable transport behavior：evidence from China[J]. International Journal of Environmental Research and Public Health，2017，14（12）：1593.

[9]　Sun B H，Morwitz V G. Stated intentions and purchase behavior：a unified model[J]. International Journal of Research in Marketing，2010，27（4）：356-366.

[10]　Ajzen I. From intentions to actions：a theory of planned behavior[M]//Kuhl J，Beckmann J. Action Control.　Berlin，Heidelberg：Springer，1985：11-39.

[11]　Fishbein M，Ajzen I. Belief，Attitude，Intention and Behaviour：An Introduction to Theory and Research[M]. Reading Mass：Addison-Wesley，1975.

[12]　Shi H X，Fan J，Zhao D T. Predicting household PM2.5-reduction behavior in Chinese urban areas：an integrative model of theory of planned behavior and norm activation theory[J]. Journal of Cleaner Production，2017，145（1）：64-73.

[13]　Ajzen I. The theory of planned behavior[J]. Organizational Behavior and Human Decision Processes，1991，50（2）：179-211.

[14]　Schwartz S H. Normative influences on altruism[J]. Advances in Experimental Social Psychology，1977：10：221-279.

[15]　Pagiaslis A，Krontalis A K. Green consumption behavior antecedents：environmental concern，knowledge，and beliefs[J]. Psychology & Marketing，2014，31（5）：335-348.

[16]　Gatersleben B，Murtagh N，Abrahamse W. Values，identity and pro-environmental behaviour[J]. Contemporary Social Science，2014，9（4）：374-392.

[17]　Park J，Ha S J. Understanding consumer recycling behavior：combining the theory of planned behavior and the norm

activation model[J]. Family and Consumer Sciences Research Journal，2014，42（3）：278-291.

[18] Higueras-Castillo E，Liébana-Cabanillas F J，Muñoz-Leiva F，et al. Evaluating consumer attitudes toward electromobility and the moderating effect of perceived consumer effectiveness[J]. Journal of Retailing and Consumer Services，2019，51：387-398.

[19] Degirmenci K，Breitner M H. Consumer purchase intentions for electric vehicles：is green more important than price and range？[J]. Transportation Research Part D：Transport and Environment，2017，51：250-260.

[20] Wang S Y，Wang J，Li J，et al. Policy implications for promoting the adoption of electric vehicles：do consumer's knowledge，perceived risk and financial incentive policy matter？[J]. Transportation Research Part A：Policy and Practice，2018，117：58-69.

[21] Lin B Q，Wu W. Why people want to buy electric vehicle：an empirical study in first-tier cities of China[J]. Energy Policy，2018，112：233-241.

[22] Simsekoglu Ö，Nayum A. Predictors of intention to buy a battery electric vehicle among conventional car drivers[J]. Transportation Research Part F：Traffic Psychology and Behaviour，2019，60：1-10.

[23] Lou Y P，Wang W H，Yang X G. Customers'attitude on new energy vehicles'policies and policy impact on customers'purchase intention[J]. Energy Procedia，2017，105：2187-2193.

[24] Levine D S，Strube M J. Environmental attitudes，knowledge，intentions and behaviors among college students[J].The Journal of Social Psychology，2012，152（3）：308-326.

[25] Afroz R，Masud M M，Akhtar R，et al. Consumer purchase intention towards environmentally friendly vehicles：an empirical investigation in Kuala Lumpur，Malaysia[J]. Environmental Science and Pollution Research，2015，22（20）：16153-16163.

[26] Wang S Y，Fan J，Zhao D T，et al. Predicting consumers'intention to adopt hybrid electric vehicles：using an extended version of the theory of planned behavior model[J]. Transportation，2016，43（1）：123-143.

[27] Cerri J，Testa F，Rizzi F. The more I care，the less I will listen to You：how information，environmental concern and ethical production influence consumers'attitudes and the purchasing of sustainable products[J]. Journal of Cleaner Production，2018，175：343-353.

[28] Sinnappan P，Rahman A A. Antecedents of green purchasing behavior among Malaysian consumers[J]. International Business Management，2011，5（3）：129-139.

[29] Ko B S，Jin B. Predictors of purchase intention toward green apparel products：a cross-cultural investigation in the U.S. and China[J]. Journal of Fashion Marketing and Management，2017，21（1）：70-87.

[30] Stone G，Barnes J H，Montgomery C. Ecoscale：a scale for the measurement of environmentally responsible consumers[J]. Psychology & Marketing，1995，12（7）：595-612.

[31] 聂伟. 环境认知、环境责任感与城乡居民的低碳减排行为[J]. 科技管理研究，2016，36（15）：252-256.

[32] 彭远春，毛佳宾. 行为控制、环境责任感与城市居民环境行为——基于 2010CGSS 数据的调查分析[J]. 中南大学学报（社会科学版），2018，24（1）：143-149.

[33] Choi D，Johnson K K P. Influences of environmental and hedonic motivations on intention to purchase green products：an extension of the theory of planned behavior[J]. Sustainable Production and Consumption，2019，18：145-155.

[34] Krishnaswamy J，Yun W W，Seo Y W，et al. Customers'reflections on the intention to purchase hybrid cars：an empirical study from Malaysia[J]. Problem and Perspectives in Management，2015，13（2）：304-312.

[35] Hines J M，Hungerford H R，Tomera A N. Analysis and synthesis of research on responsible environmental behavior：a meta-analysis[J]. The Journal of Environmental Education，1987，18（2）：1-8.

[36] Schultz P W. New environmental theories：empathizing with nature：the effects of perspective taking on concern for environmental issues[J]. Journal of Social Issues，2000，56（3）：391-406.

[37] Yeung S P M，Hau K. Teaching approaches in geography and students'environmental attitudes[J]. Environmentalist，2004，24（2）：101-117.

[38] Paul J，Modi A，Patel J. Predicting green product consumption using theory of planned behavior and reasoned action[J].

Journal of Retailing and Consumer Services，2016，29：123-134.

[39] Oliver J D，Lee S H. Hybrid car purchase intentions：a cross-cultural analysis[J]. Journal of Consumer Marketing，2010，27（3）：96-103.

[40] Bagozzi R P，Lee K H，van Loo M F. Decisions to donate bone marrow：the role of attitudes and subjective norms across cultures[J]. Psychology & Health，2001，16（1）：29-56.

[41] Chen K，Deng T. Research on the green purchase intentions from the perspective of product knowledge[J]. Sustainability，2016，8（9）：943.

[42] Hamzah M I，Tanwir N S. Do pro-environmental factors lead to purchase intention of hybrid vehicles？The moderating effects of environmental knowledge[J]. Journal of Cleaner Production，2021，279：123643.

[43] Suki M N. Consumer environmental concern and green product purchase in Malaysia：structural effects of consumption values[J]. Journal of Cleaner Production，2016，132：204-214.

Environmental Cognition，Behavioral Control，and New Energy Vehicle Purchase Intention：an Intermediary Model Based on TPB-NAM

WU Liang，LIAO Yuting

（College of Economics and Management，Guizhou Normal University，Guiyang 550025，Guizhou，China）

Abstract　Based on the theory of planned behavior and norm activation model, a theoretical model of influencing factors of New Energy Vehicle purchase intention was constructed, and the rationality of the model was tested quantitatively by regression and Bootstrap method. The empirical results show that consumers' perceived behavioral control, green purchasing attitude, subjective norms and environmental responsibility have significant positive impact on the purchase intention of new energy vehicles；Perceived behavioral control has been proved to play a complete mediating role in the relationship between consumer environmental awareness and purchase intention of new energy vehicles；Green purchasing attitude and perceived behavior control play a partial mediating role in the influence of consumers' environmental responsibility on the purchase intention of new energy vehicles.

Keywords　Theory of planned behavior, Norm activation model, New energy vehicles, Purchase intention

作者简介

吴亮（1969—），男，贵州师范大学经济与管理学院教授、博士、博士生导师，贵州威宁人，研究方向为电子商务和信息管理、数字营销等。E-mail：wuliangmail@yeah.net。

廖雨婷（1996—），女，贵州师范大学经济与管理学院 2020 年级硕士研究生，研究方向为绿色营销、消费者行为。E-mail：865415226@qq.com。

企业线上平台产品陈列对产品地位偏好的影响研究*

周金应[1]　范莉莉[1]　蒋玉石[1]　苗苗[2]

（1. 西南交通大学经济管理学院，四川 成都 610036；2. 成都师范学院经济与管理学院，四川 成都 611130）

摘　要　受中国面子文化的影响，消费者在不同情境下对产品地位偏好不同，企业则为消费者开发相应地位属性的产品。通过两组实验探究了企业线上平台产品陈列对消费者产品地位偏好的影响。实验 1 的结果表明：合并陈列方式下，相比于地位产品，消费者对非地位产品偏好更高；单独陈列方式下，相比于非地位产品，消费者更偏好地位产品。实验 2 探究了陈列数量对主效应的调节作用：单独陈列方式下，较少数量的产品陈列方式能够促进消费者对地位产品的偏好；合并陈列时，陈列数量不影响消费者对地位产品的偏好。合并陈列方式下，较多数量的产品陈列更能促进消费者对非地位产品的偏好；单独陈列时，陈列数量不影响消费者对非地位产品的偏好。本文可以为企业线上平台制定合理的产品陈列策略提供参考。

关键词　线上平台，面子，产品地位，自我控制，产品陈列

中图分类号　C93

1　引言

中国是一个讲面子的社会，个体在"卖面子"和让别人"给面子"中寻求社会认同并获取社会资本[1]。面子会影响个体的消费意愿[2]。虽然有要面子，害怕丢面子，但同样有"不要因为面子丢了里子"，消费者也要里子，要面子和要里子两个目标共同影响个体的消费行为[3]。比如，对于某一品牌，消费者在赠送礼物和社交消费时会选择包装更精美、品质更好、价格也更高的地位产品，让自己感到有面子；而在自身使用时会降低产品相关属性要求，购买非地位产品。企业则为消费者开发相应地位属性的产品，以满足消费者的不同需要。

2022 年 8 月 31 日，中国互联网络信息中心第 50 次《中国互联网络发展状况统计报告》显示，截至 2022 年 6 月，我国网民规模为 10.51 亿，互联网普及率达到 74.4%。《2022 年度中国网络零售市场数据报告》称网络购物用户规模达 8.45 亿，网上零售额达 13.79 万亿元。随着互联网技术的发展，电子商务在国民经济中的作用越来越重要[4]，淘宝、京东等电商平台应运而生。同时，也有很多企业会通过线上平台进行营销活动。线上平台是企业依托网络开展活动的一种方式，是买卖双方交换或学习有关产品性能、价格和公司声誉等信息[5,6]，从而促进合作的特定平台[7]。企业可以自己建立线上平台，也可以与电

---

* 基金项目：国家自然科学基金项目"雾里看花"vs."身临其境"：OTA 旅游目的地广告对消费者注意的影响研究，项目编号 72172129；产业转型与创新研究中心重点项目（CZ20B03）；福建省自然科学基金项目（2022J380）；福建省社会科学基金项目（FJ2022B088）；四川白酒整体品牌塑造及发展研究（CJY21-07）。

通信作者：周金应，西南交通大学经济管理学院，博士研究生，四川轻化工大学管理学院教师，E-mail：376362163@qq.com。

商平台达成线上营销合作，将其产品通过电商平台呈现给消费者。比如，酒仙网、1919 等是消费者购买酒类产品的重要选择，读者买书通常会去当当和亚马逊，唯品会则吸引很多女性消费者购买服装；茅台、五粮液等品牌均在淘宝和京东建立官方旗舰店。

企业线上平台创造了新的市场机遇与经营模式，合适的市场营销策略是线上平台成功运作的关键。产品陈列是产品进入市场后最基本的促销方式，是影响消费者评估产品价值的重要因素，不同的产品陈列方式对消费者的认知和行为产生不同的影响[8, 9]。Lamberton 和 Diehl 的研究中将产品陈列方式分为"按属性"陈列和"按利益"陈列，属性是指产品的有形特征属性（如体积大小），利益则是指消费者通过购买产品而得到的一套解决方案（如降低室内温度），他们的研究证明了"按利益"陈列时，消费者会选择价格较低的产品[10]。Bezawada 和 Pauwels 进一步研究了互补型和替代型的产品陈列方式对消费者产品偏好的影响，并验证了这种影响受到消费者享乐还是功利需求的调节，当消费者高度关注享乐（功利）时，他们更加愿意基于互补型（替代型）的产品陈列方式进行选择[11]。郑晓莹和孙鲁平的研究表明陈列方式对消费者新产品评价产生影响，当新产品属于"典型品类"（"非典型品类"）时，在"按品牌陈列"（"按品类陈列"）方式下消费者对其评价更高[12]。李东进等探究了产品陈列方式对不同创新类型的新产品评价的影响，研究表明互补陈列和替代陈列分别显著正向影响着消费者对视觉极度不一致和概念极度不一致新产品的评价[9]。

本文在已有文献基础上，基于消费者既要面子又要里子的心理特质，探索企业线上平台产品陈列对产品地位偏好的影响。研究共包括两个实验，实验 1 验证陈列方式对消费者偏好影响的主效应。实验 2 验证陈列数量的调节作用。

2 理论基础和研究假设

2.1 自我控制系统理论

现实生活中，人们经常会面临多个相互冲突的目标。例如相比有益品，有害品能为消费者带来即时快乐，但不符合消费者的长期利益；而有益品可以为消费者带来长期利益，但为消费者带来的即时快乐比较少。自我控制系统理论解释了人们面临同时存在的多个冲突性目标会如何做出选择[13]。Fishbach 和 Zhang 研究指出，人们有一个自我控制系统去处理相互冲突的多个目标，具体的处理方法是由两套动态调节系统去完成的，即强化动态系统和平衡动态系统[14]。在强化动态系统中，人们会不断地选择与自身认为的更重要的目标相一致的选项；而在平衡动态系统中，人们会尝试交替选择所有的目标，最终希望获得总目标利益的最大化。

自我控制系统的两种动态系统是通过影响多个目标的动机优先级，从而对人们的选择产生影响。当目标之间的关系相互竞争时，强化动态系统被启动。在这个系统中人们会通过增加目标追求的相对价值来增加目标一致性选择的可能性[15]。当人们认为多个目标可以相互补充时，则启动平衡动态系统。在这个系统中，人们会渴望获得更大的总体利益，并优先选择可获得及时好处的目标，因为这样就会有更大的感知进度[15]。

2.2 产品地位

地位表明个人或群体在社会中受到普遍认同的排位[16]。人们总会使用某些普遍认同的指标在社会中进行排序，以确定每个人的社会地位。这些指标可以是家庭财富、出身、学历，也可以是职业以及行为举止等。个体社会地位高就能够优先分配资源[17]，获取更多的社会利益或个人利益[18]，并享有特殊待遇和物质奖酬[19]。高地位个体的意见更容易受到其他人的重视，更容易被别人信任，赢得赞同、合作并获得领导权[16]。因此，个体行为的一个重要动机就是希望获得并表达地位[20]。对于消费者来说，他们可以通过消费具有地位意义的产品来显示或提高自己的社会地位[21]。产品地位是指产品对自己及周围的人而言象征的身份地位[22]。根据产品地位属性，当产品能体现消费者地位时，它是地位产品；当产品不能体现消费者地位时，则是非地位产品[23]。地位产品可以展示消费者身份，传递、强化社会地位或积极形象，是消费者用作自我确认的重要物品[24, 25]。

2.3 消费者面子和里子

1. 面子

面子是人们在社会交往过程中形成的自我社会价值，这种价值不仅需要自我期望，更加需要他人的感知和认同，而这种社会价值主要是指声誉和地位。面子也是个体良好的自我形象在公众面前的展示。施卓敏和郑婉怡认为中国人的面子既是一种心理建构，也是一种社会建构[26]。杜建刚和范秀成认为个体通过消费获得的面子是心理构建和社会构建的结合[27]。汪涛和张琴在研究消费者面子感知时指出：面子是消费者通过使用某产品来构建和展露自我形象，从而获得他人的赞赏以及他人对其社会地位或角色的认同与支持[28]。

产品地位意义越大时，消费者觉得越有面子[28]。产品的地位意义指的是产品的价格、品质、原产地等属性让公众形成对其拥有者在财富、个人形象和社会地位上的认知的程度[29]。宋晓兵等的研究指出：价格会正向影响消费者的感知面子，即产品购买价格高于社会平均参照价格时消费者感到有面子，反之则感到没面子，并且这种情况在可以显示身份、能力的产品类型中更为显著[30]。

2. 里子

面子具有外在性和他人导向性，是个人给他人留下的主观印象以及他人对这种印象的认可和赞同；里子则具有内在性和自我导向性，是某种事物给自己带来的实用价值。彭红霞以消费动机理论和感知价值理论为基础，将里子定义为消费者使用某种产品时，在不考虑他人看法的情况下，感知到的产品给自己带来的内在效用[31]。颜欣认为里子也是一个感知心理要素，是个体对所得的功利性价值的感知，并且具有利己性[3]。

产品的感知价值是消费者对产品感知利得与感知成本权衡后对其效用的总体评价。Holbrook 提出感知价值有自我导向的感知价值，也有他人导向的感知价值，如果说面子是他人导向的感知价值，那么里子就是自我导向的感知价值[32]。Sweeney 和 Soutar 提出的四维价值理论框架认为感知价值可以分为功能价值、感知费用、情感价值和社会价值，其中功能价值体现了产品质量、实用性以及性能，感知费用也就是购买该产品需要花费的金钱。合适的功能价值以及划算的价格可以代表产品的里子[33]。

消费者会购买地位产品还是非地位产品呢？一方面，他们会为了"更加有面子"和"避免丢面子"而购买高价名牌产品[34]，也就是地位产品。然而，产品价格是有双重作用的，即信息效应和牺牲效应。已有的研究表明价格是质量的线索，更高的价格可能表明更高的质量[35]，这是价格的信息效应。价格的牺牲效应表明，价格是为了满足其消费需求而必须牺牲的金钱数量，更高的价格意味着消费者必须为产品支付更多，得到更少的消费者剩余[35]。因此，另一方面消费者会因为理性消费的理念而选择非地位产品，从而实现效用最大化[36]。

H1：消费者既要面子也要里子，他们对地位产品和非地位产品的偏好没有明显差异。

2.4　企业线上平台产品陈列方式对消费者产品地位偏好的影响

产品陈列是零售商以不同组织方式向消费者展示商品，不同的陈列方式会给消费者提供不同线索[37]。在企业线上平台上，两种产品一起陈列的方式只有合并陈列和单独陈列两种[15]。合并陈列时，两种产品被共同放在一张图片上展示，暗示一种互补关系；单独陈列时，两种产品被分别放置于单独的图片上，暗示一种竞争的关系[15]。然而，不管产品是采取合并陈列还是单独陈列，消费者都要面临地位产品和非地位产品两个目标的选择。由于消费者掌握的资源和支付能力总是有限，消费者在购买产品时都会有一定的约束条件[38]，此时，两个目标之间就产生了冲突。

在本文中，消费者选择地位产品是和要面子相一致的目标行为；而选择非地位产品则是与要里子相一致的目标行为。当消费者面对要面子还是讲里子这两个目标时，自我控制系统会驱使他们采取不同的目标实现行为，表现在购买决策上就是产品偏好的不同。当目标之间的关系是相互竞争时，强化系统被启动。在强化系统中，人们会不断地选择与自身认为的更重要的目标相一致的选项。当目标可以相互补充时，则启动平衡系统。而在平衡系统中，人们会尝试交替选择所有的目标，并优先选择可获得及时好处的目标，因为这样就会有更大的感知进度，最终希望获得总目标利益的最大化[15]。

当消费者的平衡系统被启动时，他们会考虑目标完成进度，渴望尽可能地最大化完成所有目标，获得目标利益最大化。此时消费者会先后尝试不同的目标行为：先选择地位产品再选择非地位产品，或者先选择非地位产品再选择地位产品。面子的获得需要在社会交往过程中让自我展示的社会价值或形象被他人所感知和认同[2]。消费者可以通过购买和使用地位产品获得面子。地位产品一般比非地位产品价格更高，消费者要花费更多代价。消费者通过购买非地位产品获得里子，由于非地位产品价格相对较低，消费者付出的代价也较小，获得里子比获得面子更容易完成。因此，在个体所拥有的资源一定时，消费者选择非地位产品比选择地位产品有更大的目标完成进度感知。当消费者受到平衡系统的驱动时，为了最大化地完成所有目标，他们会更倾向于优先选择目标完成进度感知更大的非地位产品[14]。然而，当消费者的强化系统被启动时，他们会更加注重目标承诺，并以此为出发点去审视各个目标对自身的意义[13]。这时消费者会通过比较目标追求的相对价值来选择更重要的目标[14]。深受中国传统文化价值观影响的中国人很难摆脱面子意识和面子观对他们的控制。面子是中国人在社会生活中与人交往的一个核心原则[39]。当消费者被强化系统驱使时，他们会重视目标选择对自身的意义，在深受面子意识影响下，他们认为面子对自身有更大的意义，要面子则成为他们认为的更为重要的目标。因此，获得地位产品会成为他们的首选。

综上所述，企业线上平台产品合并陈列时，消费者会感知到两个选择目标之间的关系是互补的，此时消费者更容易启动平衡动态系统，从而增强其对非地位产品的偏好；而企业线上平台产品单独陈列时，消费者会感知到两个选择目标之间的关系是相互竞争的，此时消费者更容易启动强化系统，从而增强其对地位产品的偏好[14]。所以，平台上产品合并陈列时，消费者会更倾向于选择非地位产品；而产品单独陈列时，消费者会更加青睐地位产品。

H2：企业线上平台地位产品和非地位产品合并陈列时，消费者会更偏好非地位产品；地位产品和非地位产品单独陈列时，消费者会更偏好地位产品。

2.5　陈列数量的影响

在零售环节，消费者会利用各种线索来帮助他们做出购买决策[40, 41]。产品陈列方式作为一种外部线索会影响消费者对产品价值的评估[42]，而产品陈列数量是消费者查看货架时经常接触的四个因素之一，也会影响消费者的品牌态度和购买意愿[8]。Lancaster 认为陈列较多的商品选项比陈列较少的商品选项更好，因为更多的选择可以满足不同类型消费的需求[43]。Kahn 和 Lehmann 将一次购买过程划分为两阶段的任务：第一阶段选择商品陈列的货架，第二阶段从所选货架上选择需要购买的产品[44]。前一阶段，商品陈列选项较多可以提高消费者找到满意产品的可能性[45]，从而为消费者追求多样化选择提供了便利[41, 46]。后一阶段，商品选项数量过多会增加消费者比较和选择产品的难度[47]，这会降低消费者的购买意愿。Castro 等指出货架陈列的产品数量较少会让消费者认为产品供应量有限，并推断产品会受到大家欢迎从而对产品评价也更积极[8]。

当产品陈列数量较多时，消费者会推断产品库存充足[8]，稀缺性下降会导致产品价格降低。而且，从众心理也让消费者推测产品更畅销[46]。因此，产品陈列数量较多会让消费者认为经济实惠，从而让消费者感觉有里子[14]。而当消费者观察到一种产品陈列数量较少时，他会认为该产品是稀缺的[48-50]。Lynn 认为稀缺性会增强人们的欲望，因为人们相信稀缺的东西会增加心理价值而更昂贵[51]。而更高的产品价格让消费者感觉更有面子[52]。精细加工可能性模型理论认为信息加工的路径可以分为中心化路径和边缘性路径两种[53]。使用中心化路径的消费者会对信息做纵深性的推理思考，分析判断产品的性能和证据；使用边缘性路径的消费者会从一些环境因素和表征性线索思考问题，比如将情感体验和产品态度相关联。要面子是消费者的情感诉求[22]，这会让他用边缘性路径处理信息。要里子是一种理性消费[25]，此时消费者会使用中心化路径处理信息。本文的陈列数量是地位产品和非地位产品在货架上的数量相对多少（1—地位产品陈列数量较少，2—地位产品陈列数量较多，3—两种产品陈列数量相等）。

由此，线上平台产品合并陈列时，消费者在平衡系统的作用下会关注非地位产品对他的实用性，要里子会让消费者使用中心化路径处理信息，产品陈列数量较多会让他推断供应充足和经济实惠[8]，从而消费者对非地位产品偏好更高。线上平台产品单独陈列时，个体倾向于强化系统，而非地位产品不被个体关注，因此陈列数量多少不会影响消费者对非地位产品的偏好。对于地位产品，当产品单独陈列时，消费者在强化系统的作用下会选择地位产品，此时他关注的是地位产品对自身的重要性，要面子会让消费者遵循边缘性路径处理信息，较少数量的陈列方式让他认为产品是稀缺的，从而感到产品价值更高[8]，从而消费者对地位产品产生更高的偏好。同时，当产品合并陈列时，会启动个体的平衡系统，由于地位产品不是平衡系统关注的目标，因此产品陈列数量不会影响消费者对地位产品的偏好。

H3：单独陈列方式下，较少数量的地位产品陈列能够促进消费者地位产品偏好；合并陈列方式下，陈列数量不影响消费者地位产品的偏好。

H4：合并陈列方式下，较多数量的非地位产品陈列能促进消费者非地位产品的偏好；单独陈列方式下，陈列数量不影响消费者非地位产品的偏好。

3 实验设计和数据分析

3.1 预实验

中国酒文化源远流长，它既是一种物质文化也是一种精神文化，它随着历史的发展已经渗透于中华民族的诸种意识形态之中[54]。饮酒成为中国传统人情文化重要的表现形式以及社会交往的重要开展形式[55]。在中国社交情境中，饮酒可以维持人情关系，而人情在饮酒社交中的运作是通过面子来评估的[56]。同时，消费者在独自情境下也会饮酒。本文选择白酒产品作为刺激物，因为白酒消费与中国人要面子和要里子行为关系密切。高年份的白酒其品质和价格也相应较高，可以很好地体现其产品地位意义。年份低的白酒其品质和价格也相应较低，但性价比较高，能够让消费者觉得物有所值。在几位白酒营销专家的指导下，本文将价格为 480 元的 20 年的白酒作为地位产品，价格为 280 元的 10 年份的白酒作为非地位产品。为验证刺激产品选择的合理性，让 50 名被试观看实验 1 中使用的两款白酒的图片，分别编号为产品 1（低价低年份——非地位产品），产品 2（高价高年份——地位产品）。被试按照体现地位的程度对刺激物打分，1 分表示完全不能体现地位，7 分表示完全可以体现地位[57]，让他们对产品的地位进行评价。结果显示，被试认为高价高年份的那款白酒的地位高于低价低年份的那款白酒（ $M_1 = 3.11$ ，SD = 0.65， $M_2 = 5.2$ ，SD = 0.82， $t = 14.28$ ， $p < 0.05$ ）；表明产品地位操纵成功。

3.2　实验 1

实验 1 研究陈列方式对产品地位偏好的主效应，验证 H1 和 H2。

1. 被试选择

本次实验采取方便抽样，在成都某大学选择 MBA 学员，招募平时会购买白酒的消费者作为被试，实验结束后有丰厚的礼品相赠。所有被试裸眼视力正常，无眼部疾病。共招募 95 名被试，其中 32 名女生，63 名男生，年龄在 28—45 周岁。

2. 变量测量

本文的自变量为产品陈列方式，因变量为消费者的产品偏好。而眼动技术恰好可以揭示人类的情感和感知。人们对某个兴趣区域的注视次数可以反映出他们对其感兴趣的程度，注视时长则可以反映兴趣区域对人们的吸引力[58]。因此，消费者对于兴趣区域的注视次数、注视点分布个数和注视时间长度能够较为准确地体现其对于某个产品的偏好[59]。本文通过眼动技术对被试的眼动指标（兴趣区域的注视次数、注视时间长度）进行测量，同时结合问卷调查测量其产品偏好。

3. 实验仪器及材料

实验在西南交通大学人因认知工程实验室进行，实验室隔音条件良好，无其他实验干扰变量的影响。实验仪器为加拿大 SR Research 公司开发的 EyeLink2000 桌面式眼动仪，该设备可以清楚地呈现实验刺激物，同时准确记录被试者的眼动数据。实验程序由 EyeLink2000 自带的程序 EB（experiment-builder）编制。

通过对 50 名有白酒购买经历的被试进行预实验，探讨并确定了本实验的刺激产品为两款价格和年份不同的白酒。使用图像制作软件制作出这两款白酒的图片，图片中除了价格和年份不同外，其他因素全部相同。

4. 实验过程

此次实验分为两个步骤：第一步为眼动实验部分。首先由主试说明实验要求，保证被试充分了解实验要求和注意事项。随后研究员调整并校准眼动仪，确保眼动仪能准确捕捉到被试的眼球轨迹。本文根据陈列方式（合并、单独、控制）将被试随机分到各组，各组样本容量为（ $n_{合并} = 32$ ， $n_{单独} = 32$ ， $n_{控制} = 31$ ）。在控制组，研究者先后将地位产品和非地位产品单个呈现，被试以随机的顺序看到两个产品；在合并陈列组，研究者将地位产品和非地位产品合并陈列于一张图片内，左右位置随机；在单独陈列组，地位产品和非地位产品被分别陈列于独立的图片内，左右摆放顺序随机，见图1。

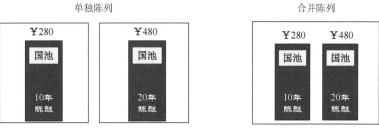

图1　产品陈列方式

对于控制陈列组，地位产品和非地位产品相对应的图片将单个呈现。被试阅读实验指导语后，按任意键开始浏览产品图片。根据预测试被试自由观看的平均时长，正式实验时，将每幅图片的浏览时间设定为15s（挑选10名被试做一个前测，让10名被试浏览每幅图片，并记录他们浏览完一幅图片的时间，结果显示平均15s可以浏览完一幅图片）。实验过程中，眼动仪自带软件EB会自动记录被试在浏览图片时对各个兴趣区域的注视时间、注视次数等数据。第二步为问卷调查部分。图片浏览结束之后，邀请被试填写一份调查报告，包括：①对两个产品地位属性评估，和其他一些混淆项目，如是否购买过这类产品等；②产品购买偏好程度测量（1—7分量表，1分非常不可能购买，7分非常可能购买）；③对实验中产品陈列方式的回忆；④人口统计信息，包括了性别、年龄以及学历等人口统计变量。

5. 数据分析

2名被试没有正确回忆产品陈列方式，正确率达到97.9%，表明绝大部分被试能够有效感知到陈列方式的不同。被试对高年份高价格白酒的地位评估要显著高于低年份低价格白酒，表明产品地位属性操纵成功（$M_1=3.31$，SD$=0.66$，$M_2=5.28$，SD$=0.85$，$t=19.69$，$p<0.05$）。在控制组，消费者对地位产品和非地位产品的偏好并无显著性差异（$M_1=4.19$，SD$=1.35$，$M_2=4.55$，SD$=1.26$，$t=1.07$，$p>0.05$），H1得到验证；在单独组，消费者更加偏好于选择地位产品（$M_1=5.55$，SD$=0.72$，$M_2=2.42$，SD$=0.62$，$t=18.29$，$p<0.05$）；在合并组，消费者更加倾向于选择非地位产品（$M_1=2.35$，SD$=1.06$，$M_2=5.52$，SD$=0.61$，$t=14.40$，$p<0.05$），H2得到验证（图2）。

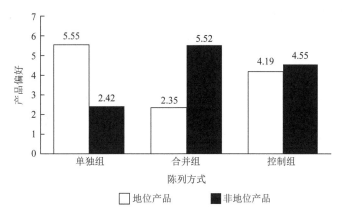

图2　陈列方式对消费者产品地位偏好的影响

用眼动数据检验产品陈列方式（合并、单独、控制）对因变量产品偏好（地位产品、非地位产品）的影响，用独立样本 t 检验分析每组消费者对地位产品和非地位产品的注视次数（次）和注视时长（ms）是否存在差异。分析表 1 数据结果可知：在合并组中，消费者对非地位产品更加感兴趣，注视次数更多，注视时间更长。在单独组中消费者对地位产品更加感兴趣，注视次数更多，注视时间更长。在控制组，对地位和非地位产品注视次数和注视时间没有明显差异。因此，眼动实验测量和问卷调查收集的数据分析结果都表明产品陈列的方式会影响消费者的产品地位偏好[58, 59]。

表 1　线上平台产品陈列方式对产品地位偏好影响的眼动实验结果

陈列方式	注视时长/ms			注视次数/次		
	地位产品	非地位产品	差异性	地位产品	非地位产品	差异性
合并陈列	$M = 4227$ SD = 995	$M = 8991$ SD = 1098	$t = 17.15$ $p < 0.05$	$M = 16$ SD = 4.19	$M = 25$ SD = 5.05	$t = 7.07$ $p < 0.05$
单独陈列	$M = 8791$ SD = 979	$M = 4603$ SD = 918	$t = 17.37$ $p < 0.05$	$M = 24$ SD = 4.46	$M = 17$ SD = 5.36	$t = 6.51$ $p < 0.05$
控制组	$M = 6455$ SD = 426	$M = 6231$ SD = 357	$t = 1.06$ $p > 0.05$	$M = 20$ SD = 0.95	$M = 18$ SD = 1.12	$t = 0.98$ $p > 0.05$

3.3　实验 2

实验 2 采用实验 1 中的刺激材料和产品陈列方式，分析产品陈列数量对主效应的调节作用。研究借鉴 Castro 等实验方法来操纵陈列数量：某产品相对数量较多时则陈列多个，而另一种产品只陈列一个[8]。

1. 被试与变量测量

本次实验采取方便抽样，在成都某高校 MBA 学员中招募平时会购买白酒的消费者作为被试，实验结束后有丰厚的礼品相赠。共招募被试 192 名，其中 43 名女生，149 名男生，年龄在 20—45 周岁。实验是采用问卷调查的方式收集数据，需要测量的变量是消费者在不同陈列方式和陈列数量下的产品偏好。

2. 实验材料与实验过程

此次实验采用 2（陈列方式：单独、合并）×3（地位产品陈列相对数量：地位产品陈列较少、地位产品陈列较多、两种产品陈列相同）的被试间实验设计。192 名被试随机分为 6 组，各组样本为（ $n_{单独较多} = 32$ ， $n_{单独较少} = 32$ ， $n_{合并较多} = 33$ ， $n_{合并较少} = 31$ ， $n_{单独相同} = 30$ ， $n_{合并相同} = 34$ ）。本次实验中陈列方式的设置与实验 1 相同。首先让被试浏览不同陈列方式和陈列数量的产品图片。在单独陈列组，根据陈列数量，分为地位产品陈列较少、地位产品陈列较多和两种产品陈列相同三组；相应地，合并陈列组也一样，如图 3 所示。之后填写相应的问卷。问卷内容包括：①对两个产品地位属性的评估，和其他一些混淆项目，如是否购买过这类产品等；②产品购买偏好程度测量（1—7 分量表，1 分非常不可能购买，7 分非常可能购买）；③对实验中产品陈列方式和陈列数量的回忆；④人口统计信息，包括了性别、年龄以及学历等人口统计变量。

3. 数据分析

2 名被试没有正确回忆产品陈列方式，正确率达到 98.96%，表明对产品陈列方式的实验操纵对绝大

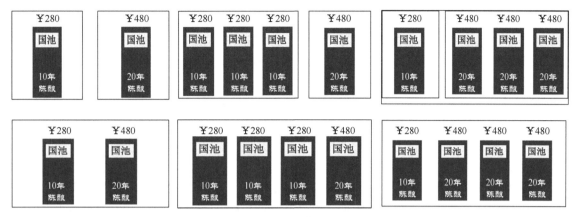

图 3　产品陈列方式和陈列数量

部分被试有影响。被试对高年份高价格白酒的产品地位评估要显著高于低年份低价格白酒，表明产品地位操纵成功（ $M_1 = 3.12$ ， SD $= 0.65$ ， $M_2 = 5.38$ ， SD $= 0.82$ ， $t = 33.48$ ， $p < 0.05$ ）。

最终数据分析结果显示产品陈列数量与产品陈列方式的交互效应会显著影响消费者对非地位产品的偏好 $[F(1,186) = 5.65 ， p < 0.05]$ ，以及对地位产品的偏好 $[F(1,186) = 4.08 ， p < 0.05]$ 。

如表 2 所示，在合并组，地位产品陈列较少使消费者对非地位产品偏好更高，但陈列数量并不影响地位产品偏好。在单独组，地位产品陈列数量较少使消费者对地位产品偏好更高，但相对陈列数量并不影响消费者对非地位产品的偏好。

表 2　陈列方式和陈列数量对产品地位偏好的影响

陈列方式	非地位产品偏好				地位产品偏好			
	地位产品数量较少	地位产品数量较多	两种产品数量相同	差异性	地位产品数量较少	地位产品数量较多	两种产品数量相同	差异性
合并陈列	$M = 5.94$ SD $= 1.0$	$M = 5.22$ SD $= 0.62$	$M = 5.44$ SD $= 0.85$	$p < 0.01$	$M = 3.16$ SD $= 0.72$	$M = 3.18$ SD $= 0.74$	$M = 3.31$ SD $= 0.57$	$p > 0.05$
单独陈列	$M = 3.97$ SD $= 0.12$	$M = 3.39$ SD $= 0.13$	$M = 3.49$ SD $= 0.16$	$p > 0.05$	$M = 5.95$ SD $= 0.18$	$M = 5.16$ SD $= 0.18$	$M = 5.42$ SD $= 0.21$	$p < 0.01$

实验 2 验证了 H3 和 H4，证实了陈列数量的调节作用，增强了主效应实际应用的价值，如图 4 所示。

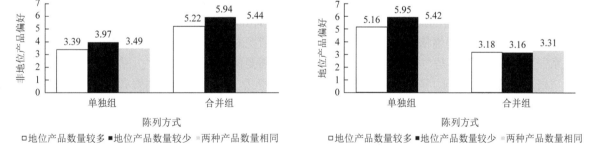

图 4　陈列方式和陈列数量对消费者产品地位偏好的影响

4　结束语

本文探索了面子文化情境下企业线上平台产品陈列对消费者产品地位偏好的影响，分析了产品陈列数量的调节作用。实验 1 验证了主效应，实验结果表明企业线上平台产品合并陈列时，消费者会倾向于选择非地位产品；线上平台产品单独陈列时，消费者更加偏好地位产品。此外，实验 2 通过验证陈列数量的调节作用，为主效应构建了更加具体的边界条件，为企业线上平台使用陈列方式和陈列数量的营销策略提供可操作化建议。

在理论层面的贡献主要体现在以下几个方面：第一，深化了对消费者面子和里子偏好的认知。中国是一个"讲面子"的社会，个体在"卖面子"和让别人"给面子"中寻求社会认同并获取社会资本[60]，面子会影响个体的消费意愿和行为。消费者为了面子会进行炫耀性消费[3]、绿色消费[61]、购买高价名牌产品[25]。消费者会为了里子选择实用性、性价比高的产品。企业则根据消费者需要提供对应地位的产品。本文从产品陈列视角，分析了消费者面子和里子偏好的特性，深化了对面子和里子影响消费者产品偏好的认知。第二，识别了线上平台产品陈列对消费者产品地位偏好的影响机制。现有研究对于地位产品和非地位产品的线上陈列策略关注不够，本文基于自我控制理论，发现消费者对产品地位的偏好受到陈列方式的影响。实验进一步发现，线上平台产品陈列数量和陈列方式会共同影响消费者产品地位偏好。第三，拓展了消费者面子和里子研究的理论视角。现有的大多数研究是把面子意识作为一个文化因素来考虑其对消费者行为的影响，对里子的研究还处于内涵探索阶段，而探讨企业营销对策的研究鲜有见到。本文基于自我控制系统理论和精细加工可能性模型等理论，探讨产品陈列对消费者要面子还是要里子的影响，为后续消费者面子和里子偏好的研究提供新的理论视角。

在实践层面，现有研究没有对消费者"要面子"和"要里子"的双重心理特质进行全面考虑，因此也难以考察复杂的消费者行为，从而不能制定出有效的营销策略。本文首次从产品促销视角分析了消费者既想要面子又想要里子的双重心理，为企业制定相应的产品陈列策略提供了新见解。首先，产品陈列方式是消费者评估产品价值的外部线索[41]，消费者对产品的评价可以被陈列方式所影响。企业可以通过产品陈列方式引导消费者对产品地位的偏好，从而更加有效地为消费者提供产品和服务，满足其多样化的需求。其次，企业在制定产品策略时，需要考虑的是将其定位于地位产品还是非地位产品，本文也为企业制定合理的产品策略提供了建议。地位产品迎合了消费者想要面子的目标需求，而非地位产品则可以满足消费者对里子的追求。最后，产品陈列方式影响消费者的偏好，而陈列数量同样也影响消费者最终的购买决策。企业可以通过有效的产品开发策略和产品陈列方式，同时配合合理的陈列数量影响消费者最终的选择。

研究也存在以下不足：首先，本文将面子和里子作为一个整体要素，然而面子和里子具有质与量两个方面和多个维度[62]，是一种复杂的文化现象，如获得面子和保护面子[63]、自我面子和他人面子等[64]，不同的面子维度又会怎样影响消费者的消费行为呢？后续研究可以进一步对具体的面子需要进行探索。其次，面子和里子是一种情境依赖的现象，消费者在不同情境对地位产品和非地位产品要求也不同。"陌生人关系""熟人关系"还是"家人关系"对消费者面子需要的影响也不同[22]。因此，受人际关系类型和面子"报之规范"等影响，消费者的偏好会不同，因此企业要全方位考察消费者的产品使用情境，对应开发产品。最后，本文只从产品的品质和价格方面考虑消费者面子和里子需要，但是产品品牌、包装甚至颜色等均会影响消费者面子和里子偏好，都可能会是调节因素，因此后续研究可以从这方面入手进行探究，为主效应增加更多的边界条件。

参 考 文 献

[1]　施卓敏，陈永佳，赖连胜.网络面子意识的探究及其对社交网络口碑传播意愿的影响[J].营销科学学报，2015，11（2）：133-151.

[2] Bao Y Q, Zhou K Z, Su C T. Face consciousness and risk aversion: do they affect consumer decision-making? [J]. Psychology & Marketing, 2003, 20 (8): 733-755.

[3] 颜欣. 在线旅游平台服务补救中"面子"与"里子"的感知机理研究[D]. 海口：海南大学，2019.

[4] 汤海京. "移动营销"促进传统服务业实现跨越式发展[J]. 信息系统学报，2009，3（1）：109-110.

[5] Grewal R, Comer J M, Mehta R. An investigation into the antecedents of organizational participation in business-to-business electronic markets[J]. Journal of Marketing, 2001, 65 (3): 17-33.

[6] Joo Y B, Kim Y G. Determinants of corporate adoption of e-Marketplace: an innovation theory perspective[J]. The Journal of Purchasing and Supply Management, 2004, 10 (2): 89-101.

[7] Howard M, Vidgen R, Powell P. Automotive e-hubs: exploring motivations and barriers to collaboration and interaction[J]. Journal of Strategic Information Systems, 2006, 15 (1): 51-75.

[8] Castro I A, Morales A C, Nowlis S M. The influence of disorganized shelf displays and limited product quantity on consumer purchase[J]. Journal of Marketing, 2013, 77 (4): 118-133.

[9] 李东进，金慧贞，郑军. 产品陈列对极度不一致新产品评价的影响研究[J].管理评论，2018，30（9）：97-109，163.

[10] Lamberton C P, Diehl K. Retail choice architecture: the effects of benefit-and attribute-based assortment organization on consumer perceptions and choice[J]. Journal of Consumer Research, 2013, 40 (3): 393-411.

[11] Bezawada R, Pauwels K. What is special about marketing organic products? How organic assortment, price, and promotions drive retailer performance[J]. Journal of Marketing, 2013, 77 (1): 31-51.

[12] 郑晓莹，孙鲁平. 陈列方式对消费者新产品评价的影响——品牌质量的调节作用[J]. 管理评论，2018，30（12）：142-153.

[13] Fishbach A, Dhar R, Zhang Y. Subgoals as substitutes or complements: the role of goal accessibility[J]. Journal of Personality and Social Psychology, 2006, 91 (2): 232-242.

[14] Fishbach A, Zhang Y. Together or apart: when goals and temptations complement versus compete[J]. Journal of Personality and Social Psychology, 2008, 94 (4): 547-559.

[15] 冯文婷，汪涛，魏华，等. 孤独让我爱上你：产品陈列对孤独个体产品偏好的影响[J]. 心理学报，2016，48（4）：398-409.

[16] Weiss Y, Fershtman C. Social status and economic performance: a survey[J]. European Economic Review, 1998, 42(3-5): 801-820.

[17] Rege M R. Why do people care about social status? [J]. Journal of Economic Behavior & Organization, 2008, 66 (2): 233-242.

[18] Han Y J, Nunes J C, Drèze X. Signaling status with luxury goods: the role of brand prominence[J]. Journal of Marketing, 2010, 74 (4): 15-30.

[19] Fennis B M. Branded into submission: brand attributes and hierarchization behavior in same-sex and mixed-sex dyads[J]. Journal of Applied Social Psychology, 2008, 38 (8): 1993-2009.

[20] 崔宏静，金晓彤，赵太阳，等. 自我认同对地位消费行为意愿的双路径影响机制研究[J]. 管理学报，2016，13（7）：1028-1037.

[21] Eastman J K, Goldsmith R E, Flynn L R. Status consumption in consumer behavior: scale development and validation[J]. Journal of Marketing Theory and Practice, 1999, 7 (3): 41-52.

[22] Özcan Y Z, Koçak A. Research note: a need or a status symbol? Use of cellular telephones in Turkey[J]. European Journal of Communication, 2003, 18 (2): 241-254.

[23] 曾世强，陈健，吕巍. 产品地位与自我建构对储蓄和消费选择的影响研究[J]. 经济管理，2015，37（2）：139-148.

[24] Ivanic A S, Overbeck J R, Nunes J C. Status, race, and money: the impact of racial hierarchy on willingness to pay[J]. Psychological Science, 2011, 22 (12): 1557-1566.

[25] Sivanathan N, Pettit N C. Protecting the self through consumption: status goods as affirmational commodities[J]. Journal of Experimental Social Psychology, 2010, 46 (3): 564-570.

[26] 施卓敏，郑婉怡. 面子文化中消费者生态产品偏好的眼动研究[J]. 管理世界，2017（9）：129-140，169.

[27]　杜建刚，范秀成. 服务失败情境下面子丢失对顾客抱怨倾向的影响[J]. 管理评论，2012，24（3）：91-99.

[28]　汪涛，张琴. 为什么消费者会感觉到有面子？——消费者面子及其感知机制研究[J]. 经济管理，2011，33（7）：78-88.

[29]　Wattanasuwan K. The Self and symbolic consumption[J]. Journal of American Academy of Business，2005，6（1）：179-184.

[30]　宋晓兵，赵诗雨，栾冬晖. 价格比较对消费者感知面子的影响研究[J]. 预测，2016，35（5）：16-22.

[31]　彭红霞. 社会影响视角下消费者移动预订采纳行为研究[D]. 武汉：华中科技大学，2016.

[32]　Holbrook M B. Customer Value——A Framework for Analysis and Research[M]. London：Routledge，1998.

[33]　Sweeney J C，Soutar G N. Consumer perceived value：the development of a multiple item scale [J]. Journal of Retailing，2001，77（2）：203-220.

[34]　宋晓兵，吴育振，马鹏飞. 产品普及率对双维度感知面子的影响：自我建构的调节作用研究[J]. 管理评论，2017，29（9）：155-166.

[35]　Theysohn S，Klein K，Völckner F，et al. Dual effect-based market segmentation and price optimization [J]. Journal of Business Research，2013，66（4）：480-488.

[36]　Parasuraman A P，Zeithaml V，Berry L. SERVQUAL：a multiple-Item Scale for measuring consumer perceptions of service quality[J]. Journal of Retailing，1988，64（1）：12-40.

[37]　Diehl K，van Herpen E，Lamberton C. Organizing products with complements versus substitutes：effects on store preferences as a function of effort and assortment perceptions[J]. Journal of Retailing，2015，91（1）：1-18.

[38]　王秀宏，孙静. 理性消费与炫耀心理对轻奢品牌购买意愿的研究[J]. 管理现代化，2017，37（4）：78-81.

[39]　Bond M H. Finding universal dimensions of individual variation in multicultural studies of values：the Rokeach and Chinese value surveys[J]. Journal of Personality and Social Psychology，1988，55（6）：1009-1015.

[40]　Atalay A S，Bodur H O，Rasolofoarison D. Shining in the center：central gaze cascade effect on product choice[J]. Journal of Consumer Research，2012，39（4）：848-866.

[41]　Kahn B E，Wansink B. The influence of assortment structure on perceived variety and consumption quantities[J]. Journal of Consumer Research，2004，30（4）：519-533.

[42]　Hoch S J，Bradlow E，Wansink B. The variety of an assortment[J]. Marketing Science，1999，18（4）：527-546.

[43]　Lancaster K. The economics of product variety：a survey[J]. Marketing Science，1990，9（3）：189-206.

[44]　Kahn B E，Lehmann D R. Modeling choice among assortments[J]. Journal of Retailing，1991，67（3）：274-299.

[45]　Schwartz B，Ward A，Monterosso J，et al. Maximizing versus satisficing：happiness is a matter of choice[J]. Journal of Personality and Social Psychology，2002，83（5）：1178-1197.

[46]　van Trijp H C M，Hoyer W D，Inman J J. Why switch？ Product category–level explanations for true variety-seeking behavior[J]. Journal of Marketing Research，1996，33（3）：281-292.

[47]　Iyengar S S，Lepper M R. When choice is demotivating：can one desire too much of a good thing？ [J]. Journal of Personality and Social Psychology，2000，79（6）：995-1006.

[48]　张蓓. 超市农产品陈列策略探讨——基于 AIDA 模型的思考[J]. 北京工商大学学报（社会科学版），2010，25（4）：102-106.

[49]　Brock T C. Implications of commodity theory for value change[M]//Eson M. Psychological Foundations of Education. NewYork：Academic Press，1968：243-275.

[50]　Cialdini R. Influence：Science and Practice[M]. NewYork：Harper Collins，1993.

[51]　Lynn M. Scarcity's enhancement of desirability：the role of naive economic theories[J]. Basic and Applied Social Psychology，1992，13（1）：67-78.

[52]　Lin L，Xi D，Lueptow R M. Public face and private thrift in Chinese consumer behaviour[J]. International Journal of Consumer Studies，2013，37（5）：538-545.

[53]　Cacioppo J T，Petty R E，Kao C F，et al. Central and peripheral routes to persuasion：an individual difference perspective[J]. Journal of Personality & Social Psychology，1986，51（5）：1032-1043.

[54]　李庶. 中国酒文化精神的美学品格[J]. 中华文化论坛，2014，3（11）：105-108.

[55]　强舸. 制度环境与治理需要如何塑造中国官场的酒文化——基于县域官员饮酒行为的实证研究[J]. 社会学研究，

2019，34（4）：170-192，245-246.

[56] 黎相宜. 关系消费的表演与凝固——当代中国转型期饮酒社交消费研究[J]. 开放时代，2009，（1）：89-98.

[57] Mazzocco P J，Rucker D D，Galinsky A D，et al. Direct and vicarious. conspicuous consumption：identification with low-status groups increases the desire for high-status goods[J]. Journal of Consumer Psychology，2012，22（4）：520-528.

[58] 李伟，颜清，苗苗，等. 拟人化广告形象契合与视觉对象结构——基于自我建构的眼动研究[J]. 营销科学学报，2019，15（2）：116-131.

[59] 朱郭奇，孙林岩，崔凯. 基于眼动行为分析方法的平面广告效果影响因素研究[J]. 管理评论，2012，24（9）：119-129.

[60] Hwang A，Francesco A M，Kessler E. The relationship between individualism-collectivism，face，and feedback and learning processes in Hong Kong，Singapore，and the United States[J]. Journal of Cross-Cultural Psychology，2003，34（1）：72-91.

[61] 施卓敏，郑婉怡，邝灶英. 中国人面子观在 RM 和 FM 模型中的测量差异及其对绿色产品偏好的影响研究[J]. 管理学报，2017，14（8）：1208-1218.

[62] 陈之昭. 面子心理的理论分析与实际研究[J]. 中国社会心理学评论，2006，（1）：107-160.

[63] Ho D Y F. On the concept of face[J]. American Journal of Sociology，1976，81（4）：867-884.

[64] Ting-Toomey S. The matrix of face：an updated face-negotiation theory//Gudykunst W B . Theorizing About Intercultural Communication. Thousand Oaks：Sage，2005：71-92.

Research on the Influence of Product Display on Preference for Product Status in Enterprise Online Platform

ZHOU Jinying[1], FAN Lili[1], JIANG Yushi[1], MIAO Miao[2]

（1.School of Economics and Management, Southwest Jiaotong University, Chengdu 610036, Sichuan, China ;
2. School of Economics and Management, Chengdu Normal University, Chengdu 611130, Sichuan, China）

Abstract   Influenced by Chinese face culture, consumers have different preferences for product status in different situations, and enterprises develop products with corresponding status attributes for consumers. The influence of product display mode in enterprise online platform on consumers' preference for product status was explored through two groups of experiments. The results of Experiment 1 show that when the products are displayed separately, consumers' prefer high-status products compared with low-status products. When the products are displayed together, consumers prefer low-status products under the combined display mode compared with high-status products. In the case of separate displays, consumers prefer high-status products to low-status ones. Experiment 2 explored the moderating effect of display quantity on the main effect：under the separate display mode, a small number of product display modes can promote consumers' preference for high-status products. While the products are listed together, the display quantity does not affect consumers' preference for high-status products. Under the combined display mode, more product displays can promote consumers' preference for low-status products. While in the separate display mode, the number of displays does not affect consumers' preference for low-status products. This study can provide a reference for enterprises to formulate reasonable product display strategies.

Keywords   Online platform, Face, Product status, Self-regulation, Product display

作者简介

　　周金应（1979—），男，西南交通大学经济管理学院博士研究生，安徽安庆人，研究方向包括品牌管理和消费者行为等。E-mail：376362163@qq.com。

　　范莉莉（1957—），女，西南交通大学经济管理学院教授、博士生导师，湖北武汉人，研究方向包括战略管理和创新管理等。E-mail：fanlili1106@126.com。

　　蒋玉石（1979—），男，西南交通大学经济管理学院教授、博士生导师，湖南常德人，研究方向包括品牌管理和消费者行为。E-mail：906375866@qq.com。

　　苗苗（1980—），女，成都师范学院经济与管理学院，内蒙古呼和浩特人，研究方向为企业管理。E-mail：miaomiao@swjtu.cn。

以一传百：电影微博营销网络结构研究

张明华[1] 严威[2]

（1. 中国人民大学商学院，北京 100872；2. 中国传媒大学经济与管理学院，北京 100024）

摘 要 社交网络传播对电影等体验品极为重要，但网络结构影响传播效果。现有研究对网络结构角度的社交网络营销刻画不足。本文结合定性与定量方法分析电影官方微博主导的转发网络，从网络结构视角探究如何提升微博营销影响力。研究通过对网络结构指标聚类识别电影营销网络的形态结构，得到了由集中到分散的五类结构，并发现一类对影响力提升最为显著的网络；并对该类网络进行定性分析以归纳网络裂变关键成因，从而为企业微博营销提供实践指导。

关键词 电影，微博营销，网络结构，聚类分析，网络裂变

中图分类号 C931.6

1 引言

社交网络是一种具有裂变传播效果的营销手段[1, 2]。通过社交媒体平台，企业发布的营销信息兼具大众传媒的广播效果和人际口碑传播的社会化营销力量。社交媒体平台的底层结构是社交网络[3]，社交网络产生的口碑传播会为社交媒体平台带来裂变传播的营销效果，这对依赖口碑传播的体验型产品营销尤为重要[4]。以一类典型的体验型产品电影为例[5]，电影消费者易受到口碑的影响，社交网络中消费者口碑是影响电影产品成败的关键力量，并积极影响电影的票房收入[6]。

然而，并非所有社交网络都能达到大规模裂变传播的效果。Findlay 基于 Twitter 对网络拓扑结构进行了定性化的描述[7]，发现企业在过于集中的网络结构中影响力不足，而在过于分散的网络结构中会失去控制力。具有不同形态结构的社交网络在营销信息传输范围和网络影响力方面有着不同的表现，因而有必要从营销信息传播的角度来研究不同社交网络结构所产生的影响。

对于营销相关的社交网络结构，现有研究或提取部分拓扑特征[8]，或关注部分节点所形成的网络结构[9-11]，尚缺少对营销网络整体结构的分析，即站在社交网络的全局，从营销信息传播的角度审视社交网络整体结构。与节点、边等网络局部特征不同，营销网络结构更有助于了解何种网络有利于提升营销影响力，帮助营销人员准确把握营销活动效果，调整营销策略。因此，本文通过研究社交网络形态结构，发现影响力高、营销传播能力强的网络结构，并回答如何通过这种网络结构使电影官方微博"以一传百"。

2 相关研究评述

2.1 社交网络形态结构

本文重点关注面向营销的社交网络的形态结构。对于社交网络的形态结构，不同的学者及研究有不

通信作者：严威，中国传媒大学经济与管理学院，教授，E-mail：yanwei@cuc.edu.cn。

同的关注重点和描述方式。核心-外围结构（core-periphery structure），或称为核心-边缘结构，是在社交网络结构研究中普遍认可的一种基本形态结构。在核心-外围结构中，中心是由重要性、活跃度更高的少数节点高度互连组成的核心部分，周围是大量密度更小、连接更松散的外围节点[9, 12]。核心-外围结构被广泛应用，并发展出一些新的理论框架，如领导者-读者框架[13]等。社交网络是一种不平等的参与结构[14]，具有无标度特性，核心-外围结构体现了这种特性，即大多数参与者（外围用户）只提供少量的贡献，而一小部分成员（即领导者或核心用户）执行大多数工作。因此，核心-外围结构的概念也被广泛用于社会网络分析[12]。然而，核心-外围结构只是社交网络的一种基本结构，还不足以展现社交网络的多元形态。

　　社交网络多样的结构和形态有多种分类方式，现有研究关注节点和边的组合。由于网络结构与节点位置决定节点的"影响力"程度，中心关键节点的资源控制能力影响网络中信息输入输出的效率，因此关键节点数量常被用于划分网络结构。按关键节点数量，社交网络的网络结构可以分为单关键点型、多关键点型、链式型三类[10]。单关键点型网络中，关键点多为强势用户节点，节点凝聚力强；多关键点型网络中，多个强势节点通过共同的桥节点进行信息交互；而链式型网络则没有明显的强势节点。此外，按照信息传递的层级可划分为单级传播型、链式传播型、多级传播型[11]。单级传播型指普通节点用户均围绕一个中心节点进行信息交互，其拓扑结构呈发散状；链式传播型则是由中心节点到普通节点再到普通节点形成链式结构；多级传播型则是围绕中心节点产生的单级传播与链式路径的复合体。上述两种分类方式从不同的维度进行分类，都将社交网络分为了三种基本形态，在拓扑结构上有类似的结构表现。

　　事实上，社交网络的形态结构要比这两种分类方式更为复杂。比如，Findlay 总结了在 Twitter 上的众多品牌、品类和活动的互动网络，并对 Twitter 网络拓扑结构按照四种结构进行定性描述，包括广播/轮辐式对话、锚定生态系统对话、有机生态系统对话、不受控制的对话[7]。四种结构包括了从集中到分散的多种网络形态结构，符合 Watts 和 Strogatz 从有序网络、"小世界"网络到完全随机网络的理论框架[15]。综合来看，现有大多数研究对网络结构的研究和分类方式考虑还不够全面，部分研究仅关注关键节点、传播层级等单一维度，缺乏从多个维度对网络整体结构的考虑。另外，关注网络整体结构的研究大多以定性方式展开，Findlay 在其研究中也提到，需要结合定量的方法研究网络结构[7]。

2.2　网络结构成因及其口碑效应

　　网络的形成受多方面因素影响，用户在社交媒体中的参与行为是网络形成的必要条件。Pentina等总结了 11 种在社交媒体环境下的消费者参与行为，包括关注、评论、点赞或收藏、转发、提及或打标签等[16]。用户自愿、随时随地使用社交媒体，在一定程度上是受个人需求的激发。用户以自我为中心的需求包括自我展示、内容共享、实时移动等，非自我中心需求包括存在标志、关系形成、集体管理、浏览他人内容、向外界发声、交流、合作、竞争和寻找资源等[17]。用户行为推动着网络的形成和发展。

　　内容是影响用户参与和信息传播网络形态结构的重要因素。无论是何种主题的传播网络，内容质量都是不可忽视的传播影响因素。内容质量对于用户的分享意愿有显著影响。内容的娱乐性、信息性和可信度影响着消费者的参与、态度和购买意愿[18]。高质量的内容会直接增强用户的分享意愿，或通过增加用户对内容及其发布者的信任感知、降低用户对于分享内容的行为风险的感知两种途径增强用户分享意愿[19]。内容中包含和传达出的信息、话题、情感等也会对传播路径和网络结构产生影响。转发抽奖、产品推广等行为引导型微博最容易获得更高的转发和评论机会，提问互动等关系构建型内容次之，企业动态、产品介绍等信息提供型最低。信息中的激励性内容对转发具有积极作用[20]。

社交媒体是企业进行口碑营销的重要战场，用户参与是口碑营销的关键，也是扩大影响力的根本动力[21, 22]。Lovett 等认为消费者在社交媒体产生口碑的三个主要驱动力是社交、功能和情感[23]。社交媒体功能特征满足了用户心理需求，体现了社交媒体的能供性。需求、能供性、功能特征三者的匹配使得用户参与到社交网络的形成过程。消费者在社交网络参与的过程中，帮助品牌产生口碑，为宣传品牌内容和品牌故事做出贡献，有效地与公司和其他品牌利益相关者共同创造品牌意义[24]。Hartmann 等提出口碑传播过程中会产生社会互动溢出效应，也被形象地描述为涟漪效应（ripple effect）[25]。口碑传播有助于推动营销活动产生涟漪效应，而涟漪效应能够显著增加或扩展广告的有效性[26]。涟漪效应本质上是由人与人之间的社交互动所驱动的[27]。社交媒体为在线互动提供了更好的环境，其多对多的交流方式扩大了社交互动的范围，从而使得涟漪效应更为显著。

然而，现有社交网络相关的研究更多关注组织合作网络[28, 29]、舆情传播网络[30]等，有待从网络结构视角研究营销网络。对于组织关系网络，可以通过结构洞等局部特征发现创新机会[31]；对舆情网络而言，关注网络的局部特征，如关键节点等，能够有效阻断舆情传播路径。但营销网络正好相反，营销网络的目的是尽可能多地利用网络优势，使得传播更深、更广，触达更多的潜在消费者，形成网络影响。这不是任何单一网络特征指标的调整就能实现的，因此对营销网络的研究一定要关注到网络整体特征。现有研究还从设计科学的角度提出了社交网络影响力最大化的技术模型，通过算法来发现有助于网络传播的种子用户[32]，但这类研究通常具有"黑箱"特点，不利于企业的全盘决策。综上，本文关注电影行业基于转发关系的营销网络，首先在现有的网络结构研究基础上进行电影微博转发网络整体结构的识别与划分，寻找出更符合营销情境的、对企业微博放大作用最强的网络结构，并进一步探究这种网络结构的形成因素。

3　电影微博转发网络的构建与测量

微博是社交媒体平台的典型代表之一，微博营销是企业社会化营销矩阵中的重要组成部分。以新浪微博为代表，用户在微博平台上的互动操作包括"关注""点赞""转发""评论"等。基于微博用户之间的基本关系，微博的信息传播网络分为关注关系网络、转发关系网络、评论关系网络等。其中，转发关系网络更能体现网络的信息传播能力[33]。"转发"功能借助社交网络的力量，让特定内容迅速聚合并呈指数级传播扩散，从而使网络产生裂变式的传播，触达更多潜在消费者，扩大营销微博的影响力。因此，本文选取电影微博转发网络所形成的社交网络作为研究对象。

本文首先采用社会网络分析方法探究新浪微博中电影微博转发网络的结构。转发网络数据来源于新浪微博。研究爬取了 2012 年上映电影的官方微博在电影上映期间发布的所有微博及其转发产生的微博信息。转发网络中的每个微博账号作为"节点"，转发关系作为"边"，构成有向图。为了避免宣传其他电影及先前积累带来的噪声干扰，我们没有将服务于多部电影宣传工作的微博账号纳入考虑，剩余账号状态正常的电影官方微博账号共 69 个，形成 69 个转发网络。剔除网络节点数量过少（节点数少于50 个）或数据存在缺失的 5 个网络，纳入研究的电影微博转发网络共 64 个。构成的转发网络视为该电影的微博营销网络。

结合前人研究及各测度指标的定义，为综合反映网络结构的不同特征，本文共选定 10 个测度指标作为变量参与聚类。这 10 个测度指标包括节点数、平均度、网络直径、平均路径长度、图密度、模块节点数比、一级转发占比、平均接近中心度、平均聚类系数、平均特征向量中心度[3, 34]，具体含义见表 1。

表 1　社交网络测度指标含义

指标		含义
网络规模	节点数	网络节点数量，是对网络规模的直接测度
	平均度	边和网络节点的比值，代表网络连接的平均水平
网络连接水平	图密度	网络中实际存在的连接数目与可能存在的最多连接数之比，衡量网络成员之间连接的紧密程度
网络可达性	网络直径	网络直径为网络中任意两个节点之间距离的最大值
	平均路径长度	平均路径长度指所有节点对之间的平均距离
网络凝聚力	平均聚类系数	网络中所有节点的平均聚类系数，衡量网络的整体凝聚力[15]
网络集中程度	模块节点数比	模块数即网络中子群的数目[35,36]，为消除网络规模对模块数的影响，取模块数与节点数之比作为网络模块分割的测度
	一级转发占比	对官方微博进行直接转发的节点数与网络总节点数之比
网络辐射力	平均接近中心度	平均接近中心度衡量网络中节点的平均接近或独立程度
	平均特征向量中心度	平均特征向量中心度测度网络节点的平均辐射程度[37]

4　网络形态结构的聚类分析

基于各转发网络测度指标，本文通过聚类分析识别电影微博转发网络的不同结构类型。本文采用 k 均值聚类（k-means）算法，该算法是一种迭代求解的无监督学习算法[38]，速度快、扩展性好，能够很好地满足本文的研究需要。为避免不同指标量纲差异的影响，在聚类之前数据均进行了标准化处理。另外，k 均值聚类的一个重要步骤是确定聚类类别数 k 值。为了得到更符合实际的聚类结果，本文在 k 均值聚类之前首先基于层次聚类结果将聚类数范围设定为 4—6 类。正式使用 k 均值聚类算法时发现，当类别数为 5 时的聚类效果最优。限于篇幅原因无法全面展示所有类别，表 2 展示了各个类别的聚类中心。

表 2　聚类结果中各类别中心的测度指标

类别中心的测度指标（标准化）	类别一：23 个样本	类别二：17 样本	类别三：10 样本	类别四：11 样本	类别五：3 样本
节点数	−0.291	−0.129	0.029	0.091	1.775
平均度	−0.475	−0.338	1.493	−0.108	2.397
网络直径	−0.644	−0.329	1.113	0.442	2.791
平均路径长度	−0.606	−0.376	1.317	0.016	3.311
图密度	−0.148	−0.216	−0.290	−0.288	−0.345
模块节点数比	−0.596	0.887	−0.320	0.066	−0.660
一级转发占比	0.980	−0.249	−0.872	−1.085	−0.426
平均接近中心度	−0.686	−0.160	0.844	0.447	3.116
平均聚类系数	−0.396	−0.341	1.379	−0.295	2.125
平均特征向量中心度	−0.159	−0.193	−0.278	−0.259	−0.340

注：表中阴影深浅代表各类别在每一指标测度下的数值大小

聚类所得五类网络分别包括 23 个、17 个、10 个、11 个、3 个样本。根据各类别中心的测度指标可以初步看出，类别一中网络的节点数普遍较少，从类别一到类别五网络节点数增多，类别五的网络规模非常大。随着网络规模的扩大，图密度呈降低趋势，网络结构变得更加松散，这与 Findlay 的研究[7]一致。根据网络特征并借鉴 Findlay 的研究[7]，我们将五类网络结构分别命名为球形广播网络、同心圆传播网络、锚定生态系统网络、多点锚定的有机生态网络、爆炸式巨型网络，每类网络分别选取了 3 个典型样本，样本的可视化图像如图 1 至图 5 所示。

4.1 类别一：球形广播网络

图 1 展示了距离类别一中心最近的 3 个样本的可视化图像，分别对应三部影片的微博转发网络。结合可视化图像和数据分析结果，可以看出此类网络整体呈球形，从中心向外部辐射，两级传播居多，外围只有少量的多级传播路径。三部影片的各测度指标数据如表 3 所示。平均接近中心度和平均聚类系数均为各类别最低且平均特征向量中心度最高，说明这类网络非常集中。一级转发占比最高，大量依靠直接转发。中心节点驱动信息传播，类似于传统广播单向传递。代表官方微博的节点位于网络中央，转发官方微博的节点围绕在四周形成球形，向外继续扩散的数量较少。Findlay 将这类结构定义为广播/辐射/轮辐式对话[7]。按照核心−外围结构，官方微博账号节点是这类网络的唯一核心。

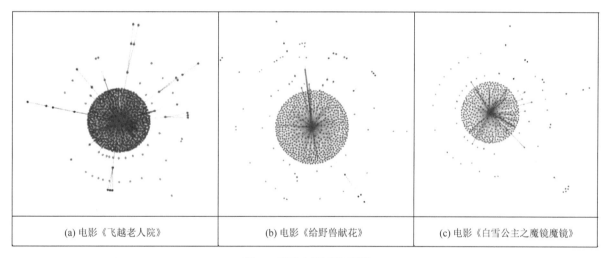

| (a) 电影《飞越老人院》 | (b) 电影《给野兽献花》 | (c) 电影《白雪公主之魔镜魔镜》 |

图 1　球形广播网络示例

表 3　球形广播网络代表样本的指标数据汇总

指标	（a）《飞越老人院》	（b）《给野兽献花》	（c）《白雪公主之魔镜魔镜》
节点数	612	491	491
平均度	1.008	1.006	1.006
网络直径	3	4	4
平均路径长度	1.079	1.111	1.111
图密度	0.002	0.002	0.002
模块节点数比	0.034	0.041	0.041
一级转发占比	92.97%	91.85%	91.85%

续表

指标	（a）《飞越老人院》	（b）《白雪公主之魔镜魔镜》	（c）《给野兽献花》
平均接近中心度	0.085	0.122	0.122
平均聚类系数	0.002	0.002	0.002
平均特征向量中心度	0.002	0.002	0.002

4.2 类别二：同心圆传播网络

如图 2 所示，相比于第一类网络，第二类网络呈现出多级传播特征，但多级传播路径多为链式传播。链式传播的每一级只有一个节点，即每次转发只能带来一次新的转发，这类链路在此类网络中较为常见。从三部影片的转发网络可见，其网络结构整体还是以围绕中心节点的球形为主，由于链式多级传播路径的出现，网络像涟漪般一圈一圈推开，呈现出一种同心圆的结构。同心圆结构说明中心节点的信息经过直接转发后并未马上停止，而被"粉丝的粉丝"再次传播，产生涟漪效应。图 2 中三部影片的各测度指标数据如表 4 所示。

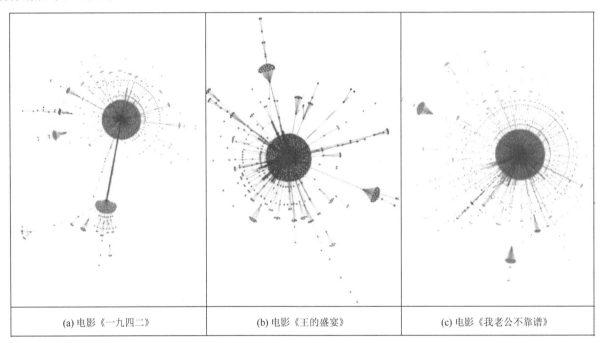

(a) 电影《一九四二》	(b) 电影《王的盛宴》	(c) 电影《我老公不靠谱》

图 2　同心圆传播网络示例

表 4　同心圆传播网络代表样本的指标数据汇总

指标	（a）《一九四二》	（b）《王的盛宴》	（c）《我老公不靠谱》
节点数	1259	896	3048
平均度	1.024	1.044	1.04
网络直径	5	6	6
平均路径长度	1.346	1.460	1.399

续表

指标	（a）《一九四二》	（b）《王的盛宴》	（c）《我老公不靠谱》
图密度	0.001	0.001	0
模块节点数比	0.058	0.055	0.068
一级转发占比	70.14%	67.30%	76.87%
平均接近中心度	0.483	0.715	0.571
平均聚类系数	0.006	0.009	0.010
平均特征向量中心度	0.001	0.002	0.000

4.3 类别三：锚定生态系统网络

"锚"（anchor）取锚定之意，锚定节点本身都具有一定的影响力，围绕它们形成的子网络是整体网络的主要组成部分。如图3所示，锚定生态系统网络的网络形态主要由单个锚账户（即中心节点）锚定并引导会话，但其他用户节点之间也出现了大量的互动和连接，整个网络对中心节点的依赖性降低。网络平均度水平较高，部分节点之间有大量互动，产生了错综复杂的连接，且开始形成网络次中心。表5展示了锚定生态系统网络代表样本的测度指标数据。相比前两个类别，此类网络的规模更大，信息传播的层级较多，传播的路径较远，网络结构较前两类复杂。

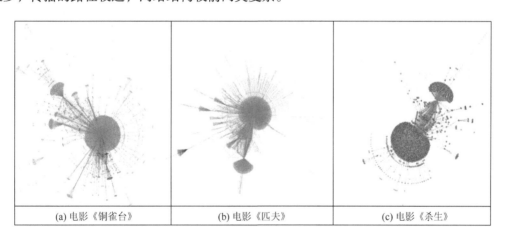

| (a) 电影《铜雀台》 | (b) 电影《匹夫》 | (c) 电影《杀生》 |

图3 锚定生态系统网络

表5 锚定生态系统网络代表样本的指标数据汇总

指标	（a）《铜雀台》	（b）《匹夫》	（c）《杀生》
节点数	2582	3305	1283
平均度	1.229	1.246	1.228
网络直径	17	14	12
平均路径长度	4.313	3.967	3.466
图密度	0	0	0.001

续表

指标	（a）《铜雀台》	（b）《匹夫》	（c）《杀生》
模块节点数比	0.030	0.034	0.041
一级转发占比	61.66%	65.27%	57.83%
平均接近中心度	19.416	22.840	11.602
平均聚类系数	0.040	0.043	0.047
平均特征向量中心度	0.001	0.001	0.002

4.4　类别四：多点锚定的有机生态网络

由官方账号和关键节点账号共同支撑网络结构是多点锚定的有机生态网络的特征，如图4所示。由中心节点发出的信息经过多次传播后遇到某些关键节点，进而被再次大量转发，在网络外围形成一些次级网络。如果去掉属于这些次级网络的节点，网络整体规模会大大减小。图4中的节点按所属次级网络着色，可以看出三个网络都存在明显的次级网络现象，这些次级网络又有着类似于整体网络的球形（扇形）或同心圆结构。表6列出了图4所示的3个多点锚定的有机生态网络代表样本的测度指标数据。这一类别的一级转发占比处于较低水平，其信息的传递对多级传播的依赖更强。多级传播存在明显的关键路径，去掉路径上的某些节点将导致网络规模的急剧下降。相比于锚定生态系统网络，多点锚定的有机生态网络中除了中心节点的锚定外，某些关键节点还锚定了距离中心节点较远的子网络，使得中心节点发出的内容即使经历了多次传播也能重新引起新的较大规模转发，支撑了子网络的形成和发展，形成了一种有机生态系统的情形。

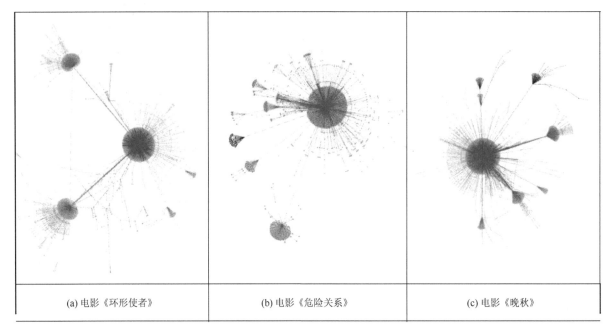

(a) 电影《环形使者》　　　　(b) 电影《危险关系》　　　　(c) 电影《晚秋》

图4　多点锚定的有机生态网络

表6 多点锚定的有机生态网络代表样本的指标数据汇总

指标	（a）《环形使者》	（b）《危险关系》	（c）《晚秋》
节点数	3860	1926	3224
平均度	1.03	1.094	1.084
网络直径	11	10	12
平均路径长度	1.680	2.532	2.323
图密度	0	0.001	0
模块节点数比	0.037	0.050	0.051
一级转发占比	52.05%	62.98%	67.59%
平均接近中心度	1.202	4.295	2.891
平均聚类系数	0.007	0.014	0.017
平均特征向量中心度	0.001	0.001	0.001

4.5 类别五：爆炸式巨型网络

第五类网络在聚类结果中显著区别于其他类别网络，也是实践中最难形成的一类网络，但这也符合现实中常见的二八法则情况。如图5所示，这类网络包含了前四类网络的所有特征，网络从中心向外爆炸式扩散，意味着信息在这类网络中的传播展现出了强有力的裂变效果，对网络潜在影响力的方差分析结果也证明了这一点。指标数据汇总见表7。这类网络具有较大的网络规模和极小的图密度，平均特征向量中心度也最小，网络最为分散。平均路径长度和网络直径最长说明其转发层级远多于其他四类网络。虽然网络节点和层级均非常多，但此类网络的一级转发占比并不低，说明官方微博本身就受到大量关注。节点之间互动多，有着较高的平均度、平均接近中心度和平均聚类系数。此类网络也有较多的次级网络，由于节点数目多的关系，其次级网络的节点占比反而不高。在得到的五类网络结构中，爆炸式巨型网络是影响力最强、触达消费者最多的一类网络，有着相比其他网络更为突出的影响力放大效果，因此，我们应在基于社交网络的营销活动中重点关注这类网络结构。

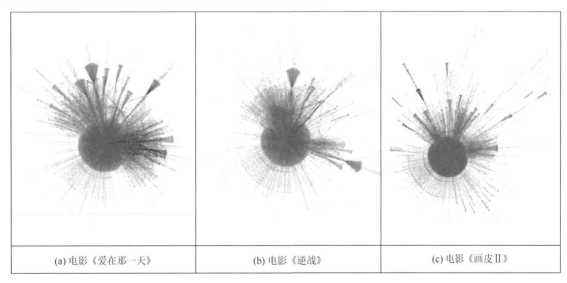

(a) 电影《爱在那一天》	(b) 电影《逆战》	(c) 电影《画皮II》

图5 爆炸式巨型网络

表 7　爆炸式巨型网络代表样本的指标数据汇总

指标	（a）《爱在那一天》	（b）《逆战》	（c）《画皮 II》
节点数	5494	5878	8520
平均度	1.394	1.358	1.27
网络直径	20	19	26
平均路径长度	7.0723	6.3297	6.7743
图密度	0	0	0
模块节点数比	0.0198	0.0282	0.0360
一级转发占比	63.415%	68.186%	71.174%
平均接近中心度	351.8902	358.1051	140.3561
平均聚类系数	0.0656	0.0534	0.0360
平均特征向量中心度	0.0003	0.0003	0.0002

5　爆炸式巨型网络对官方微博的裂变作用

对五类网络覆盖的总粉丝量进行方差分析，结果如表 8 所示，爆炸式巨型网络的微博粉丝覆盖规模（ M = 211 557 057，SD = 167 149 392.70 ）在 0.05 水平上显著高于其他类别的网络。方差分析说明第五类网络触达的潜在消费者更多，对官方微博的影响力放大效果最强，网络更具营销能力。

表 8　五类网络覆盖粉丝量对比

类别	覆盖粉丝量平均值	标准偏差
球形广播网络	43 484 462	35 365 779.33
同心圆传播网络	58 914 170	43 082 976.41
锚定生态系统网络	67 277 427	46 056 477.47
多点锚定的有机生态网络	106 364 626	108 588 998.20
爆炸式巨型网络	211 557 057	167 149 392.70

爆炸式巨型网络的传播效果突出，具有一定的典型性和代表性，采用定性分析方法有助于分析其内在复杂的形成过程。因此，本文进一步选取图 5 中三个代表性爆炸式巨型网络进行定性分析，探究该类网络结构特征及形成因素。三个爆炸式巨型网络分别代表电影《爱在那一天》《逆战》《画皮 II》的官方微博转发网络。《爱在那一天》是由朱少宇执导，马里奥·毛瑞尔、叶青、武艺、阚清子主演的都市爱情电影，于 2012 年 4 月 13 日上映。官方微博@电影爱在那一天共发布微博 435 条，其中原创 84 条，占比 19.31%。网络中共有微博 15 861 条，包括 5494 个节点、7657 条边，平均度为 1.394，网络触达用户总规模为 34 931 390。《逆战》是一部枪战动作电影，由林超贤执导，周杰伦、谢霆锋等主演，2012 年 1 月 17 日上映。官方微博是@逆战，上映期间共发布微博 212 条，69 条为原创信息，143 条为转发信息，原创占比 32.55%。转发网络中共有 18 151 条微博，包括 5878 个节点，共形成 7985 条边，

平均度为 1.358，网络触达用户总规模为 232 479 612。《画皮Ⅱ》是一部东方魔幻爱情电影，由乌尔善执导，周迅、陈坤等主演，于 2012 年 6 月 28 日上映。官方微博是@电影画皮 2，共发布 511 条微博，其中原创 244 条，占比 47.75%，发博量和原创占比都处于较高水平。转发网络中共有微博 21 692 条，包括 8520 个节点，共形成 10 820 条边，平均度为 1.27，网络触达用户总规模为 367 260 170。整体而言，爆炸式巨型网络的网络规模远超其他四类网络，官方微博发布的微博条数并不比其他类型网络的官方微博多，但却产生了更大量的转发。为深入剖析其中的原因，本文接下来从源节点影响力、内容、关键节点与粉丝认同三个角度来具体分析。

5.1 源节点影响力是裂变基础

社交网络兼具大众传媒的广播功能与人际口碑裂变的功能，在网络形成之初，官方微博发挥的是广播功能，一级转发是所有网络形成的开始。在电影微博转发网络的形成过程中，官方微博节点作为网络的源节点，其自身的影响力为微博的裂变传播和网络结构的形成提供了初始动力。如果网络经过一级转发后缺乏再次向外扩散的动力，网络就会呈现球形广播网络的形态。较大规模的一级转发会为网络的进一步扩散奠定基础。《爱在那一天》《逆战》《画皮Ⅱ》、网络中分别有 3484、4008、6064 个节点通过直接转发官方微博进入网络，说明官方微博自身就有一定的粉丝基础，初始影响力高，三个网络一级转发占比分别为 63.415%、68.186% 和 71.174%。源节点的影响力对于网络传播的广度有直接影响，决定了网络中心的大小，且是网络深度扩散以及裂变传播的重要基础。

5.2 内容是裂变传播的内在动力

网络形成的过程本质上是内容的传播过程，因此，微博内容是引起网络裂变传播的内在动力。《爱在那一天》《逆战》《画皮Ⅱ》网络分别有 57 条、116 条、92 条微博转发超过 50 次，超过 20 次转发的也分别有 194 条、186 条、258 条。从内容上看，这些微博内容多样，涵盖明星资讯、电影内容、行业责任、票房喜讯、互动活动等多个方面。不同的微博内容对应着用户不同的微博转发动机，体现了企业微博为实现营销目的进行的信息传播激励，从整体上可以归结为经济激励与情感刺激。

1. 广度——微博内容的经济激励

微博的转发功能赋予了品牌开展抽奖、促销等趋利营销活动的机会，能够帮助企业实现经济激励性传播。在电影微博转发网络中，经济激励手段主要有转发抽奖、晒票根活动、微博抢票活动等，这类内容既存在经济利益也有一定的趣味性，对应用户转发的经济利益动机和娱乐消遣动机。一系列包含经济激励的营销活动使得消费者在社交工具的使用中满足了其经济利益动机，也为网络的快速形成提供了机会。

转发抽奖等经济利益获取动机是驱动用户参与转发的重要因素，但这一因素不足以刺激更深层次的互动。在爆炸式巨型网络中，经济激励的微博内容只是少数，且同样是互动抽奖活动，《画皮Ⅱ》将更深度的粉丝互动与经济激励结合起来，效果明显优于简单直接的营销活动。三个爆炸式巨型网络的经济激励微博都带来一定的转发，但传播层级都在三级以内，大部分只经过一层转发。也就是说，经济激励的信息虽然可能带来一定的用户参与，但对信息的多级扩散帮助不大。大部分电影官方微博都会采用类似的经济激励营销手段，如附录中附表 A 所示的爆炸式巨型网络中的经济激励内容。但从整体效果上看，经济激励的手段对于转发网络的形成作用于网络中心，且效果差异较大。这在一定程度上也解释了研究发现的第一类球形广播网络。在以《给野兽献花》为代表的球形广播网络当中，不缺乏经济激励内容（见附表 B），甚至大量的内容都是转发抽奖的营销内容，经过一次、二次转发后就失去了再次传播的动力，导致网络无法往更多元的结构方向发展。经济激励的目的是营销，但从实际效果上看这类内容只是被简单地转发，并没有带来进一步的影响。因此，经济激励内容对网络的意义在于增加网络的广度。

通过上述分析我们发现，抽奖和促销内容确实可以达到吸引眼球的目的，但难以引起多级转发。经济激励的微博内容能够快速积累人气，但需要精心设计，要揣摩、激励和满足消费者的需求，且不能过度依赖这类内容。

2. 深度——微博内容的情感刺激

不断的情感刺激是网络纵深增加的重要原因。在社交媒体当中，情感即信息[39]，情绪具有传染性，能够引发用户的情感共鸣，进而影响消费者的社交媒体参与行为[32]。一些研究也发现，改变消费者态度的常见方法就是增加唤起情感的刺激。例如，市场营销人员可能会将悦耳的音乐[40]、可信的发言人[41]或视觉上吸引人的图像[42]与目标产品或品牌相结合，随后就会产生感染效应[43]，进而使消费者形成与品牌一致的情感和态度。

电影作为一种娱乐产品和文化产品，又是极易影响人们情绪的，因此，微博内容的情感刺激对电影微博转发网络的形成具有直接意义。通过对三个爆炸式巨型网络的电影微博内容进行分析发现，三个网络有大量情感丰富的内容吸引用户注意力，情感的极性与微博内容的风格或与电影的情感基调相一致，从而唤起情绪、激发共鸣，强化消费者对电影的认知，推动消费者参与。附表 C 给出了爆炸式巨型网络情感刺激类微博的内容示例。台词、角色、精彩片段和花絮、台前幕后的故事等，这些内容与电影的关系密切，官方微博将这些内容素材加工处理为情感丰富的微博内容，分享笑点、泪点，引起共鸣，激发人们的感动、悲伤、振奋、快乐、刺激、愤怒等多种情绪。情绪的传染具有涟漪效应，用户的转发和评论，又会进一步引起新的情感传递，从而不断加深网络传播的层级，直到影响力衰减、结束。

另外，高转发量的微博在语言风格上也更口语化、拟人化，更注重互动性与趣味性，与消费者之间没有距离感。对于电影这类注重体验的内容产品而言，微博营销的过程中必然要重视消费者的娱乐消遣动机。现有研究发现，信息内容的娱乐性、信息性和可信度高等对消费者信息参与、品牌态度和购买意愿有一定影响[18]，而情绪线索会增强前者的效果。提供相关的、具体的、信息丰富的内容成为品牌在社交平台上刺激其内容传递行为的一种重要方式。而对营销或广告内容的高情感处理也会导致更高的广告态度、品牌态度和购买意愿[44]。这些已有研究的发现与本文具有一致性。

5.3　关键节点与粉丝认同是网络裂变的关键因素

高影响力者是推动网络产生裂变的关键因素，在网络中扮演关键节点的角色，对网络多元结构的形成起着关键作用。从网络位置上看，高影响力者是处于网络当中的关键节点，其中主要包括子网络中心节点和桥节点。围绕某些关键节点，微博用户聚集形成次级网络，组成微博社群，打破了原有的圈层界限。在网络当中，由于高影响力者一个节点的进入即可使得网络增加很多新的节点，而高影响力节点的丢失也会使网络损失大量节点。因此，高影响力者对网络的规模和多样性起着关键作用。爆炸式巨型网络的电影官方微博网络中出现了鲜明的小团体和子网络现象，这主要依赖于关键节点的作用。例如，表 9 中，《逆战》网络中分别以@谢霆锋 FansClub、@MrJ 台湾官方微博为子网络中心的谢霆锋粉丝子网络和周杰伦粉丝子网络，《画皮Ⅱ》网络中以@陈坤同名网站—爱坤网为子网络中心的陈坤粉丝子网络，以及《爱在那一天》网络中的武艺粉丝子网络、马里奥粉丝子网络和阚清子粉丝子网络等。

表 9　爆炸式巨型网络子网络示例

网络	子网节点数	子网络中心	中心节点人度	是否同时为桥节点
《爱在那一天》	366	@武艺全球大学团	132	否
		@武艺中文网官方微博	91	
	229	@Mario 吧官方微博	182	是
	122	@雅雅 tea-AB 家族	19	是
	56	@阚清子	58	是
《逆战》	221	@谢霆锋 FansClub	131	否
	201	@MrJ 台湾官方	230	否
	166	@华谊兄弟电影	90	否
《画皮Ⅱ》	381	@陈坤同名网站—爱坤网	40	否
	249	@梁砚	94	是
		@冯绍峰官方影迷会	51	否
	85	@特效化妆师肖进	54	是

从现实身份来看，高影响力者可能是相关的电影明星、导演等社会影响力高的现实人物。高影响力者在电影微博传播的过程中是潮流引领者、乐趣发现者。利用名人或意见领袖等高影响力者来影响他人，是一种有效的营销策略[45]。首先，对于电影而言，演员、导演、编剧等都是重要的参与者，明星、名导演、名编剧等电影的利益相关者加入传播网络后通常会带来大量的新节点。因为他们本身具有一定的粉丝基础和社会影响，在转发电影微博时能够带来一定的关注。其次，明星名人除了可以直接影响网络的形态结构外，还会间接影响网络的形成。在《逆战》网络中，周杰伦和谢霆锋并没有在微博中直接参与微博的转发及电影的宣传，但二人对网络规模、网络结构的影响力显著。一方面，二人具有非常强大的粉丝基础，因此与他们相关的微博更易受到关注并引发大量转发与讨论。另一方面，以喜欢某个明星名人为共同兴趣在微博中自发组织形成社群已经成为微博中极为常见的现象。因此，在网络结构上则会围绕各个关键节点形成一些小团体，甚至成为次级网络。

粉丝认同是粉丝之所以会受到名人明星影响的重要原因。计划行为理论解释了信息和激励对个人特定行为的影响，当人们对某一行为持积极态度，感知到对自己重要的人认为他们应该这样做，或者相信自己能够控制该行为时，他们更有可能去执行该行为[46]。根据计划行为理论，转发行为在一定程度上代表了用户对转发内容的认同，这种认同在与该电影相关明星粉丝群体的转发行为上体现得更为鲜明。明星效应与粉丝力量是营销过程中一股极其强大的力量。粉丝在"追星"的过程中获得了一定的满足，通过和信息、产品、事件以及粉丝之间的互动行为创造了价值，包括功能价值、享乐价值和心灵价值等，进而，他们通过功能价值和享乐价值的创造来获取自我认同，通过心灵价值的创造获得了超自我认同，从而对品牌产生了心灵上的归属感[47]。因此，粉丝乐于转发与偶像相关的电影微博内容。当电影微博网络在信息触达到粉丝圈子时，被有影响力的节点转发后会迅速引爆粉丝圈子，从而出现网络中的小团体现象。

当然，并非所有明星名人的转发都能带来大量的下级转发，明星效应与明星名人自身的影响力、粉丝黏度、互动内容的特点都有一定关系[48]。球形广播网络和同心圆网络中就缺乏强有力的高影响力节点，或者说，有高影响力潜力的节点没有通过合适的内容感染潜在受众。由于缺乏传染性，这两类网络无论规模大小，都会呈现出较为单一的网络结构。网络形成过程中没有发挥出社交网络的裂变潜力，通常会导致网络规模难以实现突破，营销效果不理想。

6　结论

本文关注网络结构如何提升营销微博影响力的问题，并以电影官方微博主导的电影转发网络为例开展研究。通过计算提取网络结构相关测度指标，并借助聚类分析识别了电影转发网络的不同形态结构，包括球形广播网络、同心圆传播网络、锚定生态系统网络、多点锚定的有机生态网络、爆炸式巨型网络五类网络结构。其中，爆炸式巨型网络网络结构最为复杂，影响规模最大。五类网络由集中到分散，概括了现有的以企业节点为中心的微博营销网络结构，完善了现有研究中对网络结构的分类。

进一步，研究发现爆炸式巨型网络对官方微博影响力有最强的放大效果。通过对该类网络的定性分析，探究了网络产生裂变传播的原因，分析了该类网络的形成机制。研究发现三方面因素对爆炸式巨型网络的形成起关键作用：第一，源节点影响力是网络裂变的基础。源节点影响力对于网络传播的广度有直接影响，决定了网络中心的大小，且是网络深度扩散以及裂变传播的前提。第二，内容是裂变传播的内在动力，其中经济激励的手段对于转发网络形成的意义在于扩大网络的广度，微博内容情感刺激的作用在于拉长传播链条，增加网络纵深。第三，关键节点与粉丝认同是网络裂变的关键因素。关键节点具有再次增强传播的能力，可以将电影官方微博的内容引入新的群体；粉丝的认同在这个过程中可以使网络结构更为复杂和多元。

本文的研究为企业微博营销提供了一定的启示。企业在宣传初期应打好基础，通过恰当使用激励性内容和各类活动吸引大量的关注，快速积累人气并奠定影响力。不同的微博内容对应着用户不同的微博转发动机，企业要依需求设计内容，创造和打磨恰当的内容，并警惕转发抽奖、折扣促销这类具有经济激励的互动活动带来的短时间热度假象。此外，企业要善于借助网络结构扩大营销范围和影响力，通过多种途径推动网络裂变的产生，发挥网络效应。例如，识别传播过程的关键节点，主动将有影响力的用户拉入网络，借助明星效应形成次级网络等。

本文的研究工作存在一定的局限性。首先，网络结构有着复杂的形成过程，可能还存在本文没有考虑到的其他影响因素。而且，电影微博营销不能完全代表所有类型的企业微博营销，未来还需要检验其他类型的网络。其次，虽然本文所关注的网络结构在现有的网络环境下并没有发生较大的变化，但研究数据依然具有一定的时间局限性，未来考虑在更广的时间维度上进行检验。另外，从网络动态性的角度考虑微博营销及网络营销问题也是未来的重要研究方向。

参 考 文 献

[1] Appel G，Grewal L，Hadi R，et al. The future of social media in marketing[J]. Journal of the Academy of Marketing Science，2020，48（1）：79-95.

[2] Venciūtė D. Social media marketing‐from tool to capability[J]. Management of Organizations：Systematic Research，2018，79（1）：131-145.

[3] 罗家德. 社会网分析讲义[M]. 北京：社会科学文献出版社，2005.

[4] 石文华，蔡嘉龙，绳娜，等. 探究学习与在线评论对消费者购买意愿的影响[J]. 管理科学，2020，33（3）：112-123.

[5] Nelson P. Information and consumer behavior[J]. Journal of Political Economy，1970，78（2）：311-329.

[6] Oh C，Roumani Y，Nwankpa J K，et al. Beyond likes and tweets：consumer engagement behavior and movie box office in social media[J]. Information & Management，2017，54（1）：25-37.

[7] Findlay K. The"Shape"of interaction networks on twitter[J]. International Journal of Market Research，2018，60（5）：439-462.

[8] 周静，周小宇，王汉生. 自我网络特征对电信客户流失的影响[J]. 管理科学，2017，30（5）：28-37.

[9] Dahlander L，Frederiksen L. The core and cosmopolitans：a relational view of innovation in user communities[J]. Organization Science，2012，23（4）：988-1007.

[10] 刘继，李磊. 基于微博用户转发行为的舆情信息传播模式分析[J]. 情报杂志，2013，32（7）：74-77，63.

[11] 王晰巍，文晴，赵丹，等. 新媒体环境下自然灾害舆情传播路径及网络结构研究——以新浪微博"雅安地震"话题为例[J]. 情报杂志，2018，37（2）：110-116.

[12] Borgatti S P，Everett M G. Models of core/periphery structures[J]. Social Networks，2000，21（4）：375-395.

[13] Preece J，Shneiderman B，Review T. The reader-to-leader framework：motivating technology-mediated social participation[J]. AIS Transactions on Human-Computer Interaction，2009，1（1）：13-32.

[14] Kuk G. Strategic interaction and knowledge sharing in the KDE developer mailing list[J]. Management Science，2006，52（7）：1031-1042.

[15] Watts D J，Strogatz S H. Collective dynamics of'Small-world'networks[J]. Nature，1998，393（6684）：440-442.

[16] Pentina I，Guilloux V，Micu A C. Exploring social media engagement behaviors in the context of luxury brands[J]. Journal of Advertising，2018，47（1）：55-69.

[17] Karahanna E，Xu S X，Xu Y，et al. The needs-affordances-features perspective for the use of social media[J]. MIS Quarterly，2018，42（3）：737-756.

[18] Trivedi J P，Trivedi J. The effect of viral marketing messages on consumer behaviour[J]. Journal of Management Research，2017，17（2）：84-98.

[19] Turel O，Yuan Y F，Connelly C E. In justice we trust：predicting user acceptance of E-customer services[J]. Journal of Management Information Systems，2008，24（4）：123-151.

[20] 黄敏学，王峰，谢亭亭. 口碑传播研究综述及其在网络环境下的研究初探[J]. 管理学报，2010，7（1）：138-146.

[21] Brunetti F，Confente I，Casado N S. Does social media influence business performance？The impact of relational benefits on repurchase intention and WOM[C]. 3rd European Conference on Social Media（ECSM），2016.

[22] Yan Q，Wu S，Wang L L，et al. E-WOM from e-commerce websites and social media：which will consumers adopt？[J]. Electronic Commerce Research and Applications，2016，17：62-73.

[23] Lovett M J，Peres R，Shachar R. On brands and word of mouth[J]. Journal of Marketing Research，2013，50（4）：427-444.

[24] Voyer B G，Kastanakis M N，Rhode A K. Co-creating stakeholder and brand identities：a cross-cultural consumer perspective[J]. Journal of Business Research，2017，70：399-410.

[25] Hartmann W R，Manchanda P，Nair H，et al. Modeling social interactions：identification，empirical methods and policy implications[J]. Marketing Letters，2008，19（3）：287-304.

[26] Hogan J E，Lemon K N，Libai B. Quantifying the ripple：word-of-mouth and advertising effectiveness[J]. Journal of

Advertising Research，2004，44（3）：271-280.

[27]　Huang M X，Cai F Y，Tsang A S L，et al. Making your online voice loud：the critical role of WOM information[J]. European Journal of Marketing，2011，45（7-8）：1277-1297.

[28]　Carpenter M A，Li M X，Jiang H. Social network research in organizational contexts：a systematic review of methodological issues and choices[J]. Journal of Management，2012，38（4）：1328-1361.

[29]　Cartwright S，Davies I，Archer-Brown C. Managing relationships on social media in business-to-business organisations[J]. Journal of Business Research，2021，125：120-134.

[30]　Li S Y，Liu Z X，Li Y L. Temporal and spatial evolution of online public sentiment on emergencies[J]. Information Processing & Management，2020，57（2）：102177.

[31]　Zhao Y，Qi N N，Li L Y，et al. How do knowledge diversity and ego-network structures affect firms' sustainable innovation：evidence from alliance innovation networks of China's new energy industries[J]. Journal of Knowledge Management，2022，27（3）.

[32]　Li W M，Li Y Q，Liu W，et al. An influence maximization method based on crowd emotion under an emotion-based attribute social network[J]. Information Processing & Management，2022，59（2）：102818.

[33]　Cha M，Haddadi H，Benevenuto F，et al. Measuring user influence in Twitter：the million follower fallacy[J]. Proceedings of the International AAAI Conference on Web and Social Media，2010，4（1）：10-17.

[34]　杜洪涛，孟庆国，王君泽. 基于社会网络分析的微博社区网络结构及传播特性研究[J]. 情报学报，2016，35（8）：838-847.

[35]　Blondel V D，Guillaume J L，Lambiotte R，et al. Fast unfolding of communities in large networks[J]. Journal of Statistical Mechanics：Theory and Experiment，2008，（10）：P10008.

[36]　Lambiotte R，Delvenne J C，Barahona M. Random walks，Markov processes and the multiscale modular organization of complex networks[J]. IEEE Transactions on Network Science and Engineering，2014，1（2）：76-90.

[37]　刘超，高凤凤，张梦婉，等. 中国金融市场风险溢出效应、冲击效应与风险预警研究[J]. 中国管理科学，2021，1-14.

[38]　李航. 统计学习方法[M].2 版. 北京：清华大学出版社，2019.

[39]　Hasford J，Hardesty D M，Kidwell B. More than a feeling：emotional contagion effects in persuasive communication[J]. Journal of Marketing Research，2015，52（6）：836-847.

[40]　Kellaris J J，Kent R J. An exploratory investigation of responses elicited by music varying in tempo，tonality，and texture[J]. Journal of Consumer Psychology，1993，2（4）：381-401.

[41]　Garretson J A，Burton S. The role of spokescharacters as advertisement and package cues in integrated marketing communications[J]. Journal of Marketing，2005，69（4）：118-132.

[42]　Hagtvedt H，Patrick V M. Art infusion：the influence of visual art on the perception and evaluation of consumer products[J]. Journal of Marketing Research，2008，45（3）：379-389.

[43]　Hatfield E，Cacioppo J T，Rapson R L. Emotional contagion[J]. Current Directions in Psychological Science，1993，2（3）：96-100.

[44]　Lee Burton J，Mueller K M，Gollins J，et al. The impact of airing super bowl television ads early on social media[J]. Journal of Advertising Research，2019，59（4）：391-401.

[45]　Knoll J，Matthes J. The effectiveness of celebrity endorsements：a meta-analysis[J]. Journal of the Academy of Marketing Science，2017，45（1）：55-75.

[46]　Ajzen I. The theory of planned behavior[J]. Organizational Behavior and Human Decision Processes，1991，50（2）：179-211.

[47]　靳代平，王新新，姚鹏. 品牌粉丝因何而狂热？——基于内部人视角的扎根研究[J]. 管理世界，2016，（9）：102-119.

[48]　龚诗阳，李倩，姜博，等. 叫座却不叫好：明星效应对网络口碑的影响[J]. 管理科学，2020，33（2）：114-126.

附　录

附表 A　爆炸式巨型网络经济激励类微博内容示例

网络	内容	转发次数
《爱在那一天》	电影爱在那一天：我发起了活动"晒电影《爱在那一天》电影票根有奖啦"，#爱在那一天#，推荐您来参加！@北角映画	21
	电影爱在那一天：[转发]晒电影《爱在那一天》电影票根有奖啦，这个活动推荐给大家。	15
《逆战》	逆战：活动进入倒计时阶段。倒计时了哦。马上就结束了哦!!!! 还有握着票根没有晒的么……机不可失时不再来哦～～～～	40
	逆战：也许你只是为了其中的一个角色走进影院，末了却收获了一众角色带来的感动，每个用心演绎的角色都能走进观众的感情世界，这就是一部好影片的能量。皮埃斯：晒票根赢公仔的活动正在进行中～筒子们[1]晒起来哦～	39
	逆战：万飞弟弟改跳芭蕾了么～～想得到公仔的记得按要求参加活动哦～～	36
	逆战：没有比"绑架亲友"组团神马[2]再让人兴奋滴了[好得意]~也没有比一遍一遍进影院再让人感动滴了[飙泪中]~[变花]皮埃斯：虽然上班族苦难的日子就要开始了，但是欢乐的晒票根公仔活动正在进行中～@逆战发表微影评	12
	逆战：很多不知道有活动的亲~官博无力再转一次。下一个开奖的就是#兄弟你还好吗#注意看右边的参加要求//@逆战：活动进入倒计时阶段。倒计时了哦。马上就结束了哦!!!! 记得一定要符合要求。关注@逆战. 使用#兄弟你还好吗#【发表微博】（这个很重要哦很多亲在原微博下评论都是不符合的哦）并@逆战	11
《画皮 II 》	电影画皮 2：【#画皮 2 一句话#】说出你所理解的命惑与心结。很多童鞋[3]观影后都有不同的理解！在回味这部精彩绝伦的电影同时，也来一同分享你所理解的命惑与心结吧！为了回馈童鞋们的热情，皮皮今天准备了三样礼品哦～～	471
	电影画皮 2：【#画皮 2 一句话#】说出你认为做人好还是当妖的理由。每个人都有想当妖的愿望，每个妖都有做人的憧憬。童鞋们也充分地说出自己的理解吧！皮皮感谢几天来一直关注活动的盆友[4]，请大家继续支持今天的活动。接下来皮皮还会送出更多的礼品哦。今天的礼品是面具徽章和钥匙链哦！	262
	电影画皮 2：【#画皮 2 一句话#】『画皮 II 』很多童鞋已经观赏过了！通过昨天的活动皮皮发现大家记忆力都超好。今天咱们继续来做活动回馈咱无敌给力的亲们，皮皮向大家有奖征集"『画皮 II 』一句话讲述你的爱情"，一起回味这部精彩绝伦的电影同时来分享你的爱情世界吧！今天的奖品是咱雀儿的 18k 包金吊坠哦～	225

附表 B　《给野兽献花》球形广播网络经济激励类内容示例

分类	内容示例	转发次数
转发并@好友抽奖	#给野兽献花#11.16 野兽档上映在即～关注@给野兽献花转发此微博并@2 位好友，就有机会获得剧中明星签名剧照一张！让我们一起，祝#给野兽献花#票房大卖～让用心的好电影可以被更多人看到～～[好激动]	147
晒票根抽奖活动	# 您给野兽献花，我们给您送 iPad mini#史上最给力晒票根活动来啦!! 只要您拍下电影《给野兽献花》票根，加#给野兽献花晒票根#关键字上传至微博，并@给野兽献花，即有机会获得 iPad mini 一台!! 首次活动院线与官微将联合送出 999 台，999 台哟!! 还等什么呢？！奔影院，看给野兽献花，得 Apple 大礼吧！	100
微博抢票活动	#给野兽献花#微博抢票行动闪电进行中！不仅有免费电影票，更有美女现场赠鲜花～～以下为部分杭州区作战单位的微博及抢票地址～野兽们，动起来吧[奥特曼]@杭州比高电影城 BINGO，@卢米埃杭州银泰影城，其他城市、影院陆续公布中，敬请期待!!	72
微博抢票活动	#给野兽献花#抢票行动进行中！以下为部分沈阳区作战单位的抢票地址～野兽们，动起来吧[奥特曼]@CGV 希界维国际影城中街店，@辽宁沈阳耀莱成龙影城，@美嘉欢乐影城沈阳店，有欢乐的电影，有美丽的鲜花，还不动起来？[好激动]	48

---

① 筒子们，网络词语，"同志们"的谐音。

② 神马，网络词语，"什么"的谐音。

③ 童鞋，在网络用语中指"同学"。

④ 盆友，网络词语，指"朋友"。

附表 C　爆炸式巨型网络情感刺激类微博内容示例

情感极性	内容特点	内容文本	转发量
消极	悲伤	电影画皮 2：【#经典台词#】——"五百年前，我爱过一个人，一心想要跟他在一起。他说他爱我，我相信了……"人有心，却往往做着无心的事；而妖无心，竟能如此为爱执着！	249
消极	悲伤	电影画皮 2：【#经典台词#】——"你要做人，把我的心给你，我心甘情愿，请你把靖儿的心还给她，让她活下去……如果一个人不求回报地对你，那他一定是真的爱你！是否在一起并不重要，重要的是，我不在的时候，替我照顾好你自己，好吗？	162
消极	悲壮	逆战：惨烈写实的影像背后总涌动着回归家庭的殷殷情怀，孜孜探求灰暗人物情法对峙的善恶交锋与情感变迁。枪火中的诗意充满悲恸。	57
消极	沉重	逆战："突然变得成熟、深沉，特富有男人味；他所演绎出的那种火山喷发般的炽热情感，哀婉感人至深！"默默转走~[抱枕]	55
消极	感动	逆战：当电影最后的那句"你哥呢"说出口的一刻……电影院里一定很多人在找纸巾……是吧是吧……	224
消极	共鸣	逆战：多少人记住了这段旁白，记住了这段属于万飞的内心世界……	187
消极	互动	电影爱在那一天：【#中国版初恋这件小事#@电影爱在那一天 台词】在电影里，当阿伦知道小马要离开只会留下小雅一个人时气愤地说："我可以给她唱歌，我可以逗她开心，我可以永远陪着她，你能吗？"说说看，你能承受的爱情距离是多远？[可爱]@武艺	154
中性	互动	电影爱在那一天：【#中国版初恋这件小事#@电影爱在那一天 台词】"到底是找一个爱自己的人，还是选择一个自己爱的人，大家觉得呢？我想说的是，每一个人都有资格说喜欢，但并不是每一个人都可以选择陪你一生"——阿伦，你的同学知道这是出自谁的经典台词吗？[挤眼]	100
中性	责任	逆战：如果大家遇到手写票，或者非《逆战》票的问题，请提出抗议，同时欢迎在微博上告诉我们。目前，国家相关部门也对"偷票房"问题很重视，这一问题的解决有赖于全体电影人和影迷的共同努力，希望大家一如既往地关心中国电影市场，支持中国电影事业！	195
积极	坚持	逆战：林导的电影往往很沉重，《逆战》也不例外。人很渺小，命运总是真枪实弹，从不开玩笑。我们都必须不停地战斗。	72
积极	敬意	电影画皮 2：一部精彩的电影背后，是由一群鲜活的个体共同完成。而『画皮Ⅱ』背后，是平均每天 550 位工作人员夜以继日的辛苦付出。在电影上映获得优秀分数的今天，让我们一起向这些可爱的工作人员致敬！『画皮Ⅱ』550 计划已悄然启动，敬请关注 #值得尊重的画皮 2#访谈系列！！	317
积极	认同	逆战：《逆战》"真枪实弹，拳拳到肉"，动作戏之精彩可不是盖的，希望得到大家的认可。[酷]	62
积极	认同	逆战：《逆战》不可能让所有观众都满意，动作片本来就只有一个固有受众群。《逆战》，就是一部纯粹的动作片。为信念而战！这是影片的核心。这是种非常感染我的精神力量。我流了三次眼泪，这种感觉，我会记在心里。电影，多美妙！	111
积极	调皮	电影爱在那一天：[话筒]虽然被称为酱油娃，可小 P 从来没有忘记过给电影《爱在那一天》加油哦！	1179
积极	调皮	电影爱在那一天：[抱抱]海军蓝条风很抢眼，有没有！	171
积极	自豪	逆战：踏入龙年，《逆战》走势持续强劲。继大年初一内地票房突破 6000 万人民币之后，在香港上映 5 天收 860 万，加上在东南亚及北美等地的票房佳绩，截至昨日，《逆战》各地总票房已顺利冲破亿元大关。@林超贤导演轻松挺进亿元导演俱乐部！[擂鼓][变花]	165
积极	自豪	电影画皮 2：11 天，完爆华语电影 11 项纪录，分别是：零点点映票房——600 万，首日票房纪录——7000 万，单日票房纪录——9000 万，最快破两亿纪录——3 天，最快破三亿——4 天，最快破四亿——7 天，最快破五亿——11 天，首周最高——3 亿，单周最高——3 亿，内地电影香港首日纪录——78 万，首周打入国际票房总排名——第四名。	232
积极	自豪	电影画皮 2：【#画皮 2 捷报#】——3D 魔幻巨制『画皮Ⅱ』首映当日即狂收 7000 万元（含零点），这一票房创造了华语片内地首日和单日票房新纪录。在内地电影史上，仅次于《变形金刚 3》（10 230 万）、《泰坦尼克号》（3D 版，7300 万），位列第三！	353

To Be a Loudspeaker: the Structure of Film Microblog Forwarding Networks

ZHANG Minghua[1] , YAN Wei[2]

(1.Business School，Renmin University of China，Beijing 100872，China；

2. School of Economics and Management，Communication University of China，Beijing 100024，China)

Abstract Social networks play an important role in the marketing of experience goods, such as films. The structure of social networks is different to a large extent，which is not well explored by existing studies，leading to insufficient guidance for social network marketing in practice. Therefore，this study combines qualitative and quantitative analysis to probe into the structure of film microblog forwarding networks dominated by the official microblog of a film to explore how to improve the influence of marketing microblog. First, through the clustering analysis of network structure，five categories of film microblog forwarding network structure are identified, which is from concentration to dispersion. One category has the most significant influence on the official microblog，named explosive giant networks. Then，the study conducts a qualitative analysis to further analyze this new category，in terms of the cause of network fission and the formation mechanism of the network structure. Based on this, the study finds three key causes：source node，content，key node and fan identity，which provides practical guidance for enterprise microblog marketing.

Keywords Films, Microblog marketing, Network structure, Cluster analysis, Network fission

作者简介

张明华（1995—），女，中国人民大学商学院博士生，山东潍坊人，研究方向为数字媒体、商业数据分析等。E-mail：zhangminghua@ruc.edu.cn。

严威（1979—），男，中国传媒大学经济与管理学院教授，山东济宁人，研究方向为智能媒体分析、数字化转型。E-mail：yanwei@cuc.edu.cn。

新一代信息技术对创新绩效和企业财务绩效的影响——基于上市制造业企业的实证

贾琳　李帅圻

（北京理工大学管理与经济学院，北京 100081）

摘　要　新一代信息技术迅速发展的背景下，我国制造业正处于数字化转型阶段。在对新一代信息技术进行大量投资的过程中，企业对新一代信息技术的关注度必然会对创新绩效以及企业财务绩效产生影响。针对这种影响，本文以 2013—2019 年 1973 家中国上市制造业企业的数据为样本，基于动态能力视角研究企业新一代信息技术关注度对其创新绩效和财务绩效的影响。研究发现，新一代信息技术关注度与创新绩效和企业财务绩效之间均存在倒"U"形关系，内部控制可以帮助企业更好地利用新一代信息技术提升创新绩效。此外，创新绩效在新一代信息技术关注度与企业财务绩效的倒"U"形关系中起到了中介传导作用。研究结论建议企业对新一代信息技术应进行适度的关注和使用，并且可以通过提升内部控制水平等方式帮助企业更好地通过新一代信息技术提升创新绩效和企业财务绩效。

关键词　动态能力，新一代信息技术，内部控制，创新绩效，企业财务绩效

中图分类号　F272

1　引言

制造业企业绩效的提高不仅可以为企业带来更多的收入，而且可以为国家现阶段诸多重点工程提供重要保障，为我国争取早日掌握敏感核心技术提供帮助与支持。在此过程中，制造业数字化转型的重要性不言而喻。新一代信息技术（new-generation information technology，NGIT）与实体经济的融合可以更好地赋能传统产业的转型升级。在此背景下，制造业企业在寻求提升创新绩效以及经营绩效的过程中越来越重视大数据、云计算等重要概念及新一代信息技术的引入。从国家现代化战略的角度来看，制造业的信息化水平将直接影响我国实现工业化和现代化战略目标的进程[1]。因此，制造业企业对新一代信息技术的关注度将代表着企业接纳或使用这些先进技术的意愿，其不仅可以在微观上影响企业的创新绩效和财务绩效，在宏观上也将推动我国的产业现代化进程。

在此背景下，企业更加注重信息技术及其价值的产生机理，希望通过使用信息技术获取其所带来的有形价值和无形价值。信息技术是用于管理和处理信息所采用的技术的总称，因使用这种技术而产生的价值被称为信息技术价值。在通过信息技术获取信息技术价值的过程中，不同企业对新一代信息技术的关注程度也是不同的。企业通过上市公司年报等文本信息，反映其对于新一代信息技术概念的关注度，经常提及相关概念的企业就拥有较高的关注度，反之则较低。这种关注度在语义学上被证明会通过词汇语言所映射。这种关注度会影响企业对信息技术的使用，以及如何更好地使用信息技术以产生更多价值的过程，这种过程也就进一步影响了企业的绩效。

通信作者：李帅圻，北京理工大学管理与经济学院，硕士研究生，E-mail：3120221600@bit.edu.cn。

已有文献对信息技术与企业创新绩效关系的研究存在一些不同的发现。部分研究认为信息技术可以正向影响创新绩效。其中，新一代信息技术投资对我国制造业和中小企业创新绩效的促进作用，均已得到了证明[2, 3]。国外有研究者从协调获取外部知识战略与特定信息技术投资的角度阐述了信息技术对创新绩效的正向作用[4]。然而，也有部分研究者发现过度关注信息技术投资对绩效的提升可能存在负面影响。Tallon 提出企业在进行信息技术投资的过程当中会产生与数据管理相关的较高成本[5]。换言之，对信息技术产生过度的关注或是投资意味着企业将要改变其资源分配以适应市场的变化，进而产生动态调整成本[6]。Karhade 和 Dong 的研究就利用动态调整成本理论阐述了信息技术投资与创新绩效之间存在的倒 "U" 形关系，以说明过度关注信息技术投资对企业创新绩效的负面影响[7]。综合以上研究发现，本文认为出现不同结论的原因可能在于：第一，信息技术与创新绩效之间的关系本身可能是非线性的；第二，两者之间的关系可能会受到一些因素的调节作用。

首先对于非线性关系，除上述研究中所提到的过度信息技术投资行为可能为企业带来动态调整成本外，对信息技术的过度关注和依赖可能会导致信息崇拜（information cult）现象发生。信息崇拜是指过度放大信息的价值，并对其产生过高期望，最终使其无法承担过多的任务和功能[8]。新一代信息技术正成为目前诸多行业的关注热点，相较于十多年前，企业对新一代信息技术的过度关注和依赖仍旧可能造成一定程度的信息崇拜，该现象可能会进一步导致信息异化（information alienation）[8]。信息异化的典型表现包括信息过载（information overload），过多信息造成的混乱干扰了人与自然的原本联系，后果就是企业需要付出更多的时间和代价以适应当前社会的信息节奏[9]，从而造成了信息无序化与熵增现象。其中，企业适应社会节奏这一行为，具体来看是企业通过内部资源整合、构建以及重新配置等手段使其仍旧在市场上保持竞争力，以应对外界快速变化的环境。这种能力称为动态能力，随后发展为动态能力理论。动态能力理论与信息技术关系密切，信息技术本身不能为企业直接提供收益，而是需要通过提升这种动态能力从而帮助企业在快速应对环境变化的过程中获得更多收益。

然而，从动态能力理论的视角来看，尽管信息技术的使用可以帮助企业更好地提升信息整合能力[10]，但对信息技术过度关注所造成的信息过载，即当信息量超过企业自身所能够处理和分析的能力范围时，就会损害到企业的创新[11]。因此，从关注度的角度来看，过度地关注信息技术并不一定会提升企业的创新绩效，反而可能因信息过载等现象的发生降低信息技术对创新绩效的正向提升作用。目前研究中对信息技术关注度这一概念及其对企业财务绩效以及创新绩效作用的研究数量较少，以信息过载和动态能力为视角叙述信息技术对企业财务绩效作用的机理，尚未形成经验性证据。

对于可能存在的调节作用，企业的信息技术关注度对创新绩效的作用与其内部管理机制有着很大的联系。内部控制可以通过具有一定目的性的动态过程达到相应的既定目标[12]。在创新活动的过程中，企业需要对其所涉及的计划、投资以及人员调度等因素进行一定的管理和控制。国内有研究表明企业建立先进的内部控制体系并提升内部控制水平有助于提升企业的运转效率[13]，可以帮助企业更加有效地利用信息对自身进行高质量的变革和创新[14]。因此，提升内部控制水平也有助于企业更好地处理内部信息无序化的问题，在提升企业信息整合能力和信息处理能力[14, 15]的同时帮助企业更高效地适应当前社会的信息节奏。目前已有诸多成熟的研究发现了内部控制在研发投入[16, 17]、战略变革程度[18]等方面与创新绩效关系之间的调节作用，但尚缺乏内部控制在新一代信息技术关注度与创新绩效关系之间调节作用的相关研究。

本文通过提取上市制造业企业公开年报中关键词的词频得到企业对新一代信息技术的关注程度，探讨新一代信息技术关注度对创新绩效以及企业财务绩效的影响。从信息过载和企业动态能力的角度阐述过度关注新一代信息技术对绩效的负向影响，并结合内部控制相关理论，分析内部控制在新一代信息技术关注度与创新绩效关系间的正向调节作用，得到相应的理论框架后通过实证分析验证假设。实证结果表明，新一代信息技术关注度与创新绩效和企业财务绩效之间均存在倒 "U" 形关系，新一代信息技术关注度对创新绩效的正向作用受到内部控制的正向调节。除此之外，创新绩效对新一代信息技术关注度与企业财务绩效之间的倒 "U" 形关系具有中介效应。本文可能带来的潜在理论价值主要在于从动态能力视角为企业内部在新一代信息技术时代对其绩效的诸多影响机制提供了解释，丰富了动态能力理论的研究内容。实践价值方面，企业可以参考本文的研究结论，加强自身审视，在进行数字化转型的过程中合理利用好新一代信息技术，调整依赖程度，以防止信息过载所带来的负面影响。

本文后续的文章结构如下：第二部分是理论基础与研究假设；第三部分是研究设计；第四部分是数据分析与结果；最后是本文的结论。

2　理论基础与研究假设

2.1　理论基础

2.1.1　信息技术价值

信息技术价值（information technology value）衡量信息资源和企业绩效之间的相互关系，其可以分为三类：可用于测量绩效增加程度的有形价值、无法测量的无形价值以及可以给组织内部带来变化的中性价值[19]。目前有关于信息技术价值的研究及发现聚焦于如何通过不同的方法衡量不同企业的信息技术价值[20, 21]以及其对企业绩效的正向作用[19, 22]等。在针对新一代信息技术价值层面的研究中，以云计算为例，目前相关内容的研究通过各种理论和路径来阐述云计算所创造的价值及其产生过程和机理[23]。

在诸多以信息技术价值为主题的研究中，有相当一部分文献结合资源基础观（resource based view）和动态能力（dynamic capability）理论说明了信息技术价值对企业的正向作用。首先，资源基础观认为企业是一系列资源的集合体[24]。新一代信息技术作为企业的一种资源，其本身能够转变为本质是动态能力的一种信息技术能力[10]。动态能力在较为权威的研究中被定义为公司整合、建立和重置内外部环境以快速应对环境变化的能力，是一种更高层次的动态技术变革能力[10, 25]。因此，动态能力反映了一个组织在给定的路径依赖性和市场地位的情况下，面对变化环境时通过自身调整这一途径进行创新的能力，这种能力将成为企业的一种竞争优势[26]。

如今，市场环境变化快而复杂。加之新一代信息技术的不断产生，更是要求企业在市场环境中随时调整、把握机会。因此，新一代信息技术不断产生和更新的背景可以被看作一种企业技术的 "环境动态性"，这种环境背景下需要企业能够基于新一代信息技术把握好市场变化。企业技术创新动态能力的变革目标可以总结为改变企业的运作惯例和活动[27, 28]，此时企业拥有的信息整合能力不仅可以帮助企业更好地适应变化的环境，还可以从根本上提高其自身适应市场的能力[10]。因此，由以整合能力为核心的多种能力构成的动态能力可以通过相应的路径提升企业的创新绩效和财务绩效[25, 29-31]。

然而，对新一代信息技术的关注和使用可能并非多多益善。对信息技术过度关注和依赖导致信息崇拜，进一步引发信息异化和信息过载。信息异化是指人们创造的信息反过来变为支配、统治和控制人的力量[9]，而信息异化又具体表现在包括信息过载在内的诸多形式上。其中，信息过载现象的发生特别值得注意，这一现象是指企业在面对大量信息的环境下，其需要处理的信息量大于信息加工的能力，例如企业在大量投资信息技术的过程中，高成本的数据管理将会导致信息过载[7]。从行为角度切入的诸多研究表明，信息技术的使用可能会导致信息过载和技术压力，损害企业的创新[11]。也就是说尽管先进的信息技术可以帮助企业获取一定数量的信息，但同时仍旧需要相应的信息处理能力作为支撑，以减少大量信息给企业带来的技术压力。这种信息处理的转换能力，同样可以视为一种动态能力[32]。

显然，获取信息和处理信息的概念是不同的，两者在时间顺序上也存在着"一先一后"的逻辑关系。对于企业，新一代信息技术是一种资源。而企业对于新一代信息技术的关注则可以类比为一种"注意力资源"。信息过载在加速对注意力资源损耗的同时会损害注意力资源的利用效率[33]，当信息过载的现象发生时，企业对信息的处理效率将会下降，即信息处理能力下降。从"资源-能力-绩效"这一研究范式来看，信息持续过载，将会损害企业的绩效。

结合资源基础观、动态能力理论、信息过载理论与注意力资源理论，本文提出新一代信息技术与绩效之间可能存在两条关系路径：首先，增加新一代信息技术的关注和使用可视为增加了企业的"注意力资源"，可以提升企业的信息整合能力，进而提升企业的绩效；其次，对新一代信息技术产生过度的关注导致获取信息量的增加，而企业的信息处理能力却"没跟上"，于是就出现了信息过载的现象。此时，因信息过载而带来的注意力资源损耗和效率下降将损害企业的信息处理能力，进而损害企业的绩效。

2.1.2　内部控制与动态能力

内部控制理论最早起源于制度设计与审计方面，随后的制度重点放在了杜绝公司内部舞弊及贿赂行为上。进入 21 世纪后，内部控制理论更加全面地强调了内部责任、内控与企业经营管理的结合、内控动态进程、人在其中的重要性以及相应风险意识等。在企业内部，信息技术和信息系统的使用与内部控制水平之间存在紧密联系。因为信息系统在处理企业内部信息的同时也可以有效利用外部活动信息及环境信息，与动态能力要素紧密相关[12]。

企业内部的组织能力、知识和资源的积累整合可以帮助企业降低管理成本，提高管理效率和效益，形成竞争优势。企业内部系统的管理制度则能够帮助企业更好地在变化的环境中整合资源，进而获得更多收益[15, 24, 34, 35]。从提升企业信息整合效率的角度来看，内部控制水平的提高可以进一步提升企业信息整合效率，加强企业信息整合能力对企业财务绩效的正向影响。从减轻信息过载现象和提升企业信息处理能力的角度来看，应对信息过载的方法包括有效的信息可视化、对信息进行合理的分类以及协同过滤等[11]。由此，内部控制水平的提高还可以减少信息过载所带来的负面影响。具体表现在帮助企业更有效、更安全地应用大量信息，提升企业的信息处理能力[14, 36]，进而减少信息过载对信息处理效率的损害，同时也就降低了其对企业财务绩效的负面影响。总之，提高内部控制水平可以提高企业内部信息整合效率和处理效率，加强新一代信息技术关注度对创新绩效以及企业财务绩效的正向作用，减轻信息过载所带来的负面影响。

2.2　研究假设

2.2.1　新一代信息技术关注度与创新绩效的非线性关系

信息技术投资是企业对信息技术关注度的一种体现，但并不直接等同于企业对信息技术的关注度。相比信息技术投资行为本身，信息技术关注度可以被认为是一种主观意愿，所受的影响因素较信息技术投资更少。企业高管的主观态度，即可以认为是对信息技术的关注度，决定着企业的信息技术投资[37]。而信息技术投资还会受到其他方面的影响，例如政府补助可以通过债权融资的形式促进上市公司提高创新投资[38]，然而此举会减少企业创新的自主投资[39]。因此，可以认为代表主观意愿和态度的信息技术关注度和信息技术投资在概念上有一定的区别。基于此，本文将从关注度这一角度出发，阐述新一代信息技术关注度对企业的影响。

信息技术投资对创新绩效的正向促进作用已经在诸多研究中得到了证明。国内有研究利用问卷和访谈等方式进行分析后发现制造业企业中的先进信息技术引入对企业的多种创新都有着积极的影响[34]。国外的诸多研究也对这个正向关系进行了多个角度的阐述[4, 40, 41]。对于信息技术关注度相对较低的企业，对信息技术进行投资显然可以带来更多直接的好处。首先，从信息获取和整合的角度来看，企业信息化是一种利用信息技术实现资源高效整合与集成化的管理过程，更是提升企业管理效率和及时获取外部市场信息的有效手段[42]。对信息技术适度的关注可以进一步完善企业信息化水平，增强企业的信息整合能力。与此同时，信息化水平的提升帮助企业获取更多信息的同时还帮助企业更充分地利用外部资源并不断提升其自身的信息获取能力，可以刺激企业内部增加更多的创新投入[43]，进而提升企业的创新绩效。其次，从企业生产的微观层面来看，新一代信息技术可以直接提升企业的生产效率[44]，赋能企业的创新产出。最后，从企业获得的福利和利润角度来看，企业在享受到信息化创新溢出所带来的高额利润等利好后，研发和生产部门会不断开发新的信息技术以满足更高的信息技术需求，加强自身的信息获取能力和整合能力，从而持续提升部分企业部门的创新效率[45]。

动态调整成本理论解释了过度信息技术投资对创新绩效的负面影响。对信息技术进行过度投资会带来更多处理信息的压力，增加更新或维护信息技术系统的成本，甚至是直接干扰到创新活动中的若干环节[7]。如前文所述，对信息技术的过度关注和依赖会造成信息异化和信息过载[8, 9]。信息技术企业在推广新一代信息技术等相关概念的过程中也会包含部分炒作的成分，若盲目跟从热度，趋之若鹜般地追求海量的数据却并不加以妥善分析和处理，可能会适得其反。对信息的过度崇拜和依赖所造成的信息异化，其本质包括信息无序化和无序暴涨的信息量所造成的信息过载[9]。有关于信息过载的实证研究结果表明决策绩效与信息量之间存在倒 "U" 形关系[46]，这种因过多信息量所带来的信息过载现象对个体决策以及群体决策方面均会造成损害。个体决策方面，有研究发现投资者判断的准确性在面对海量的投资信息时将会下降[47]。群体决策方面，信息过载会破坏组织的人际沟通，令其无法充分发挥群体成员的合力，最终对群体决策造成损害[33]。决策的质量正向影响着企业的创新绩效[48]，而动态能力的积累以及作用则是战略决策的结果[49]。因此，信息过载在损害决策的同时也会伤害到企业动态能力的积累过程。综上，对新一代信息技术产生过度关注可能会通过信息过载这一路径损害到决策质量，从而影响并损害企业动态能力的积累，进而降低企业的创新绩效。新一代信息技术包含大数据这一热点技术，大数据会为企业带来巨大量级的参考资料。尽管目前已有很多较为先进的数据处理技术，但在大数据时代这一现象仍旧会给用户带来部分数据过载的问题[50]。基于此，本文认为当对新一代信息技术产生过度关注甚至是依赖时，将负向影响企业的创新绩效。

结合新一代信息技术关注度对创新绩效的正向作用，以及过度关注新一代信息技术对创新绩效存在负面影响的路径分析，本文提出如下假设。

H1：新一代信息技术关注度与企业创新绩效之间存在倒 "U" 形关系。

2.2.2　内部控制的正向调节作用

创新活动往往意味着具有一定的投入和风险，企业需要对创新活动的细节进行一定的管理和控制。内部控制具有一定的目的性，为达成某种或某些目标而实施[12]。在这种定义下，创新就可以被视为一种企业目标。因此，创新活动往往需要企业内部控制所制定的制度来管理。一个合理的内部控制制度可以帮助企业更好地治理企业，令企业顺畅运行的同时提升企业的绩效水平。

内部控制对企业的生存和发展具有重要意义[51]。张娟和黄志忠发现内部控制可以提升公司业绩[52]。张正勇和谢金从企业的不同集权程度、不同产权性质等角度研究了内部控制对公司价值的正向影响[53]。李万福等在研究中认为加强企业内部控制可以提高企业的运转效率和投资效率，同时还是促进中国经济平稳发展的重要途径[13]。

研发过程中各部门需要遵守企业内部的规章制度。从管理机制来看，内部控制影响着创新绩效甚至是企业的财务绩效，而信息技术可以将企业内部各因素进行合理整合后，帮助企业提升组织能力[34]。信息异化现象的表现也包括信息安全问题[9]，控制环境和监督企业的活动要素是组织有效管理网络风险的基础。因此，内部控制可以帮助企业更加有效地、安全地利用信息，减少信息异化和过载的现象[14,36]，从而帮助企业利用新一代信息技术进行真正的变革和创新，提升企业的创新绩效。基于此，本文提出如下假设。

H2：内部控制正向调节新一代信息技术关注度与企业创新绩效之间的正向作用。

2.3　企业创新绩效的中介作用

如何持续提升企业的财务绩效和企业价值是管理者所要面对的重要问题之一。已有多个国内外研究采用不同的方法，从不同角度证明了创新产出和绩效对企业财务绩效的正向影响[54]。国外有研究者发现研发和专利创新有助于提升企业的经营业绩和未来的收益水平[55,56]，国内研究也得到了类似的结论[57,58]。

在激烈的市场竞争环境中，创新是企业获得竞争地位、谋求生存发展的必然途径[59]。对于制造业企业来说，在通过创新行为持续提升自身创新水平和绩效的过程中，其可以通过创新降低制造成本，优化制造流程等方式影响企业财务绩效，还可以通过提升制造水平和产品质量以进一步增加自身的营业收入，从而直接影响财务绩效。

从信息技术的投资行为出发，对信息技术投入更多的关注并加大投资，提升信息化投入水平会提高企业的竞争优势[60]，从而提升企业的财务绩效、盈利能力以及市场价值[61,62]。对信息技术的关注度最直观的体现就是增加信息技术投资，其可以最直接地体现出企业对信息技术这一概念的关注。因此，创新绩效在企业利用信息技术提升财务绩效的过程中可能起到了部分中介作用，使得信息技术关注度与企业财务绩效之间同样存在倒"U"形关系。结合以上信息技术提升企业财务绩效的理论阐述，本文提出如下假设。

H3：新一代信息技术关注度与企业财务绩效之间存在倒"U"形关系。

H4：创新绩效对新一代信息技术关注度与企业财务绩效之间的倒"U"形关系具有中介效应，即新一代信息技术关注度通过与创新绩效之间的倒"U"形效应形成了其与企业财务绩效之间的倒"U"形关系。

根据以上假设，本文的研究模型和假设如图1所示。

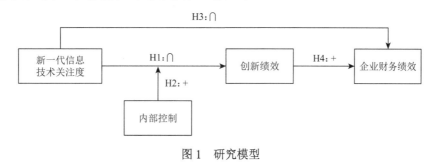

图 1　研究模型

3　研究设计

3.1　数据来源与样本

本文收集 2013—2019 年上市制造业企业的数据作为研究样本，并根据以下原则进行数据筛选：①剔除上述期间被 ST 或*ST 过的企业；②剔除主要变量有数据缺失的样本。最终确定 1973 家样本企业，共 10 000 个观测值。本文的原始数据主要来自国泰安数据库、万得（Wind）数据库；专利数据来自中国研究数据服务平台；上市公司年报的词频数据来自文构（WinGo）财经文本数据平台；内部控制的数据来自迪博（DIB）内部控制与风险管理数据库；其余部分虚拟变量数据来自自行整理。

3.2　变量度量

3.2.1　企业财务绩效

现有研究中用来测度企业财务绩效的主要指标有资产收益率（return on assets，ROA）和托宾 Q 值（Tobin's Q）等。企业财务绩效除反映企业的盈利能力外，还与未来的经营业绩相关。本文选用托宾 Q 值衡量企业财务绩效，原因在于国内外部分以信息技术和企业财务绩效为主要研究内容的文章认为托宾 Q 值能更加准确地反映企业财务绩效，且使用更加广泛[62, 63]。除此之外，托宾 Q 值还被认为是一种代表企业成长性的重要财务指标[64]，其所代表的企业未来业绩以及成长前景的含义在本文中更为适用。为减少极端值以及数据右偏分布的影响，对托宾 Q 值（TQ）的 1%和 99%百分位分别进行缩尾处理（winsorize）后再取对数[52, 53]。

3.2.2　企业创新绩效

本文使用企业专利申请数作为创新绩效的度量。主要原因在于：①专利与科技进步有着很大的关联性[54]，想要从科技进步的角度来阐述企业的创新绩效，使用专利数较为合理；②专利技术可能在申请过程中就已经开始对企业财务绩效产生影响，因此与专利授权量相比，专利申请数会更加稳定、可靠和及时[65]；③专利数据所包含的信息可信度高，且更加易得。目前几乎没有其他指标可以在企业创新的维度上提供与之拥有相同丰富度的信息[54]。因此在验证 H1 和 H2 时，零膨胀负二项回归模型中直接使用企业专利申请数（Tapply）度量企业的创新绩效。

3.2.3　新一代信息技术关注度

上市公司信息披露的内容包括财务数据和文本内容，而描述性文本内容则是企业具体说明并分析自身现状和发展前景的一种重要形式，更是一个与潜在投资者进行沟通的重要机会[66]。有语义学研究表明，对某种事物的注意力会映射在使用的词汇语言上，经常使用的词汇信息可以反映个体的关注重点，并且随着对事物关注度的变化，词汇使用频率也会随之改变[67, 68]。国内已有研究利用对公开文本进行词频分析的方法分析量化出高管团队对环境问题的关注程度及注意力重点[68]。这说明对上市企业公开披露的文本信息进行词频分析的结果可以被用来衡量企业对某一概念的关注度，并具有一定的可行性。在上市企业的各类公开文件中，年报的重要性不言而喻。有研究者使用上市企业的年报对其财务困境[66]、股票异常收益[69]等方面进行了研究，体现了上市公司年报中文本信息的价值。

本文首先利用 WinGo 财经文本数据平台以"信息技术"和"大数据"为本文的逻辑起点词构建新一代信息技术关注度关键词词表。WinGo 相似词数据库可以通过深度学习技术，提取我国所有上市公司年报语境下"信息技术"和"大数据"的相似词。最终将起点词以及相似词进行共同整理后形成主题关键词集[70]。本文通过 WinGo 相似词数据库计算主题关键词在企业年报中的词频作为新一代信息技术关注度的代理变量（NGIT）[68]。新一代信息技术关注度的关键词词表如表 1 所示。本文对该词频变量进行 1%和 99%百分位的缩尾处理。

表 1　新一代信息技术关注度关键词词表

起点词	主题关键词
信息技术	软件技术、信息科技、电子商务、智能技术、信息系统、电子科技、智能系统、云计算、云技术
大数据	云计算、物联网、移动互联网、数据挖掘、人工智能、云平台、云服务、互联网、数据分析、互联网＋、智慧城市、云技术、数据资源、云端、商业智能、数据平台

注：筛选规则为与新一代信息技术更贴合且与起点词相似度大于 0.5 的词汇，表内关键词按照相似度由高到低排序

3.2.4　内部控制

内部控制作为现阶段已经较为成熟的企业管理概念，有研究者将其度量方法总结为如下几种：以会计师事务所发表的重大缺陷为依据的指数；以企业自愿披露的关于内部控制信息为基础设计的指数；以内部控制目标的实现程度为基础设计的指数等[71]。迪博指数，作为目前国内较为成熟的内部控制指数，具有一定的综合性及认可度[52]，国内也已有多个研究使用迪博指数来衡量企业的内部控制水平[18, 72-74]。故本文选用迪博内部控制与风险管理数据库的迪博指数来衡量内部控制水平，剔除该指数为 0 的观测后除以 100，然后再进行标准化作为企业内部控制水平的度量。

3.2.5　控制变量

参考已有关于信息技术、内部控制、创新绩效以及企业财务绩效相关研究的文献[4, 7, 13, 52, 74]，本文选用如下控制变量：研发投入强度（RD），通过企业年度研发投入除以企业年末营业总收入得到[63]；企业规模（Size），对企业年末总资产取自然对数后得到；董事会规模（Dsize），对董事会人数+1 之后取自然对数得到；董事会独立性（DDratio），使用独立董事人数比例来衡量；股权集中度（Chigu），使用前十大股东持股比例来衡量；资产负债率（Lev）；此外，本文还控制了企业的年份（Year）、行业（Industry）以及省份（Province）效应。本文对以上重要的连续型变量均进行了 1%和 99%百分位的缩尾处理。相关变量定义如表 2 所示。

表 2　主要变量定义

变量含义	变量符号	定义	数据来源
企业财务绩效	TQ	托宾 Q 值，等于市值/资产总计	国泰安数据库
创新绩效	Tapply	集团公司合计的专利申请数	中国研究数据服务平台
新一代信息技术关注度	NGIT	新一代信息技术关键词词频/文本总词频	WinGo 财经文本数据平台
内部控制水平	IC	迪博指数/100	迪博内部控制与风险管理数据库
研发投入强度	RD	企业年度研发投入/年末营业总收入	Wind 数据库
企业规模	Size	企业年末总资产取自然对数	
董事会规模	Dsize	董事会人数+1 取自然对数	
董事会独立性	DDratio	独立董事人数比例	
股权集中度	Chigu	前十大股东持股比例	
资产负债率	Lev	年末负债总额/期末总资产	

3.3　模型设计

在检验 H1 和 H2 的过程中，由于被解释变量专利申请数为离散型变量，且方差明显大于期望值，即数据存在"过度分散"的情况。同时，被解释变量中的 0 值占比较大，超过样本总数的 5%，属于零膨胀（zero inflated，ZI）数据类型。参考与本文情况类似的相关研究[75-77]，本文选择零膨胀负二项回归模型进行研究。该模型包括两个部分，其中一个部分"零膨胀模型"是一个 Logit 或 Probit 的二值模型，用于解释被解释变量中过多的 0 值，即企业创新产出为 0 值的可能性。另外一个部分"负二项回归模型"则用来解释被解释变量中其余的变异[77, 78]。数据中的 0 来源于两个部分：在零膨胀模型中的 0 值是因企业没有或者很少进行创新投入而造成没有专利产出所导致的 0 值，在负二项回归模型中的 0 值则来源于企业进行了创新活动但因种种原因最终没有进行或完成专利申请及其流程而导致的 0 值。

零膨胀负二项回归模型对企业专利申请数的预测表达式为[77]

$$E(Y_i) = \lambda_i = \exp(X_i\beta) \tag{1}$$

其中，λ 表示预期值；X_i 表示解释变量的向量；β 表示解释变量回归系数的极大似然估计量[77]。对于企业专利申请数计数的两部分概率计算方法[79]：

$$\Pr(Y = y) = \begin{cases} p_i + (1-p_i)g(0), & y = 0 \\ (1-p_i)g(y_i), & y > 0 \end{cases} \tag{2}$$

其中，$g(0)$ 表示负二项回归模型中出现真实 0 值的概率。其中 $p_i = F(X_i\beta)$，其右边的 F 函数称为零膨胀连接函数，可使用 Logit 或 Probit 模型。本文以 Logit 模型构建零膨胀连接函数，即

$$\mathrm{Ln}\left(\frac{p_i}{1-p_i}\right) = \alpha + \beta X_i \tag{3}$$

根据式（2）和式（3）得出零膨胀模型的表达式：

$$\mathrm{Tapply}_{i,t}^{\mathrm{ZI}} = \alpha_0 + \beta_1 \mathrm{NGIT}_{i,t} + \beta_2 \mathrm{Controls}_{i,t} + \varepsilon_{i,t} \tag{4}$$

式（4）中包括新一代信息技术关注度以及部分控制变量：研发投入强度（RD）、企业规模（Size）、董事会规模（Dsize），以及年份虚拟变量。该部分用于解释被解释变量专利申请数中过多的 0 值，即因创新活动过少而造成的 0 值。

负二项回归模型部分则依次引入新一代信息技术关注度的二次项和新一代信息技术关注度与内部控制水平的交互项构建式（5），以分别验证 H1 和 H2：

$$\mathrm{Tapply}_{i,t} = \alpha_0 + \beta_1 \mathrm{NGIT}_{i,t} + \beta_2 \mathrm{NGIT}_{i,t}^2 + \beta_3 \mathrm{NGIT}_{i,t} \times \mathrm{IC}_{i,t} + \beta_4 \mathrm{Controls}_{i,t} + \varepsilon_{i,t} \tag{5}$$

此外，为验证 H3 和 H4，利用普通最小二乘法（ordinary least squares，OLS）构建如下模型，如式（6）所示：

$$\mathrm{TQ}_{i,t} = \alpha_0 + \beta_1 \mathrm{Tapply}_{i,t} + \beta_2 \mathrm{NGIT}_{i,t} + \beta_3 \mathrm{NGIT}_{i,t}^2 + \beta_4 \mathrm{Controls}_{i,t} + \varepsilon_{i,t} \tag{6}$$

其中，i 表示企业；t 表示年份；Tapply 表示企业专利申请数，其取值为 0 或正整数；NGIT 表示企业的新一代信息技术关注度，即关键词词频；TQ 表示企业的托宾 Q 值；IC 表示企业的内部控制水平，即迪博指数；式（5）和式（6）中的 Controls 代表 3.2.5 节中定义的控制变量组，式（6）中 Controls 控制变量组同时还包括内部控制水平（IC）。

本文在回归前进行了 Vuong 检验，若其统计量的绝对值显著大于 1.96，则应使用零膨胀负二项回归模型，否则应使用标准的负二项回归模型。经过检验，本文均应使用零膨胀负二项回归模型。

4 数据分析与结果

4.1 描述性统计与相关性分析

表 3 中给出了主要变量的描述性统计。企业专利申请数（Tapply）的均值为 92.744，标准差为 365.421。说明企业之间的创新能力存在较大差异。在经过核验后确定了该数据的真实性，这也进一步说明了对数据进行缩尾处理以及在验证 H1 和 H2 时使用零膨胀负二项回归的必要性。企业新一代信息技术关注度（NGIT），即对新一代信息技术关键词词频进行缩尾处理后的样本均值为 0.321，标准差为 0.565。该数据存在部分极端值，且为右偏分布。这也说明了对该词频数据进行缩尾处理后再标准化的必要性。同时，表 3 给出了以上变量的相关系数矩阵。观察矩阵发现各变量之间的相关系数均小于 0.6。此外经检验，本文相关模型（含稳健性检验）的方差膨胀因子均小于 10，说明不存在多重共线性的问题。

表 3 变量描述性统计和相关矩阵

变量	（1）	（2）	（3）	（4）	（5）	（6）	（7）	（8）	（9）	（10）
（1）TQ	1.000									
（2）Tapply	−0.115	1.000								
（3）NGIT	0.087	0.117	1.000							
（4）IC	0.040	0.101	0.035	1.000						
（5）RD	0.273	0.035	0.244	−0.073	1.000					
（6）Size	−0.532	0.367	0.007	0.137	−0.220	1.000				
（7）Dsize	−0.175	0.073	−0.083	0.030	−0.124	0.267	1.000			
（8）DDratio	0.057	0.011	0.077	0.004	0.078	−0.025	−0.552	1.000		
（9）Chigu	0.163	0.010	−0.038	0.134	−0.020	0.009	−0.056	0.069	1.000	
（10）Lev	−0.447	0.180	0.002	−0.034	−0.234	0.542	0.149	−0.017	−0.122	1.000
均值	0.799	92.744	0.321	6.554	0.046	22.081	2.233	0.374	0.587	38.268
标准差	0.538	365.421	0.565	0.679	0.036	1.159	0.169	0.053	0.142	18.329

注：对词频（NGIT）统一进行了×1000 的处理（词频/千字）

4.2 回归结果分析

本文使用 Stata17 对假设进行验证。在加入交互项前对解释变量新一代信息技术关注度以及调节变量内部控制进行了中心化处理。表 4 为模型回归结果，其中模型（1）—（4）是被解释变量为企业专利申请数的零膨胀负二项回归结果。模型（1）加入了解释变量新一代信息技术关注度以及控制变量，模型（2）加入了新一代信息技术关注度的平方项以验证 H1，模型（3）添加了调节变量内部控制水平，模型（4）则继续添加新一代信息技术关注度与内部控制水平的交互项以验证 H2。模型（5）则以企业财务绩效，即企业的托宾 Q 值为被解释变量，加入新一代信息技术关注度的二次项后使用 OLS 方法进行回归，模型（6）则继续加入了中介变量创新绩效，以进一步验证 H3 和 H4。

表 4　回归分析结果

主效应	（1）	（2）	（3）	（4）	（5）	（6）
	Tapply	Tapply	Tapply	Tapply	TQ	TQ
NGIT	0.142*** （0.024）	0.503*** （0.048）	0.488*** （0.048）	0.477*** （0.047）	0.090*** （0.015）	0.080*** （0.015）
NGIT^2		−0.182*** （0.019）	−0.179*** （0.019）	−0.180*** （0.019）	−0.031*** （0.006）	−0.028*** （0.006）
IC			0.088*** （0.018）	0.085*** （0.018）	0.063*** （0.006）	0.061*** （0.006）
NGIT×IC				0.110*** （0.029）		
Tapply						0.010*** （0.001）
RD	5.102*** （0.388）	5.032*** （0.386）	5.153*** （0.385）	5.207*** （0.385）	1.783*** （0.132）	1.729*** （0.132）
Size	0.767*** （0.013）	0.763*** （0.013）	0.752*** （0.013）	0.747*** （0.013）	−0.208*** （0.005）	−0.221*** （0.005）
DSize	−0.112 （0.098）	−0.081 （0.095）	−0.070 （0.094）	−0.066 （0.093）	−0.037 （0.027）	−0.037 （0.027）
DDratio	−1.131*** （0.283）	−1.050*** （0.276）	−1.012*** （0.275）	−0.964*** （0.271）	0.051 （0.083）	0.049 （0.082）
Chigu	0.470*** （0.099）	0.437*** （0.099）	0.393*** （0.098）	0.398*** （0.098）	0.665*** （0.026）	0.665*** （0.026）
Lev	0.001 （0.001）	0.001 （0.001）	0.002* （0.001）	0.002* （0.001）	−0.003*** （0.000）	−0.003*** （0.000）
年份效应	是	是	是	是	是	是
行业效应	是	是	是	是	是	是
省份效应	是	是	是	是	是	是
截距项	−13.615*** （0.367）	−13.561*** （0.362）	−13.374*** （0.363）	−13.293*** （0.363）	5.044*** （0.118）	5.083*** （0.118）
方差膨胀效应						
NGIT	−0.114 （0.283）	−0.033 （0.237）	−0.041 （0.240）	−0.049 （0.240）		
RD	−94.074*** （9.104）	−92.719*** （8.887）	−92.503*** （8.812）	−92.057*** （8.724）		
Size	−0.467*** （0.079）	−0.462*** （0.078）	−0.462*** （0.078）	−0.465*** （0.078）		

续表

主效应	（1）	（2）	（3）	（4）	（5）	（6）
	Tapply	Tapply	Tapply	Tapply	TQ	TQ
DSize	-1.311^{***} （0.465）	-1.302^{***} （0.459）	-1.298^{***} （0.458）	-1.305^{***} （0.457）		
年份效应	是	是	是	是		
截距项	11.828^{***} （1.802）	11.727^{***} （1.780）	11.717^{***} （1.778）	11.782^{***} （1.776）		
Ln（alpha）	-0.051^{***} （0.019）	-0.062^{***} （0.019）	-0.066^{***} （0.019）	-0.068^{***} （0.019）		
R^2					0.585	0.587
对数似然值	$-47\,616.42$	$-47\,565.78$	$-47\,549.46$	$-47\,539.35$		

注：观测值为 10 000；括号内为标准误

***表示 $p<0.01$，*表示 $p<0.1$

4.2.1 新一代信息技术关注度与企业创新绩效之间的倒 "U" 形关系

表 4 回归结果中所有零膨胀负二项回归模型的过度离散参数 Ln（alpha）均显著为负，说明存在过度离散的问题，表明企业之间的创新水平差异较大，并且进一步说明了使用零膨胀负二项回归模型的必要性。模型（1）中新一代信息技术关注度对企业创新绩效存在显著的正向影响。模型（2）的结果表明，新一代信息技术关注度二次项与企业创新绩效的回归系数显著为负。除此之外，对该模型使用 OLS 方法回归后的结果进行 U 检验[80]。该检验对倒 "U" 形关系的拐点位置、两侧的陡峭度等关键信息进行判断后得出是否存在显著的倒 "U" 形关系[81]。在本文中所有包含 NGIT 关注度二次项的模型在使用 OLS 回归后均通过了 U 检验（$p<0.05$）。此部分结果说明在计数模型的部分中，适当的新一代信息技术关注度可以提升企业的创新绩效，而过度关注则会损害企业的创新绩效。表 4 的下半部分为零膨胀模型的回归结果，该部分解释了被解释变量因企业没有进行创新活动而产生的 0 值。结果发现企业的研发投入强度以及企业规模均会负向影响企业专利申请数为 0 的概率，这与表中上半部分负二项回归的结果方向相一致。这说明当企业研发投入和企业规模较低的时候，其没有创新活动或创新产出的可能性将变大，这一结果也相对符合研究预期以及企业的现实经营实际。

为更直观地观察上述发现的倒 "U" 形关系，根据模型（2）的回归结果所做出的倒 "U" 形关系图如图 2（a）所示，图内条形图为新一代信息技术关注度的直方图。根据以上结果判断 H1 成立。

4.2.2 内部控制的正向调节

模型（3）中添加内部控制水平之后，结果表明内部控制水平对企业创新绩效具有显著的正向影响。模型（4）中加入新一代信息技术关注度与内部控制水平的交互项后，结果表明新一代信息技术关注度与内部控制水平交互项的回归系数显著为正，说明内部控制水平正向调节了新一代信息技术关注度对创新绩效的正向影响，即内部控制水平越高的企业，越能更高效地处理信息，从而更大程度地利用信息技术挖掘信息所带来的价值，提升自身的信息整合以及处理能力，进而提升企业的创新绩效。据此判断，H2 成立。

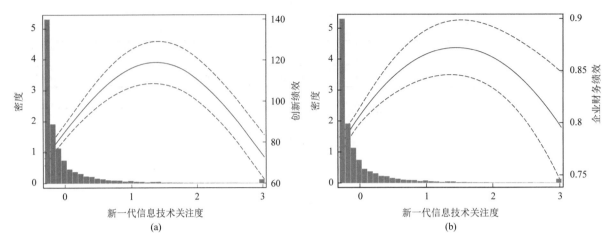

图 2　NGIT 关注度与绩效之间的倒"U"形关系
观测值为 10 000；图内虚线为 0.05 置信水平的置信区间

4.2.3　企业创新绩效的中介作用

表 4 中模型（5）的结果表明，新一代信息技术关注度的二次项与企业财务绩效的回归系数显著为负。这说明新一代信息技术关注度较低的企业提升对新一代信息技术的关注和使用可以进一步地提升企业财务绩效。而当超过一定限度后，产生过度关注则可能会损害企业自身的绩效。根据这一结果，H3得到验证。模型（6）的结果表明，创新绩效与企业财务绩效显著正相关，而此时新一代信息技术关注度的二次项与企业财务绩效仍旧显著负相关。与模型（5）相比，其回归系数的绝对值变小，根据相关理论和研究[82, 83]所提出和使用的中介效应三步骤原则可知，创新绩效在新一代信息技术关注度与企业财务绩效的倒"U"形关系中发挥部分中介作用，即新一代信息技术关注度通过倒"U"形效应影响创新绩效进而影响企业财务绩效，形成了新一代信息技术关注度与企业财务绩效之间的倒"U"形关系，H4得到证明。类似地，图 2（b）中给出了新一代信息技术关注度与企业财务绩效倒"U"形关系的图示。

4.3　稳健性检验

4.3.1　增加虚拟控制变量

本文新一代信息技术关注度的度量来自文本的词频，通过 WinGo 相似词数据库筛选并规定了关键词词表，因而可能会有部分企业本身在年报中因其自身主营业务等原因需要对某些关键词汇进行强调。因此，本文通过自行整理制造业企业样本的经营范围、公司简介、主营产品名称以及主营产品类型这四个词条的文本信息（信息来源：Wind 数据库），随后构造虚拟变量（Keyword）：如若某企业以上四个词条中包含表 1 关键词词表中的任何一个词语，记为 1，否则为 0。将该虚拟变量加入以上模型后得到模型（7）和模型（8），其结果如表 5 所示，发现结果仍旧稳健地证明了 H1 至 H4。

表 5　稳健性检验结果

主效应	（7）	（8）	（9）	（10）	（11）
	Tapply	TQ	Tpatent	Tpatent	TQ
NGIT	0.436*** （0.048）	0.084*** （0.015）	0.527*** （0.075）	0.397*** （0.048）	0.084*** （0.015）

续表

主效应	（7）	（8）	（9）	（10）	（11）
	Tapply	TQ	Tpatent	Tpatent	TQ
NGIT^2	−0.171*** （0.019）	−0.029*** （0.006）	−0.207*** （0.030）	−0.157*** （0.019）	−0.028*** （0.006）
IC	0.084*** （0.018）	0.061*** （0.006）	0.079** （0.033）	0.060*** （0.018）	0.061*** （0.006）
NGIT×IC	0.107*** （0.029）		0.172*** （0.044）	0.092*** （0.028）	
Tapply		0.010*** （0.001）			
Tpatent					0.018*** （0.002）
Keyword	0.097*** （0.029）	−0.010 （0.010）	−0.173*** （0.055）	0.070** （0.030）	−0.010 （0.010）
年份效应	是	是	是	是	是
行业效应	是	是	是	是	是
省份效应	是	是	是	是	是
截距项	−13.364*** （0.361）	5.362*** （0.122）	−15.297*** （0.514）	−13.654*** （0.354）	5.419*** （0.124）
方差膨胀效应					
NGIT	−0.029 （0.252）		−0.092 （0.104）	−0.228 （0.328）	
RD	−91.949*** （8.660）		−18.356*** （2.859）	−96.655*** （10.040）	
Size	−0.463*** （0.078）		−0.621*** （0.047）	−0.581*** （0.093）	
DSize	−1.314*** （0.456）		−0.305 （0.254）	−1.119** （0.502）	
Keyword	−0.033 （0.221）		−0.349*** （0.111）	−0.368 （0.293）	
年份效应	是		是	是	
截距项	11.782*** （1.765）		12.605*** （1.017）	14.291*** （1.877）	
Ln（alpha）	−0.070*** （0.019）			0.012 （0.020）	
R^2		0.590			0.591
LR chi2			428 547.75***		
Log-likelihood	−47 532.72		−257 663.6	−43 389.7	

注：模型（7）、（8）观测值为 10 000，模型（9）—（11）观测值为 9999；括号内为标准误；仅报告重要变量的结果

***表示 $p<0.01$，**表示 $p<0.05$

4.3.2　替换被解释变量

将被解释变量由专利申请数替换为专利获得数（Tpatent），以重新衡量企业的创新绩效并进行稳健性检验，样本量在此减少了 1，模型中仍旧保留 Keyword 虚拟控制变量。值得说明的是，表 5 中模型（9）使用了零膨胀泊松回归（zero-inflated Poisson），模型（10）则使用零膨胀负二项回归，主要原因在于模型（10）的零膨胀负二项回归结果中过度离散参数 Ln（alpha）并不显著，故同时给出零膨胀泊松回归和零膨胀负二项回归模型的回归结果。结果发现两类模型之间关键变量的回归结果并不存在很明显的差异。因此，结合模型（11）的回归结果，发现 H1 至 H4 的结论仍旧稳健。

4.3.3　内生性问题

从被解释变量企业财务绩效以及创新绩效与新一代信息技术关注度之间的逻辑关系来看，两者之间很可能存在互为因果的关系，从而可能带来一定的内生性问题。因此，本文选用 $t+1$ 期的创新绩效以及 $t+2$ 期的企业财务绩效对以上模型再次进行回归，该部分模型保留 Keyword 虚拟控制变量。首先在零膨胀负二项回归中用 $t+1$ 期企业专利申请数作为被解释变量进行检验，然后再引入 $t+2$ 期的企业财务绩效托宾 Q 值以再次验证倒 "U" 形的中介效应。该部分的模型根据式（7）和式（8）构建，除代表年份的角标有所不同以外，两式中变量含义与式（5）和式（6）完全相同。与 4.2 类似，表 6 中模型（12）使用了零膨胀泊松回归模型，模型（13）则使用零膨胀负二项回归模型，原因在于模型（13）的零膨胀负二项回归结果中过度离散参数 Ln（alpha）仍旧不显著，故同时给出两类模型的回归结果。结果发现两类模型的结果之间并不存在很明显的差异，同时结合模型（14）的回归结果，仍旧稳健地证明了本文所提出的假设（表 6）。

$$\text{Tapply}_{i,t+1} = \alpha_0 + \beta_1 \text{NGIT}_{i,t} + \beta_2 \text{NGIT}_{i,t}^2 + \beta_3 \text{NGIT}_{i,t} \times \text{IC}_{i,t} + \beta_4 \text{Controls}_{i,t} + \varepsilon_{i,t} \tag{7}$$

$$\text{TQ}_{i,t+2} = \alpha_0 + \beta_1 \text{Tapply}_{i,t+1} + \beta_2 \text{NGIT}_{i,t+1} + \beta_3 \text{NGIT}_{i,t+1}^2 + \beta_4 \text{Controls}_{i,t+1} + \varepsilon_{i,t+1} \tag{8}$$

表 6　稳健性检验结果（使用滞后项）

主效应	（12）	（13）	主效应	（14）
	Tapply_{t+1}	Tapply_{t+1}		TQ_{t+2}
NGIT_t	0.512*** （0.138）	0.448*** （0.071）	NGIT_{t+1}	0.042** （0.020）
NGIT_t^2	−0.183*** （0.050）	−0.148*** （0.029）	$(\text{NGIT}_{t+1})^2$	−0.017** （0.008）
IC_t	0.188* （0.098）	0.155*** （0.026）	IC_{t+1}	0.058*** （0.008）
$\text{NGIT}_t \times \text{IC}_t$	0.168** （0.074）	0.112*** （0.042）	Tapply_{t+1}	0.010*** （0.001）
Keyword	−0.115 （0.074）	0.085** （0.041）	Keyword	−0.005 （0.013）
年份效应	是	是	年份效应	是
行业效应	是	是	行业效应	是
省份效应	是	是	省份效应	是

续表

主效应	（12）	（13）	主效应	（14）
	$Tapply_{t+1}$	$Tapply_{t+1}$		TQ_{t+2}
截距项	−14.263*** （1.222）	−12.541*** （0.497）	截距项	5.830*** （0.170）
方差膨胀效应				
$NGIT_t$	−0.332 （0.221）	0.043 （0.329）		
RD_t	−32.672*** （4.596）	−81.362*** （11.993）		
$Size_t$	−0.562*** （0.073）	−0.343*** （0.105）		
$DSize_t$	−0.968** （0.405）	−1.426** （0.688）		
Keyword	−0.223 （0.171）	−0.289 （0.358）		
年份效应	是	是		
截距项	12.798*** （1.561）	9.372*** （2.507）		
Ln（alpha）		−0.028 （0.025）		
LR chi2	451 852.08***			
Log-likelihood	−253 721.9	−27 795.9	R^2	0.595

注：观测值为 5722；括号内为标准误；仅报告重要变量的结果

***表示 $p < 0.01$，**表示 $p < 0.05$，*表示 $p < 0.1$

5　结论

5.1　研究结论

在新一代信息技术为现代企业不断赋能的新背景下，越来越多的企业开始重视新一代信息技术。对新一代信息技术的适度关注和使用可以为企业带来更多的创新成果和更好的企业财务绩效。本文以中国上市制造业企业 2013—2019 年的非平衡面板数据为研究样本建立零膨胀负二项回归模型，基于信息技术在企业引进和使用过程中所显现出的正面和负面作用，从信息技术促进以及信息过载的理论出发，基于动态能力理论阐述了新一代信息技术关注度与创新绩效和企业财务绩效之间的倒"U"形关系，并通过论述内部控制的相关理论证明了内部控制水平在新一代信息技术关注度与创新绩效之间的正向调节作用。除此之外，本文还从企业创新策略的角度探索了创新绩效在新一代信息技术关注度对企业财务绩效正向影响过程中的中介作用。本文主要得出以下结论。

（1）当新一代信息技术关注度较低时，提升新一代信息技术关注度可以更好地在主观意愿上发挥信息技术的正向作用，提升企业的信息整合能力，在效果上提升企业的创新绩效；当对新一代信息技术的关注度较高时，对新一代信息技术的过度关注可能会造成信息过载。当数据量超过其本身的处理能力时，企业的信息处理效率开始下降，此时该现象为企业所带来的技术压力进一步损害企业的信息处理能力，最终损害企业的创新绩效，即新一代信息技术关注度与创新绩效之间存在倒"U"形关系。

（2）内部控制作为企业管理的一个重要部分，提升其水平可以更好地帮助企业进行内部整合，使企业更加有效率地利用信息技术，减少信息过载及其连锁反应对创新绩效的损害。内部控制水平越高，企业内部对信息资源的利用就越有序，效率也越高，新一代信息技术关注度对创新绩效的正向作用就越明显，即内部控制水平正向调节新一代信息技术关注度对创新绩效的正向作用。

（3）新一代信息技术关注度与企业财务绩效之间同样存在倒"U"形关系，且该倒"U"形关系受到了新一代信息技术关注度与创新绩效之间倒"U"形关系的中介作用，即该倒"U"形关系通过创新绩效传导至企业财务绩效。

5.2　理论贡献

本文主要的理论贡献在于：①从动态调整成本理论的研究结果[5, 7]中获得启发，以信息过载现象为切入点，基于动态能力视角，从新一代信息技术关注度这一更加可以代表主观意愿的角度阐述了企业对新一代信息技术过度关注所带来的不利影响。现有研究中并未有以对新一代信息技术的"关注程度"为角度叙述的实证研究，且鲜有在探索新一代信息技术与绩效之间关系的过程中使用到上市企业的公开文本信息，多数研究仍旧使用的是上市企业的数字数据。本文从年报这一上市企业的关键文本信息入手，严谨合理地提取并量化了企业对新一代信息技术的关注程度。本文的结论还进一步验证了企业在对新一代信息技术的关注和使用中所发生的"过犹不及"现象。本文通过总结信息过载现象，并结合动态能力理论加以阐述。这一新路径丰富了新一代信息技术与绩效两者之间倒"U"形关系的研究。②本文通过总结内部控制的相关理论并结合动态能力理论，为企业提出了一个尽可能通过提高内部控制水平，从而减少过度关注新一代信息技术所带来的不利影响的思路，丰富了内部控制正面促进作用的相关研究。

5.3　管理启示

基于以上研究结果和结论，本文为企业管理者提出如下管理启示与建议：①在新一代信息技术被广泛应用的背景下，企业管理者应对新一代信息技术投入一定程度的关注，并且适当关注其在企业日常经营过程中的使用方式，以更好地完成企业内部系统的更新。适度的关注和使用可以提升企业的创新绩效和财务绩效，但同时也应避免对其产生过度的关注。管理者对新一代信息技术不要产生过度的崇拜和依赖，避免破坏组织之间正常的人际沟通过程和本能的决策能力。除此之外，企业应避免获取过多不能被妥善处理的数据。这种情况下所发生的信息过载现象会危害企业的信息处理能力。因此，对新一代信息技术进行适度的关注才可以发挥其最大效用。②针对新一代信息技术使用流程加强内部控制水平。完善的内部控制制度可以帮助企业更加有效地利用信息技术，减少信息过载现象所带来的负面影响。企业内部可以针对新一代信息技术的使用过程制定更加完善的内部控制制度，以更好地发挥新一代信息技术的作用，减轻过度关注和使用新一代信息技术所带来的负面影响。

5.4　研究局限与展望

本文在如下方面仍旧存在后续可以改进之处：①数据方面。本文使用的是上市制造业企业的数据，未来研究可以考虑将样本扩大到更加普遍的范围。方法上还可以考虑使用问卷调查等研究方法，从而更加准确地获取企业管理层对新一代信息技术的关注度以及使用过程中的主观态度，以进一步验证本文的相关结论。②分析和态度衡量方面。本文使用年报词频来衡量企业对新一代信息技术的关注度。在我国企业信息公开和披露等程序越来越规范的背景下，未来研究可以不局限于公司年报这一文本信息来源，充分利用公开信息丰富文本分析的对象和内容，从而更加有效地提取到企业对新一代信息技术的主观态度和关注度。除上述两个方面外，未来研究还可以寻找更多对新一代信息技术关注程度存在调节作用的因素加以深入探究，并同时探索更多中介作用。在数据获取条件允许的情况下，还可以探究企业对新一代信息技术中具体的某一技术如大数据、云计算等热门概念的关注度，以探究不同技术对企业发展影响的异质性。

参 考 文 献

[1] 林丹明，梁强，曾楚宏. 中国制造业 IT 投资的绩效与行业特征调节效应[J]. 管理科学，2008，（2）：51-57.

[2] 宋迎春，杨文昳. 新一代信息技术下制造业企业绩效研究[J]. 湖北工业大学学报，2019，34（6）：34-39.

[3] Hu S L，Wang X H. IT usage and innovation performance of SMEs in China：a new perspective[J]. Discrete Dynamics in Nature and Society，2021，2021：1-12.

[4] Trantopoulos K，von Krogh G，Wallin M W，et al. External knowledge and information technology：implications for process innovation performance[J]. MIS Quarterly，2017，41（1）：287-300.

[5] Tallon P P. Understanding the dynamics of information management costs[J]. Communications of the ACM，2010，53（5）：121-125.

[6] Tan D，Mahoney J T. Examining the Penrose effect in an international business context：the dynamics of Japanese firm growth in US industries[J]. Managerial and Decision Economics，2005，26（2）：113-127.

[7] Karhade P P，Dong J Q. Information technology investment and commercialized innovation performance：dynamic adjustment costs and curvilinear impacts[J]. MIS Quarterly，2021，45（3）：1007-1024.

[8] 徐瑞萍. 信息崇拜论[J]. 学术研究，2007，（6）：34-39.

[9] 孙瑞英. 信息异化问题的理性思考[J]. 情报科学，2007，（3）：340-344.

[10] 谢卫红，刘高，王田绘. 大数据能力内涵、维度及其与集团管控关系研究[J]. 科技管理研究，2016，36（14）：170-177.

[11] Karhade P P，Dong J Q. Innovation outcomes of digitally enabled collaborative problemistic search capability[J]. MIS Quarterly，2021，45（2）：693-718.

[12] 吴水澎，陈汉文，邵贤弟. 企业内部控制理论的发展与启示[J]. 会计研究，2000，（5）：2-8.

[13] 李万福，林斌，宋璐. 内部控制在公司投资中的角色：效率促进还是抑制？[J]. 管理世界，2011，（2）：81-99，188.

[14] 刘志远，刘洁. 信息技术条件下的企业内部控制[J]. 会计研究，2001，（12）：32-36.

[15] 杨清香，廖甜甜，张晋. 内部控制、控制层级与企业溢价——基于动态能力视角[J]. 预测，2018，37（1）：49-55.

[16] 孙自愿，王玲，李秀枝，等. 研发投入与企业绩效的动态关系研究——基于内部控制有效性的调节效应[J]. 软科学，2019，33（7）：51-57.

[17] 王亚萍，冒乔玲. 内部控制对 R&D 投入与企业绩效关系的调节效应研究——基于深交所高新技术企业的经验数据[J]. 科技管理研究，2017，37（22）：141-148.

[18] 朱丹，周守华. 战略变革、内部控制与企业绩效[J]. 中央财经大学学报，2018（2）：53-64.

[19] Baskara Nugraha I G B，Ramadhani I，Sembiring J. Probabilistic inference hybrid IT value model using Bayesian network[J]. International Journal on Electrical Engineering and Informatics，2020，12（4）：770-785.

[20] Abdurrahman L，Suhardi S，Langi A Z R. Valuation methodology of information technology（IT）value in the IT-based business：a case study at a leading telecommunication company[J]. International Journal on Electrical Engineering and

Informatics，2016，8（4）：865-885.

[21] Wu I L，Kuo Y Z. A balanced scorecard approach in assessing IT value in healthcare sector：an empirical examination[J]. Journal of Medical Systems，2012，36（6）：3583-3596.

[22] 王念新，葛世伦，苗虹. 信息技术资源和信息技术能力的互补性及其绩效影响[J]. 管理工程学报，2012，26（3）：166-175.

[23] 刘森. 云计算技术的价值创造及作用机理研究[D]. 杭州：浙江大学，2014.

[24] Wernerfelt B. A resource-based view of the firm[J]. Strategic Management Journal，1984，5（2）：171-180.

[25] 熊胜绪，崔海龙，杜俊义. 企业技术创新动态能力理论探析[J]. 中南财经政法大学学报，2016，(3)：32-37.

[26] Teece D J，Pisano G，Shuen A. Dynamic capabilities and strategic management[J]. Strategic Management Journal，1997，18（7）：509-533.

[27] Zollo M，Winter S G. Deliberate learning and the evolution of dynamic capabilities[J]. Organization Science，2002，13（3）：339-351.

[28] Zott C. Dynamic capabilities and the emergence of intraindustry differential firm performance：insights from a simulation study[J]. Strategic Management Journal，2003，24（2）：97-125.

[29] Wang C L，Ahmed P K. Dynamic capabilities：a review and research agenda[J]. International Journal of Management Reviews，2007，9（1）：31-51.

[30] 庞长伟，李垣，段光. 整合能力与企业绩效：商业模式创新的中介作用[J]. 管理科学，2015，28（5）：31-41.

[31] 吴航. 动态能力的维度划分及对创新绩效的影响——对 Teece 经典定义的思考[J]. 管理评论，2016，28（3）：76-83.

[32] 武梦超，李随成，王玮. 外部知识获取与新产品开发绩效：资源协奏与信息处理的视角[J]. 预测，2019，38（5）：1-8.

[33] 车敬上，孙海龙，肖晨洁，等. 为什么信息超载损害决策？基于有限认知资源的解释[J]. 心理科学进展，2019，27（10）：1758-1768.

[34] 肖挺，刘华，叶芃. 制造业企业服务创新的影响因素研究[J]. 管理学报，2014，11（4）：591-598.

[35] Li D K，Zhang F，Tian Y L. Research on enterprise management integration mechanism and information platform by Internet of things[J]. Journal of Intelligent & Fuzzy Systems，2020，38（1）：163-173.

[36] Mary E. Galligan，Kelly Rau，杨敏，等. 网络时代的内部控制[J]. 财务与会计，2015，(8)：52-57.

[37] Abdul-Gader A H，Kozar K A. The impact of computer alienation on information technology investment decisions：an exploratory cross-national analysis[J]. MIS Quarterly，1995，19（4）：535-559.

[38] 李汇东，唐跃军，左晶晶. 用自己的钱还是用别人的钱创新？——基于中国上市公司融资结构与公司创新的研究[J]. 金融研究，2013，(2)：170-183.

[39] 李万福，杜静，张怀. 创新补助究竟有没有激励企业创新自主投资——来自中国上市公司的新证据[J]. 金融研究，2017，(10)：130-145.

[40] Tambe P，Hitt L M，Brynjolfsson E. The extroverted firm：how external information practices affect innovation and productivity[J]. Management Science，2012，58（5）：843-859.

[41] Bardhan I，Krishnan V，Lin S. Business value of information technology：testing the interaction effect of IT and R&D on Tobin's Q[J]. Information Systems Research，2013，24（4）：1147-1161.

[42] 石军伟，刘瑛. 信息技术投资与工业企业创新绩效——来自中国上市公司的经验证据[J]. 中南财经政法大学学报，2021 (3)：126-137.

[43] 张永安，张瑜筱丹. 外部资源获取、内部创新投入与企业经济绩效关系——以新一代信息技术企业为例[J]. 华东经济管理，2018，32（10）：168-173.

[44] 何小钢，梁权熙，王善骝. 信息技术、劳动力结构与企业生产率——破解"信息技术生产率悖论"之谜[J]. 管理世界，2019，35（9）：65-80.

[45] 韩先锋，惠宁，宋文飞. 信息化能提高中国工业部门技术创新效率吗[J]. 中国工业经济，2014，(12)：70-82.

[46] Roetzel P G. Information overload in the information age：a review of the literature from business administration，business psychology，and related disciplines with a bibliometric approach and framework development[J]. Business Research，2019，

12（2）：479-522.

[47] Pennington R R，Kelton A S. How much is enough? An investigation of nonprofessional investors information search and stopping rule use[J]. International Journal of Accounting Information Systems，2016，21：47-62.

[48] 白景坤，李莎莎. 高管团队异质性、战略决策质量与创新绩效研究[J]. 东北财经大学学报，2015，（5）：3-9.

[49] 于晓宇，蔡莉. 失败学习行为、战略决策与创业企业创新绩效[J]. 管理科学学报，2013，16（12）：37-56.

[50] 刘伟，刘柏嵩，王洋洋. 海量学术资源个性化推荐综述[J]. 计算机工程与应用，2018，54（3）：30-39.

[51] Li X A. The effectiveness of internal control and innovation performance：an intermediary effect based on corporate social responsibility[J]. PLoS ONE，2020，15（6）：e0234506.

[52] 张娟，黄志忠. 内部控制、技术创新和公司业绩——基于我国制造业上市公司的实证分析[J]. 经济管理，2016，38（9）：120-134.

[53] 张正勇，谢金. 高管权力、内部控制与公司价值[J]. 南京审计学院学报，2016，13（2）：21-30.

[54] 周煊，程立茹，王皓. 技术创新水平越高企业财务绩效越好吗？——基于16年中国制药上市公司专利申请数据的实证研究[J]. 金融研究，2012，（8）：166-179.

[55] Pandit S，Wasley C E，Zach T. The effect of research and development（R&D）inputs and outputs on the relation between the uncertainty of future operating performance and R&D expenditures[J]. Journal of Accounting，Auditing & Finance，2011，26（1）：121-144.

[56] Ciftci M，Cready W M. Scale effects of R&D as reflected in earnings and returns[J]. Journal of Accounting and Economics，2011，52（1）：62-80.

[57] 林晋宽，金雅兰. 专利权与企业绩效有关吗？——台湾制造业之实证研究[J]. 科学与管理，2009，29（3）：59-64.

[58] 吴超鹏，唐菂. 知识产权保护执法力度、技术创新与企业绩效——来自中国上市公司的证据[J]. 经济研究，2016，51（11）：125-139.

[59] Johnson J D，Meyer M E，Berkowitz J M，et al. Testing two contrasting structural models of innovativeness in a contractual network[J]. Human Communication Research，1997，24（2）：320-348.

[60] 李坤望，邵文波，王永进. 信息化密度、信息基础设施与企业出口绩效——基于企业异质性的理论与实证分析[J]. 管理世界，2015，（4）：52-65.

[61] 梁樑，周垂日. 企业中的信息技术生产率悖论[J]. 中国工业经济，2004，（3）：37-42.

[62] Mithas S，Rust R T. How information technology strategy and investments influence firm performance：conjecture and empirical evidence[J]. MIS Quarterly，2016，40（1）：223-245.

[63] 王维，吴佳颖，章品锋. 政府补助、研发投入与信息技术企业价值研究[J]. 科技进步与对策，2016，33（22）：86-91.

[64] 蒋美云. 中国上市公司成长：行业结构与影响因素[J]. 上海经济研究，2005，（7）：60-65.

[65] 黎文靖，郑曼妮. 实质性创新还是策略性创新？——宏观产业政策对微观企业创新的影响[J]. 经济研究，2016，51（4）：60-73.

[66] 陈艺云，贺建风，覃福东. 基于中文年报管理层讨论与分析文本特征的上市公司财务困境预测研究[J]. 预测，2018，37（4）：53-59.

[67] Sapir E，Grading E S. A study in semantics[J]. Philosophy of Science，1944，11（2）：93-116.

[68] 吴建祖，华欣意. 高管团队注意力与企业绿色创新战略——来自中国制造业上市公司的经验证据[J]. 科学学与科学技术管理，2021，42（9）：122-142.

[69] Hájek P. Combining bag-of-words and sentiment features of annual reports to predict abnormal stock returns[J]. Neural Computing and Applications，2018，29（7）：343-358.

[70] 郭磊，贺芳兵，李静雯. 中国智能制造发展态势分析——基于制造业上市公司年报的文本数据[J]. 创新科技，2020，20（2）：61-71.

[71] 中国上市公司内部控制指数研究课题组，王宏，蒋占华，等. 中国上市公司内部控制指数研究[J]. 会计研究，2011，（12）：20-24，96.

[72] 陈红，纳超洪，雨田木子，等. 内部控制与研发补贴绩效研究[J]. 管理世界，2018，34（12）：149-164.

[73] 马永强，路媛媛. 企业异质性、内部控制与技术创新绩效[J]. 科研管理，2019，40（5）：134-144.

[74] 许瑜，冯均科. 内部控制、高管激励与创新绩效——基于内部控制有效性的实证研究[J]. 软科学，2017，31（2）：79-82.

[75] 姜秀娟，梁亚琪，高玉峰，等. 发明者中间人角色对二元创新的影响——知识多样化的中介作用[J]. 科技进步与对策，2020，37（11）：25-32.

[76] 衣长军，徐雪玉，刘晓丹，等. 制度距离对 OFDI 企业创新绩效影响研究：基于组织学习的调节效应[J]. 世界经济研究，2018，（5）：112-122，137.

[77] Huang W L, Feeney M K, Welch E W. Organizational and individual determinants of patent production of academic scientists and engineers in the United States[J]. Science and Public Policy，2011，38（6）：463-479.

[78] 胡锋，赵红，刘超. 网络创新竞赛中参与者多样性对竞赛绩效的影响[J]. 研究与发展管理，2020，32（1）：89-100.

[79] 曹璨，罗剑朝. 农户对农地经营权抵押贷款响应及其影响因素——基于零膨胀负二项模型的微观实证分析[J]. 中国农村经济，2015，（12）：31-48.

[80] Lind J T, Mehlum H. With or without U? The appropriate test for a U-shaped relationship[J]. Oxford Bulletin of Economics and Statistics，2010，72（1）：109-118.

[81] Haans R F J, Pieters C, He Z L. Thinking about U: theorizing and testing U-and inverted U-shaped relationships in strategy research[J]. Strategic Management Journal，2016，37（7）：1177-1195.

[82] 于晓宇，陶向明. 创业失败经验与新产品开发绩效的倒 U 形关系：创业导向的多重中介作用[J]. 管理科学，2015，28（5）：1-14.

[83] Baron R M, Kenny D A. The moderator-mediator variable distinction in social psychological research: conceptual, strategic, and statistical considerations[J]. Journal of Personality and Social Psychology，1986，51（6）：1173-1182.

The Impact of Next-generation Information Technology on Innovation Performance and Firm Financial Performance: Evidences from Chinese Manufacturing Listed Companies

JIA Lin, LI Shuaiqi

（School of Management and Economics, Beijing Institute of Technology, Beijing 100081, China）

Abstract　Under the background of rapid development of Next-Generation Information Technology (NGIT), China's manufacturing industry is in the stage of digital transformation. In the process of investing heavily in NGIT, the attention paid on NGIT will inevitably have an impact on innovation performance as well as firm financial performance. In view of this impact, this study using data from 1, 973 Chinese manufacturing firms from 2013-2019 as a sample, then examines the impact of NGIT attention on their innovation performance and firm performance based on a dynamic capability perspective. It is found that there is an inverted U-shaped relationship between NGIT attention and both innovation performance and firm financial performance, and that internal control can help firms better utilize NGIT to enhance innovation performance. In addition, innovation performance plays a mediating role in the inverted U-shaped relationship between the NGIT attention and firm performance. The findings suggest that firms should pay appropriate attention to and use NGIT, and can help them better improve innovation performance and firm financial performance through NGIT by improving internal controls and focusing on substantive innovation.

Keywords　Dynamic capabilities, Next-Generation Information Technology (NGIT), Internal control, Innovation performance, Firm financial performance

作者简介

贾琳（1987— ），男，北京理工大学管理与经济学院副教授、博士生导师，研究方向为电子商务、医疗数据分析、智能聊天机器人的商务应用、数字平台治理等。E-mail：jialin87@bit.edu.cn。

李帅圻（2000— ），男，北京理工大学管理与经济学院 2022 级硕士研究生，研究方向为智能聊天机器人的商务应用等。E-mail：3120221600@bit.edu.cn。

基于系统动力学的中小型制造企业数字化转型升级路径研究*

张新 [1,2]　郭昊 [1]　马良 [1,2]　张戈 [1,2]

（1. 山东财经大学管理科学与工程学院，山东 济南 250014；2. 山东财经大学数字经济研究院，山东 济南 250014）

摘　要　通过业务流程数字化实现企业数字化转型升级已经成为当前中小型制造企业顺应时代发展面临的重要问题。本文从生产技术、信息技术和外部环境三个方面，构建中小型制造业企业数字化转型升级系统动力学模型，利用 Vensim PLE 软件进行模拟仿真。研究发现：生产技术、信息技术和外部环境均对企业数字化转型有正向促进作用，其中信息技术支撑路径带来的转型效果最优，而影响该路径的关键因素是企业信息系统使用率。研究丰富了通过企业业务流程数字化实现数字化转型的相关理论，为企业从生产制造、资源管理和外部因素三方面实现数字化转型提供借鉴思路。

关键词　中小型制造企业，数字化转型，系统动力学模型，模拟仿真

中图分类号　F425

1　引言

在当前多变性（volatility）、不确定性（uncertainty）、复杂性（complexity）、模糊性（ambiguity）环境下，市场冲击、技术变革以及伴随工业外移和区域贸易摩擦的升级等，迫使制造企业加快了数字化的转型升级[1]。与此同时，大数据、物联网、人工智能等新一代信息技术的迭代更新，使得传统制造业与数字技术的融合发展已成为当前企业谋求可持续发展的必然选择[2]。近年来，为加快发展先进制造业，推动互联网、大数据、人工智能和实体经济深度融合，政府出台了《中国制造 2025》等系列政策，许多大型制造企业（如海尔、美的等）抓住契机，凭借其行业地位和资源能力优势，积极响应国家号召向数字化、智能化发展，推行数字化转型，已然成为制造行业的"引领者"。在整个制造行业中，中小型制造企业占总行业的 90%，在促进我国数字经济与实体经济深度融合的进程中起到了关键作用。因此，如何引导中小型制造企业数字化转型，实现智能制造成为国家关注的焦点问题。

"智能制造"无论对企业还是学界都是一个热门话题，"智能制造"的提出无疑为我国制造业提供了机遇与挑战。学者们以海尔、美的等大型制造企业为研究对象，采用案例分析方法研究分析了当前我国制造业面临的高端受阻与低端外流的困境，同时也分析了我国制造业企业数字化转型成功经验[3-5]。然

---

*基金项目：推动数字经济和实体经济深度融合研究（21AZD022）。

通信作者：郭昊（1994—），男，山东财经大学管理科学与工程学院博士研究生，研究方向：信息管理与信息系统、数字经济。E-mail：sdufe_gh@163.com。

而，对于中小型企业来说，受自身创新基础薄弱、技术支持局限、资金保障不足影响，无法照搬大型制造企业的实践经验，因此更迫切寻找更为有效的转化途径。目前，现有关于数字化转型的文献主要集中于概念界定、思想阐述和典型案例论证方面，对数字化转型的路径研究还相对不足，没有归纳出中小型制造企业数字化转型的典型路径和整合性的理论框架，无法为中小型制造企业数字化转型梳理出可借鉴的理论模式。目前，关于中小型制造企业数字化转型的研究多集中于数字化转型的驱动因素和作用效果方面[6]，且多数研究集中在理论层面，缺乏数字化转型升级的过程研究和实证模拟仿真。数字化转型升级过程研究的不足导致无法为中小型制造企业数字化转型梳理出可借鉴的理论模式。鉴于此，本文利用系统动力学理论，通过建立系统动力学模型，尝试解决"中小型制造企业数字化转型的路径有哪些？"以及"每条路径内在的具体实现机制又是什么？"两个研究问题，在已有研究理论基础上，以中小型制造企业为研究对象，为其提供理论依据。本文创新之处在于：①利用系统动力学理论，从微观层面系统总结了中小型制造企业数字化转型提升企业经济效益的过程机理，进而拓展了中小型制造企业数字化发展理论体系；②根据系统结构流图，运用水平变量、速率变量和辅助变量的现实经济含义按照系统结构流图，把中小型制造企业数字化转型变量的关系抽象化，进行系统动力建模与仿真研究，从生产、管理和外部环境三方面分析中小型制造企业数字化转型的路径，为其成功转型提供理论依据。

2 文献回顾

2.1 企业数字化转型相关研究

利用数字技术推动商业模式创新、创造新的业务模式，为企业谋求持续的竞争优势，并在数字技术的支持下，能够让数字流清晰地描绘业务功能、流程与组织架构、外部资源之间的关系，这是企业数字化转型的核心内涵[7]。换言之，企业数字化就是所有生产业务知识的全面数字化，对数字化的知识做再生产再制造的过程。在数字化转型的过程中，数据成为企业主要的生产要素，数据通过转化为数字化知识与信息而产生价值，借助数字化驱动运营的企业发掘出了已有数据资产的价值、发现了新的业务增长点、找到了与用户之间更直接便捷有效的信息和价值交换方式，为企业提供全新的生产、销售和服务模式[8]。因此，数字化转型为企业带来生产方式、业务形态、产业组织方式、商业模式、创新范式、技术架构的快速转变，从本质上改变了企业创造价值的模式。

现有研究中，学者们从不同的角度对当前企业数字化转型驱动因素行了探讨，认为企业数字化转型驱动因素主要为集中数字技术应用、企业组织因素以及外部环境因素等[9]。针对不同企业类型，数字化转型的路径存在显著的差异。大型企业具有庞大的资源禀赋、雄厚的技术条件以及良好的区域投资驱动，企业数字化转型重点是从战略角度出发，受环境、任务以及任务依赖的不确定性等因素的影响[10]。Chanias 等认为大型企业进行数字化转型的决策和实施过程可以总结为"引进"—"实施"—"改进"之间高度迭代的动态过程[11]。Verhoef 等提出了数字化转型应从龙头企业着手，利用平台企业助力和政府政策保障推动企业数字化转型[9]。与此同时，自有品牌建设、渠道开发、资源整合和本土化战略也是大型企业进行数字化转型的有效路径[12]。对于中小企业来讲，现有研究主要从技术、组织和环境–生态三个维度研究中小企业数字化转型的驱动因素[13]。由于自身资源、技术、资金等方面的局限性，提质降本增效、融资、技术升级、政策支持等是驱动中小企业数字化转型的重要因素[14]。企业通过非研发创新方式，采用模块化设计和低代码手段，提高员工知识吸收能力，改善企业组织结构，实现中小企业数字化转型[15]。

综上，现有研究对于大型企业数字化转型的研究相对丰富，由于中小企业类型相对复杂，中小企业数字化转型多集中于驱动因素和影响结果研究，中小企业数字化转型的过程和路径研究相对不足，没有归纳出中小企业数字化转型的典型路径和整合性的理论框架。基于此，本文利用系统动力学模型探究中小型制造企业数字化转型升级的路径及机理，通过仿真模拟找到最优的转型路径及其关键因素。

2.2　基于数字技术驱动的数字化转型升级

相对于大型制造企业，中小型企业数字化转型的首要任务是利用数字技术实现业务流程的数字化[14]。由数字技术驱动业务流程数字化实现企业采购、生产、制造、营销和服务等业务的数字化转型，为企业多个业务领域提供数字活力，并在企业内部打通各部门之间的数据流，实现数据和知识的互联互通和共享协同，从而提升企业数据的利用效率和资源的管理效率。现阶段业务流程数字化主要从数字营销、数字制造、数字化采购以及管理资源数字化四个方面实施[16, 17]。

目前，研究对数字技术驱动的数字化转型升级进行了广泛的探讨。一方面，企业关注生产技术流程数字化，即关注产品设计、制造和销售服务数字化。首先，数字技术的应用加强了用户的数字化参与体验，将用户的消费认知与产品设计紧密结合，提升了产品的设计效率与质量[18]。其次，数字技术嵌入整个产品制造全流程，通过模块化数据驱动实现智能工厂的流水化作业，提高生产敏捷性[19]。最后，在数字技术驱动下企业能够通过大数据服务和孵化、大数据的预测与分析实现企业产品的销售创新[20]。另一方面，企业关注管理层面的数字化进程，从管理组织评估和管理数字化执行两个角度展开。陈冬梅等提出了企业管理层需要对自身人力、财务、营销等各方面管理业务情况有精确定位，找准业务数字化升级的准确切入点，为企业数字化转型提供方向[21]。在数字化转型执行过程中，企业要以一定标准制定数字化转型的关键绩效指标，确定风险管理原则、决策方式等[16]。与此同时，为确保在管理业务层面数字化转型升级实现全面覆盖，需要运用信息技术改变原有的组织架构，形成模块化、网络化的组织架构从而提高企业的管理效率[22]。

综上所述，企业数字化转型升级毫无疑问会提升企业在快速多变的数字经济背景下的生存能力，对组织不同的业务模块进行数字化转型升级会带来不同的效果。以往研究通常只针对企业某一业务领域考察企业数字化转型，而从生产、管理和外部环境三方面整合分析，探讨生产技术、信息技术以及外部环境对企业数字化转型升级有何不同的作用效果相对较少。本文利用系统动力学模型期望探索出针对中小型制造企业的数字化转型升级路径。

3　中小型制造企业数字化转型升级路径及其机理

目前，中小企业数字化转型主要障碍包括技术水平不足、信息化水平较低、管理水平较差以及资金政策支撑不够等。为了改善中小型制造企业数字环境，提升企业数字化转型的成功率，结合中小型制造企业转型升级的成功实践可以发现，企业数字化转型的方式主要是利用数字技术嵌入企业的业务流程，实现产品创新升级、生产流程重组、经营管理水平提升以及市场营销方式转变等方面[23]。为了实现企业经济效益可持续提升的目标，中小型制造企业必须依靠生产技术、信息技术和外部环境的支持。因此，本文从生产技术、信息技术和外部环境三个角度分析中小型制造企业数字化转型的实施路径，即生产技术支撑路径、信息技术支撑路径和外部环境支撑路径。

3.1 生产技术支撑路径机理

降本增效是企业数字化转型的根本目标。随着数字技术的不断成熟，人工智能与自动化生产的应用与推广不断渗透于产品的生产制造过程中，对传统劳动力起到抑制和替代的作用[24]，减少了企业人员素质不足的障碍，提升了信息技术业务匹配度，为数字化转型提供支撑。此外，智能化生产能力为企业带来生产流程上的创新与产品的创新，从而实现降本增效，有效地提升了企业的经济效益[25]。对于以专精特新为代表的中小型制造企业而言，实现生产技术数字化要牢牢抓住"工业'四基'"发展领域，实现关键领域"补短板""锻长板""填空白"，帮助企业实现生产制造智能化、业务流程自动化，大幅提高生产制造效率，达到降本增效的目的。生产产品作为企业效益的主要来源，产品生产设备等硬件基础设施是提高产品数量和提升产品质量的决定性因素。基于此，企业应该从生产技术着手提升设备的数字化能力，实现智能化生产。

对现有的企业制造工艺进行创新性革新，利用数字化技术将产品制造全流程以数字化形式呈现，通过数据分析对现有生产工艺进行创新，逐步调整生产工序，以实现产品增质降本，是中小型制造企业实现数字化转型的生产技术支撑路径。一方面，可以利用数字技术有效嵌入整个数字产业生态，提升产业链、稳定供应链、提升竞争力，充分发挥数字产业生态补链固链强链的作用，从而帮助企业降低价值链连接难度和参与成本[26]。另一方面，生产技术升级帮助企业实现规模生产，利用数据要素的低地理依赖性为企业提供广阔的生产交易市场。与此同时，将低端工作智能化、提高资本有机构成，有利于提高企业的生产效率，为中小型制造企业价值创造提供新动能。生产流程的数字化，使得产品提高了其用户参与体验，更有效地提升了个性化生产效率，提高了产品的个性化和多样化，在投入市场过程中利用规模经济效应和网络效应改善产品的市场竞争力[27]。新生产技术的投入促使新产品的诞生，从而使企业在市场中占据相对主导的地位，企业的主营业务收入也就随之提高，最终落脚在企业经济效益的有效提升，即反映了企业数字化转型策略的影响效果。随后，企业管理者可以针对影响效果的反馈对新产品的制造生产进行可控调节，利用数据寻找出有利于企业发展的最优生产链，实现企业最终的数字化转型升级。与此同时，企业生产技术的创新又能够通过生产流程数字化实现生产原材料、能耗以及库存积压有效降低，从而达到企业生产成本降低的效果[28]，最终归结于企业经济效益的提升。生产技术支撑企业数字化转型的具体作用机理如图1所示。

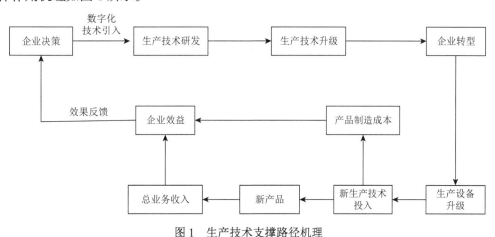

图 1 生产技术支撑路径机理

3.2　信息技术支撑路径机理

　　当前大量中小型制造企业采取粗放式的管理方式，业务流程、运营流程和管理流程继承于"老板打江山"时的管理方式，没有对管理方式进行变革的动机[29]。此外，虽然有个别企业负责人认识到当前管理方式并不能适应市场需求，有做出变革的动机，但是由于涉及利益重新分配，难以付诸实际行动。然而，数字化转型不仅仅是信息化和数字化，也需要对管理流程进行重新梳理，进行业务流程再造，但僵化的流程难以打破[30]，所以导致数字化转型难以开展。基于此，信息技术支撑对中小型制造企业来说有着重要的意义。

　　信息技术支撑路径是指企业将信息技术嵌入企业管理业务领域，打通生产与管理之间的数据流，实现企业生产管理智能化以及资源管理信息化。该路径主要涉及企业的管理领域，包括数字技术人员的引进、管理信息系统的应用以及企业组织结构的网络化和虚拟化程度等。因此，企业应从组织架构、人才结构、业务流程数字化和营销模式服务化四个方面进行转型升级[31]。首先，对于中小型制造企业来说由于自身创新能力不足，使得企业必须采用技术引进的方法将信息技术嵌入到产品制造生产设备之中。为了匹配升级的生产线，企业随之需要对自身的生产管理系统进行迭代升级，以防止生产与管理不匹配造成经济损失。与此同时，企业要对自身的人才结构进行优化，增加信息化技术人才，形成生产流程自动化生产和智能化管理[32]，实现个性化生产和精细化管理[33]。企业信息管理系统的迭代升级，使得中小型制造企业需要对企业员工进行系统培训或通过人才引进，加大数字化管理人员占比，对现有企业的组织架构进行有效的重构，形成虚拟化和网络化的组织架构[34]。此外，企业信息系统的应用可以使员工对产品生产制造全周期实行网络化监控和管理，而企业营销管理信息系统的应用则能够完成产品的线上线下营销策略整合，从而大幅度提高产品的销售额。最后，企业通过对信息技术引入产生的组织架构、人才结构、业务数字化的转型效果进行效果反馈分析，进而帮助企业管理层进行下一步的数字化转型决策。信息技术支撑企业数字化转型的具体作用机理如图 2 所示。

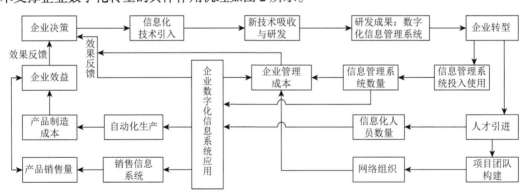

图 2　信息技术支撑路径机理

3.3　外部环境支撑路径机理

　　企业数字化转型是一种风险性的投资决策，具有高投入、高风险、见效慢的特征[35]。对于中小型制造企业来讲，数字化转型所带来的收益难以短时间以财务表的形式呈现，阻碍了企业数字化转型的进程。然而，政府补贴和融资信贷在支撑中小型制造企业数字化转型进程中起到了显著的促进作用。基于此，本文从外部环境考虑政府补贴与信贷水平对中小型制造企业数字化转型的支持作用。

外部环境支撑实现企业数字化转型主要考虑企业外部资金对企业数字化转型的支撑作用,企业外部资金主要来源于政府资助和自身信贷能力[36]。从政府资助角度,首先,中小型制造企业可以利用政府资助资金进行数字化设备、技术和人才投入,使产品产值最大化;最终,企业通过企业效益效果反馈,进行下一步转型决策。从信贷能力角度,信贷能力强可以加速资金流动,促进企业资本链有序运行[37],加强对技术和人员投资,帮助企业获得更高的产值。外部环境支撑企业数字化转型的具体作用机理如图3所示。

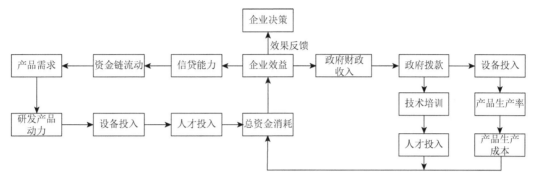

图3　外部环境支撑路径机理

4 研究设计

4.1 系统动力学模型

系统动力学(system dynamics,SD)是基于系统行为与内在因素或子系统间的依赖关系,并且透过数学模型的建立,逐步发掘出产生变化形态的因果关系,从系统角度出发寻求改善系统行为途径的研究方法[28]。每一个子系统之中都存在着信息反馈机制,系统动力学可以通过反馈回路反映系统内元素的因果关系,并对其进行分析和模拟[37]。面对系统结构复杂化、问题情境多元化以及各方利益差异化的挑战,它能运用整体论的思想选择可替代的最优方案[38]。企业数字化转型过程是一个系统性创新的过程,转型创新和环境快速变化同频共振引发整个系统全方位转变。为应对数字经济时代日益复杂、不确定性的环境,企业的服务、研发等各业务领域的能力也随之变化,反映这一变化的新型能力是深化应用新一代信息技术,建立、提升、整合、重构组织的内外部能力。由此可见,数字化转型是一个复杂的系统问题,企业的数字化转型受自身各个业务部门影响,与此同时各个业务部门又存在着相互影响、相互作用以及动态反馈的关系,因此本文选择构建企业整个转型升级过程的系统动力学模型,并通过对不同路径的仿真模拟,找到影响企业转型的关键因素,确定企业转型升级的最佳路径。

系统的边界及子系统划分。本文的建模目的是对中小型制造企业的数字化转型升级路径的演化机理进行量化分析,由三大支撑企业数字化转型路径的运作机理可知,生产技术支撑可以使企业效益发生变化,信息技术支撑路径会影响企业的管理,进而降低成本、影响企业效益,外部环境支撑路径可以影响企业资金流转能力,提高技术、设备、人才方面的投入能力,从而影响企业效益。因此,可以确定整个系统边界为企业经济子系统、企业管理子系统、企业外部环境子系统。

4.2 系统变量确定

系统变量指标的确定需要结合所研究的问题、系统的边界和各个系统的要素分析。企业经济子系统用来衡量企业进行技术升级之后对企业效益的影响,所以该子系统的衡量指标是企业效益;企业管理子系统主要用来分析信息技术植入对企业管理方式的改变，进而影响企业管理成本的改变，所以该子系统的主要衡量指标为经营管理成本；企业外部环境子系统用来分析企业外部资金流水对企业数字化转型方面的影响，所以该子系统中的效果衡量指标为企业税收额和企业信贷能力，各子系统主要变量见表1。

表1　中小型制造企业数字化转型升级影响因素

子系统	主要变量
企业经济子系统	生产技术转型升级、新产品销售收入、企业总业务收入、新产品增值业务收入、生产率、生产资金消耗、总资金消耗、企业效益
企业管理子系统	信息技术转型升级、企业信息系统投入、企业信息系统使用率、信息化人才比例、经营管理成本、技术培训
企业外部环境子系统	政府财政收入、政府拨款、资金链流水、信贷能力

4.3　系统因果关系图

根据企业经济子系统提取的各个影响因素对于本数字化转型系统的影响机理及其相互间的因果反馈关系，本文构建转型升级系统的因果关系图解析如下所示。

（1）生产技术支撑路径主要回路有三条：一是生产技术转型升级→设备升级投入→生产技术与设备匹配度→新产品销售收入→新产品增值业务收入→企业总业务收入→企业效益→生产技术转型升级；二是生产技术转型升级→设备升级投入→生产技术与设备匹配度→生产资金消耗→总资金消耗→企业效益→生产技术转型升级；三是生产技术转型升级→设备升级投入→生产技术与设备匹配度→新产品销售收入→企业总销售收入→企业效益→生产技术转型升级。

（2）信息技术支撑路径主要有四条：一是信息技术转型升级→企业信息系统投入→信息化人才比例→企业信息系统使用率→经营管理成本→总资金消耗→企业效益→信息技术转型升级；二是信息技术转型升级→企业信息系统投入→信息化人才比例→企业信息系统使用率→新产品销售收入→新产品增值业务收入→企业总业务收入→企业效益→信息技术转型升级；三是信息技术转型升级→企业信息系统投入→信息化人才比例→企业信息系统使用率→信息技术与设备匹配度→生产资金消耗→总资金消耗→企业效益→信息技术转型升级；四是信息技术转型升级→企业信息系统投入→信息化人才比例→企业信息系统使用率→外部环境因子→企业效益→信息技术转型升级。

（3）外部环境支撑路径主要有四条：一是政府财政收入→政府拨款→设备投入→人才投入→生产率→生产资金消耗→总资金消耗→企业效益→政府财政收入；二是政府财政收入→政府拨款→技术培训→人才投入→生产率→生产资金消耗→总资金消耗→企业效益→政府财政收入；三是信贷能力→设备投入→人才投入→生产率→生产资金消耗→总资金消耗→企业效益→信贷能力；四是信贷能力→资金链流水→产品需求→开发产品动力→设备投入→人才投入→生产率→生产资金消耗→总资金消耗→企业效益→信贷能力。

本文使用 Vensim PLE 软件构建转型升级系统的因果关系图，如图 4 所示。

4.4　系统流图构建

根据上述中小型制造企业数字化转型升级系统因果关系图，利用 Vensim PLE 软件将系统内的敏感变量纳入模型中绘制中小型制造企业数字化转型升级 SD 流图，如图 5 所示。

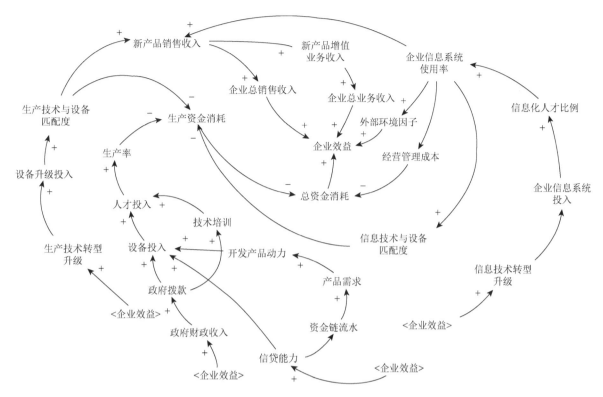

图 4　中小型制造企业数字化转型升级系统因果关系图

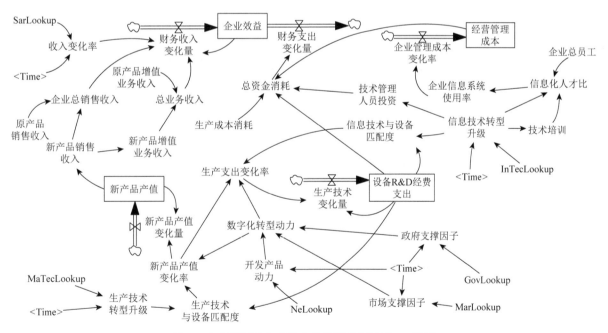

图 5　中小型制造企业数字化转型升级系统 SD 流图

MaTecLookup：生产技术转型升级表格函数；NeLookup：开发产品动力表格函数；GovLookup：政府支撑因子表格函数；MarLookup：市场支撑
因子表格函数；InTecLookup：信息技术转型升级表格函数；SarLookup：收入变化率表格函数；Time：时间函数

5 模拟与仿真

5.1 模型参数的确定

系统方程的参数确定主要有四大类，分别是状态变量、速率变量、辅助变量和常量，原始数据来源于《山东省统计年鉴》《中国统计年鉴》《中国高新技术产业统计年鉴》、企业财务报表等。使用的具体参数的估计方法见表 2。

表 2　企业不同变量的系统方程参数估计方法

类型	确定方法	变量名称
状态变量	状态变量的起始值来自企业真实生产数据	企业效益、经营管理成本、设备 R&D 经费支出、新产品产值
速率变量	没有固定的方程式，根据所影响的状态变量的特征自定义	财务收入变化量、财务支出变化量、企业管理成本变化量、生产技术变化量、新产品产值变化量
辅助变量	已经存在公认的方程式；有逻辑关系但数量关系不确定的变量之间，根据各因素多年的实际数据进行分析处理建立方程；各变量之间没有确定关系时用表函数建立方程	企业总销售收入、总业务收入、新产品销售收入、新产品增值业务收入、总资金消耗、生产成本消耗、技术管理人员投资、信息技术与设备匹配度、企业信息系统使用率、信息化人才比、技术培训、生产支出变化率、数字化转型动力、生产技术与设备匹配度、新产品产值变化率、产品需求
常量	直接用已知的常数表示或参考统计资料和历史经验	市场支撑因子、政府支撑因子、收入变化率、生产技术转型升级、信息技术转型、开发产品动力

5.2 案例背景与数据来源

山东省某专精特新制造企业（以下简称案例企业），经营范围包括：齿轮减速器及机电传动设备的研究、开发、生产、销售及服务；货物及技术进出口。案例企业一直深耕减速器等机器人核心零部件制造，市场占有率多年居于全国前列。然而，面对涉及上游供应、下游需求的整个产业生态，如何实现向产业链的前后端延伸是当前企业面临的主要问题，这也是很多中小型制造企业发展都会遇到的共性瓶颈。该企业联手依托工业互联网平台进行数字化改造，将生产数据链入工业互联网平台，而平台上所集聚的海量研发资源、客户资源、数据资源，为企业研发新产品、拓展新空间提供了极大便利，实现了产业升级，在工业互联网平台赋能之下，案例企业快速研制出了智能装车机器人、智能焊接机器人等全新产品，带动企业整体利润率提升 1 倍。因此，案例企业目前发展方向比较符合本文所提出的转型升级方向，所以本文以该企业的实际生产数据为数据基础进行模型仿真。

5.3 系统主要变量方程与参数确定

为了进行模型仿真，需要对模型进行量化分析，确定变量的初始化条件、逻辑和数量关系，构建系统特征方程。具体分析如表 3 所示。

表 3　中小型制造企业数字化转型升级量化分析

变量	变量方程与初始化
MaTecLookup	MaTecLookup = （ [（2014，0.6），（2020，0.9）]，（2014，0.6），（2015，0.62），（2016，0.32），（2017，0.58），（2018，0.75），（2019，0.61），（2020，0.9））

续表

变量	变量方程与初始化
NeLookup	NeLookup =（[（2014, 0.37），（2020, 0.82）]，（2014, 0.37），（2015, 0.36），（2016, 0.45），（2017, 0.68），（2018, 0.66），（2019, 0.76），（2020, 0.82））
GovLookup	GovLookup =（[（2014, 0.47），（2020, 0.79）]，（2014, 0.47），（2015, 0.52），（2016, 0.3），（2017, 0.48），（2018, 0.62），（2019, 0.55），（2020, 0.79））
MarLookup	MarLookup =（[（2014, 0.6），（2020, 0.68）]，（2014, 0.6），（2015, 0.68），（2016, 0.42），（2017, 0.11），（2018, 0.25），（2019, 0.59），（2020, 0.68））
InTecLookup	InTecLookup =（[（2014, 0.3），（2020, 0.91）]，（2014, 0.3），（2015, 0.52），（2016, 0.47），（2017, 0.68），（2018, 0.85），（2019, 0.71），（2020, 0.91））
SarLookup	SarLookup =（[（2014, 0.6），（2020, 1.12）]，（2014, 0.6），（2015, 0.42），（2016, 0.68），（2017, 0.82），（2018, 0.91），（2019, 1.3），（2020, 1.12））
生产技术转型升级	生产技术转型升级 = MaTecLookup（Time）
开发产品动力	开发产品动力 = NeLookup（Time）
政府支撑因子	政府支撑因子 = GovLookup（Time）
市场支撑因子	市场支撑因子 = MarLookup（Time）
信息技术转型升级	信息技术转型升级 = InTecLookup（Time）
收入变化率	收入变化率 = SarLookup（Time）
财政收入变化量	财政收入变化量 =（企业效益+企业总销售收入+总业务收入）×收入变化率
财政支出变化量	财政支出变化量 = 总资金消耗
企业总销售收入	企业总销售收入 = 新产品销售收入+原产品销售收入
总业务收入	总业务收入 = 新产品增值业务收入+原产品增值业务收入
新产品增值业务收入	新产品增值业务收入 = 新产品销售收入×0.476
新产品产值变化量	新产品产值变化量 = 新产品产值×新产品产值变化率
新产品产值变化率	新产品产值变化率 = 数字化转型动力$^{\frac{1}{2}}$×生产技术与设备匹配度
生产技术与设备匹配度	生产技术与设备匹配度 = 生产技术转型升级×100/设备 R&D 经费支出
数字化转型动力	数字化转型动力 = 开发产品动力×0.4+市场支撑因子×0.3+政府支撑因子×0.3
生产技术变化量	生产技术变化量 = 设备 R&D 经费支出×生产支出变化率
生产支出变化率	生产支出变化率 = 数字化转型动力$^{\frac{1}{2}}$×新产品产值变化率$^{\frac{1}{2}}$×信息技术与设备匹配度
信息技术与设备匹配度	信息技术与设备匹配度 = 信息技术转型升级×100/设备 R&D 经费支出
技术管理人员投资	技术管理人员投资 = 0.382×信息技术转型升级+2.32
技术培训	技术培训 = 0.198×信息技术转型升级+1.27

变量	变量方程与初始化
信息化人才比	信息化人才比 =（信息技术转型升级 × 0.45+技术培训 × 0.55）/企业总员工
企业信息系统使用率	企业信息系统使用率 = 信息化人才比 × 1.251
企业管理成本变化率	企业管理成本变化率 = 企业信息系统使用率 × 3.735
总资金消耗	总资金消耗 = 生产成本消耗+设备 R&D 经费支出+技术管理人员投资+经营管理成本

5.4　模型检验

　　模型检验通常划分为历史观测数值检验和模型功能检验，通过对已建模型进行检验测试来检验模型的有效性与科学性。历史观测数值检验是进行定性分析，其目的是检验模型的结构设计是否满足人们的一般认知，系统方程是否满足一般科学性等。模型功能检验是进行定量检验，其目的是分析模拟数值与历史观测数值是否存在一致性，并检验模型结构的稳健性。

　　（1）历史观测数值检验。历史观测数值检验主要检验系统模拟数值与历史观测数值的拟合度，检验所建模型是否符合实际系统逻辑。检验结果如图 6 和图 7 所示。

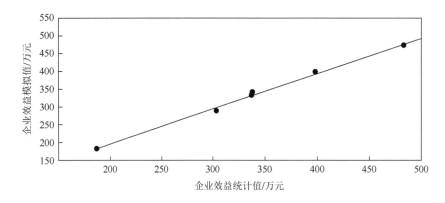

图 6　企业经济子系统历史检验结果（$R^2 = 0.9965$）

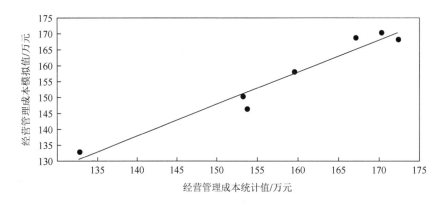

图 7　企业管理子系统历史检验结果（$R^2 = 0.9514$）

　　（2）模型功能检验。模型功能检验是为了检验所建模型的稳健性，即测试模型是否存在反逻辑或病态结构。本文选择步长（DT）为 1、0.5、0.25 分别进行模拟检验，并观测和对比模拟结果。模拟结果见图 8 和图 9。

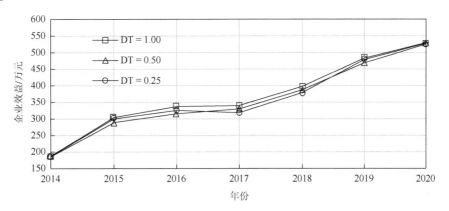

图 8　不同步长下企业利润稳定性比较

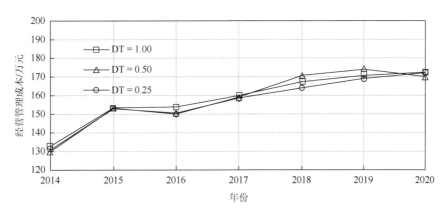

图 9　不同步长下企业管理成本稳定性比较

由模型历史观测数值检验的仿真图像（图 6 和图 7）可知，所建模型的模拟仿真数值与历史观测数值基本拟合，R^2 值分别为 0.9965 和 0.9514，说明模型符合实际逻辑，具有较好的历史一致性。此外，通过模型功能检验（图 8 和图 9）的模拟仿真结果可以看出，在不同的步长下，指标曲线的波动相对平稳，不存在异常波动现象，说明所建的模型具有较好的稳健性。基于此，可以认为本文所建的数字化转型升级路径模型具有较好的历史一致性和稳健性，与实际系统发展路径相符，因此可以进行进一步的仿真结果分析和发展路径选择实验。

5.5　仿真结果分析与发展路径选择

（1）发展路径选择仿真结果分析。由上述分析可知，企业数字化转型主要存在三种不同的系统支撑路径。因此，本文以企业效益为结果变量分析三种系统对结果变量的不同影响，并进行模拟仿真分析，分析结果如图 10 所示。

由图 10 可以明显看出，三种子系统影响因素不同导致各个子系统对企业效益的增长程度存在明显差异。其中，信息技术支撑对于企业效益的增长效果更为明显，其次是生产技术支撑，而外部环境支撑对企业效益的增长效果相对薄弱。

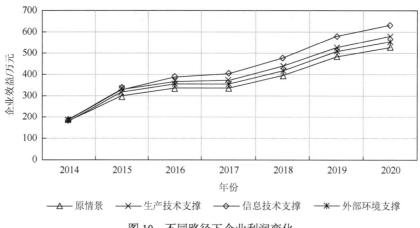

图 10　不同路径下企业利润变化

（2）数字化转型路径关键因素识别。针对发展路径选择仿真结果分析，信息技术支撑是对企业数字化转型效果最为明显的路径，因此在信息技术支撑路径中存在中小型数字化转型的关键因素。本文 4.3 节得出信息技术支撑路径有四条主要回路，四条回路中都出现了信息技术转型升级、信息化人才比例、企业信息系统使用率并且都对四条路径产生影响。其中，影响数字化转型效果的主要变量有经营管理成本、新产品销售收入、生产资金消耗以及外部环境因子，它们分别来自信息技术支撑的四条主要回路。因此，对信息技术转型升级、信息化人才比例、企业信息系统使用率、经营管理成本、新产品销售收入、生产资金消耗、外部环境因子进行系数调整（系数上调 10%），并对整个数字化转型系统进行仿真模拟，以企业效益作为结果变量来量化不同因素对数字化转型的影响程度。从经过系数调整后的系统仿真结果（图 11）可以得知，四种主要变量对于企业数字化转型的影响效果都较为明显，其中企业信息系统使用

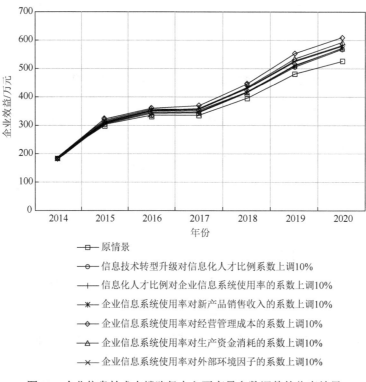

图 11　企业信息技术支撑路径中主要变量参数调整的仿真结果

率系数调整后的影响对于整个信息技术支撑数字化转型的效果最为明显，因此在整个信息技术支撑系统中企业信息系统使用率是整个路径中的关键因素。

（3）路径选择。由以上仿真结果得出，目前企业数字化转型最优的发展路径是提高企业信息技术支撑，即进行信息技术植入，而影响信息技术植入的关键因素是信息系统使用率，由图 11 可以得出，影响企业信息系统使用率的两大因素是信息化人才比例和信息技术转型升级。这是因为企业信息系统的使用效果使得企业所有业务流程数字化，这必然会影响企业的管理组织结果，而企业管理组织结构的改变必须有与之相匹配的人员构成，企业技术的智能化对员工的技术能力、专业素养和教育水平都有所提升，所以企业提高信息系统使用率，必须进行信息系统的引入和人员投资，并进行人员培训以提升员工素质，提高企业信息系统利用效率。

6 结论与讨论

6.1 研究结论

本文主要从企业业务层面对数字化技术促进中小型制造企业转型升级的规律进行了总结归纳，并运用系统动力学方法探索中小型制造企业实现数字化转型升级的路径，并进行系统仿真得出以下结论。

第一，与传统大型制造企业不同，中小型制造企业由于自身管理水平不高、信息化水平较低以及资金储备不足，不足以依靠自身实力实现数字化转型。因此，为了实现企业经济效益可持续提升的目标，提升企业数字化转型的成功率，中小型制造企业必须依靠生产技术、信息技术和政府政策的支持，将数字技术嵌入企业的业务流程，实现产品创新升级、生产流程重组、经营管理水平提升以及市场营销方式转变等[23]。本文结果显示，生产技术支撑、信息技术支撑和外部环境支撑对企业数字化转型具有促进作用。

第二，数字化转型是信息化和工业化融合的高级阶段，对于大型制造企业来说，数字化转型是从公司高层开始设立转型战略，重点实施。这种战略部署必须具备一定水平的信息化，为数字化转型提供基础架构以及基本的数据资源等[4]，但是当前中小型制造企业信息化水平可以用"低、乱、差"三个字概括，严重阻碍中小型制造企业数字化转型的进程[39]。模拟仿真结果显示，提升企业信息技术支撑能够相对有效地提高数字化转型的效益。因此，中小型制造企业应以信息技术作为主要切入点，将某一管理环节作为数字化转型重点，以点带面能快速获取数字化转型的成果效益。

第三，相对于大型制造企业，中小型制造企业员工素质较低，严重阻碍了企业信息系统的使用率，导致数字化转型难以实施、效果甚微[15]。研究结果显示，企业信息系统使用率在企业数字化转型系统中发挥重要作用，是影响信息技术支撑的关键因素，并且影响企业信息系统使用率的两大因素是信息化人才比例和信息技术转型升级。

6.2 理论贡献

在数字化转型方面的研究成果，切实促进了制造企业由传统的制造流程业务体系向数字化嵌入制造生产全流程模式的转变。越来越多的制造企业关注和应用数字技术，使得越来越多的学者们从制造行业着手研究企业数字化转型的路径[40]。本文主要理论贡献如下。

第一，通过模拟仿真识别影响中小型制造企业数字化转型的关键因素，为中小型制造企业数字化转型研究做出贡献。在当前数字经济时代，面对快速多变的数字化环境，数字化转型具有复杂的系统因果机制，仅仅改变企业某一业务领域的数字化程度是无法完成数字化转型的[4]。已有文献主要集中于企业数字化转型的动机和成效[41]，对于影响数字化转型因素之间的复杂关系以及转型路径中关键因素识别相对较少。与以往研究不同，本文采用模拟仿真的方法对数字化转型路径关键因素进行识别，从而为中小型制造企业数字化转型路径研究提供一定的理论指导。

第二，将传统制造业企业转型升级聚焦于中小型制造企业之上，深化了中小型制造企业数字化转型的影响因素及边界。基于现有研究基础对企业数字化转型升级进行深入研究，发现其对企业效益存在积极作用[42]。基于此，以企业效益作为企业数字化转型的效果衡量变量，利用系统动力学模型研究企业数字化转型升级的运作机理。从生产技术、信息技术和外部环境三个方面，构建中小型制造业企业数字化转型升级系统动力学模型，利用 Vensim PLE 软件进行模拟仿真。研究发现生产技术、信息技术和外部环境均对企业数字化转型有正向促进作用，其中信息技术支撑路径带来的转型效果最优，而影响该路径的关键因素是企业信息系统使用率。研究结论揭示了中小型制造企业的发展路径，对中小型制造企业数字化转型的理论进行了补充和完善。

6.3　实践启示

针对本文的研究结论可以向中小型制造企业提出以下发展建议。第一，引入适用于企业自身管理业务流程的管理信息系统，采纳即插即用的 SaaS（software as a service，软件即服务），使企业采购、订单管理、仓储管理、物流管理以及财务管理等管理层面业务实现数字化运转，通过信息技术实现企业的动态管理、灵活调度，提升管理效率。第二，改善企业组织人员比例，着力引进高级科技人才，通过专业培训等手段提高员工的数字化素养，使得企业管理水平与企业人才结构相匹配，以适应企业信息化管理水平。第三，通过低代码开发，使得不同经验水平的开发人员能够通过图形用户界面，使用拖放式组件和模型驱动逻辑来创建 Web 和移动应用，减轻非技术开发人员的压力，确保企业在没有技术人员的情况下依然可以进行系统的开发，降低中小型制造企业数字转型门槛。第四，对企业制造工艺实施数字化升级，着力推动大数据、物联网、人工智能等新一代信息技术嵌入企业生产流程，在管理数字化基础上向生产数字化、企业智能制造方向发展，利用数字技术实时对产品生产全流程进行动态监控与调度，实现降本增效，已达到企业经济效益和社会效益的提升。第五，政府层面，从技术人才、办公场地、生产原材料等方面对中小型企业进行重点扶持，鼓励企业在研发设计、生产制造、经营管理、销售服务等全生命周期中推进数字化应用，采用专项财税政策支持的方式为中小型制造企业数字化转型提供资金支持，降低企业转型成本。

6.4　局限性和未来研究方向

本文尽管提出了中小型制造企业数字化转型的过程模型，提出了一些有意义的结论，但仍存在一些不足：首先，本文主要以管理数字化基础相对不足的中小型制造企业为研究对象进行的仿真模拟，可能存在样本局限性，未来有待对其他类型的制造企业进行深入研究；其次，系统动力学注重的是系统结构而不是统计性，导致大多数参数的取值是在专家咨询、调查现状、依据经验以及数据可得性问题的基础上，采用近似参数值，与实际系统存在一定偏差；最后，中小型制造企业数字化转型已经成为国内外研究的热门话题，未来可以采用多种研究方法论证这一理论框架。

参 考 文 献

[1] Crittenden A B，Crittenden V L，Crittenden W F. The digitalization triumvirate：how incumbents survive[J]. Business Horizons，2019，62（2）：259-266.

[2] 杜传忠，管海锋. 数字经济与我国制造业出口技术复杂度——基于中介效应与门槛效应的检验[J]. 南方经济，2021，（12）：1-20.

[3] 吕文晶，陈劲，刘进. 工业互联网的智能制造模式与企业平台建设——基于海尔集团的案例研究[J]. 中国软科学，2019，（7）：1-13.

[4] 肖静华，吴小龙，谢康，等. 信息技术驱动中国制造转型升级——美的智能制造跨越式战略变革纵向案例研究[J]. 管理世界，2021，37（3）：161-179，225，11.

[5] 谢康，廖雪华，肖静华. 突破"双向挤压"：信息化与工业化融合创新[J]. 经济学动态，2018，（5）：42-54.

[6] 赵慧娟，姜盼松，范明霞，等. 数据驱动中小制造企业提升创新绩效的机理——基于扎根理论的探索性研究[J]. 研究与发展管理，2021，33（3）：163-175.

[7] Nambisan S，Lyytinen K，Majchrzak A，et al. Digital innovation management：reinventing innovation management research in a digital world[J]. MIS Quarterly，2017，41（1）：223-238.

[8] Adner R，Puranam P，Zhu F. What is different about digital strategy？From quantitative to qualitative change[J]. Strategy Science，2019，4（4）：251-342.

[9] Verhoef P C，Broekhuizen T，Bart Y，et al. Digital transformation：a multidisciplinary reflection and research agenda[J]. Journal of Business Research，2021，122：889-901.

[10] 宁连举，姚丹. 信息处理理论视角下国有企业数字化的驱动因素与转型机制——基于中化石油销售有限公司的案例研究[J]. 财经科学，2023，（2）：110-127.

[11] Chanias S，Myers M D，Hess T. Digital transformation strategy making in pre-digital organizations：the case of a financial services provider[J]. The Journal of Strategic Information Systems，2019，28（1）：17-33.

[12] 王树柏，张勇. 外贸企业数字化转型的机制、路径与政策建议[J]. 国际贸易，2019，（9）：40-47.

[13] 张新，徐瑶玉，马良. 中小企业数字化转型影响因素的组态效应研究[J]. 经济与管理评论，2022，38（1）：92-102.

[14] 张夏恒. 中小企业数字化转型障碍、驱动因素及路径依赖——基于对 377 家第三产业中小企业的调查[J]. 中国流通经济，2020，34（12）：72-82.

[15] 卢彬彬. 中小制造企业转型升级路径：非研发创新[J]. 当代经济管理，2017，39（8）：70-75.

[16] 焦豪. 企业数字化升级的内在逻辑与路径设计研究[J]. 社会科学辑刊，2022，（2）：96-104，209.

[17] Busca L，Bertrandias L. A framework for digital marketing research：investigating the four cultural eras of digital marketing[J]. Journal of Interactive Marketing，2020，（49）：1-19.

[18] 肖静华，吴瑶，刘意，等. 消费者数据化参与的研发创新——企业与消费者协同演化视角的双案例研究[J]. 管理世界，2018，34（8）：154-173，192.

[19] 孙新波，苏钟海. 数据赋能驱动制造业企业实现敏捷制造案例研究[J]. 管理科学，2018，31（5）：117-130.

[20] Akter S，Gunasekaran A，Wamba S F，et al. Reshaping competitive advantages with analytics capabilities in service systems[J]. Technological Forecasting and Social Change，2020，159：120180.

[21] 陈冬梅，王俐珍，陈安霓. 数字化与战略管理理论——回顾、挑战与展望[J]. 管理世界，2020，36（5）：220-236，20.

[22] Jacobides M G，Cennamo C，Gawer A. Towards a theory of ecosystems[J]. Strategic Management Journal，2018，39（8）：2255-2276.

[23] Vial G. Understanding digital transformation：a review and a research agenda[J]. The Journal of Strategic Information Systems，2019，28（2）：118-144.

[24] 蔡跃洲，陈楠. 新技术革命下人工智能与高质量增长、高质量就业[J]. 数量经济技术经济研究，2019，36（5）：3-22.

[25] Zhu K，Kraemer K L，Xu S. The process of innovation assimilation by firms in different countries：a technology diffusion perspective on e-business[J]. Management Science，2006，52（10）：1557-1576.

[26] 刘宝. "专精特新"企业驱动制造强国建设：何以可能与何以可为[J]. 当代经济管理，2022，44（8）：31-38.

[27] 谈丹，魏航，李佩. 制造商技术开放策略问题研究[J]. 中国管理科学，2021，29（7）：84-95.

[28] 刘开迪，杨多贵，王光辉，等. 基于系统动力学的生态文明建设政策模拟与仿真研究[J]. 中国管理科学，2020，28（8）：209-220.

[29] 池仁勇，梅小苗，阮鸿鹏. 智能制造与中小企业组织变革如何匹配？[J]. 科学学研究，2020，38（7）：1244-1250，1324.

[30] 杨志波，杨兰桥. 我国中小型制造企业智能化转型困境及破解策略[J]. 中州学刊，2020，（8）：25-31.

[31] 池毛毛，叶丁菱，王俊晶，等. 我国中小制造企业如何提升新产品开发绩效——基于数字化赋能的视角[J]. 南开管理评论，2020，23（3）：63-75.

[32] 刘淑春，闫津臣，张思雪，等. 企业管理数字化变革能提升投入产出效率吗[J]. 管理世界，2021，37（5）：170-190，13.

[33] 李春发，李冬冬，周驰. 数字经济驱动制造业转型升级的作用机理——基于产业链视角的分析[J]. 商业研究，2020，（2）：73-82.

[34] 林琳，吕文栋. 数字化转型对制造业企业管理变革的影响——基于酷特智能与海尔的案例研究[J]. 科学决策，2019，（1）：85-98.

[35] 金晓燕，任广乾. 双循环新发展格局下国有企业数字化转型研究[J]. 中州学刊，2022，（5）：15-22.

[36] 蔡乐才，朱盛艳. 数字金融对小微企业创新发展的影响研究——基于 PKU-DFIIC 和 CMES[J]. 软科学，2020，34（12）：20-27.

[37] 王层层. 辽宁装备制造业转型升级与智能化建设的系统动力学研究[J]. 科技管理研究，2020，40（7）：190-199.

[38] 李俊霞，张哲，温小霓. 科技金融支持高新技术产业发展的实证研究——基于系统动力学方法[J]. 中国管理科学，2016，24（S1）：751-757.

[39] Vogelsang K，Liere-Netheler K，Packmohr S，et al. Success factors for fostering a digital transformation in manufacturing companies[J]. Journal of Enterprise Transformation，2018，8（1-2）：121-142.

[40] 武常岐，张昆贤，陈晓蓉. 传统制造业企业数字化转型路径研究——基于结构与行动者视角的三阶段演进模型[J]. 山东大学学报（哲学社会科学版），2022，（4）：121-135.

[41] 陈楠，蔡跃洲，马晔风. 制造业数字化转型动机、模式与成效——基于典型案例和问卷调查的实证分析[J]. 改革，2022，（11）：37-53.

[42] Cheng C，Yang M. Creative process engagement and new product performance：the role of new product development speed and leadership encouragement of creativity[J]. Journal of Business Research，2019，99：215-225.

Research on Digital Transformation and Upgrading Path of Small and Medium-Sized Manufacturing Enterprises Based on System Dynamics

ZHANG Xin[1,2], GUO Hao[1], MA Liang[1,2], ZHANG Ge[1,2]

（1. School of Management Science and Engineering, Shandong University of Finance and Economics, Jinan 250014, Shandong, China

2. Digital Economy Research Institute, Shandong University of Finance and Economics, Jinan 250014, Shandong，China）

Abstract　It has become an important problem for small and medium-sized manufacturing enterprises to conform with the times development by the digital transformation and upgrading of enterprises through the digitalization of business processes. This study constructs the system dynamics model of digital transformation and upgrading of small and medium-sized manufacturing enterprises from three aspects of production technology, information technology and external environment, and uses Vensim PLE software for simulation. This study finds that production technology, information technology and external environment all have a positive role in promoting the digital transformation of enterprises, among which the transformation effect brought by the information technology support path is the best, and the key factor affecting the path is the utilization rate of enterprise information systems. This study enriches the relevant theories of realizing digital transformation through digitalization of enterprise business processes, and provides reference for enterprises to realize digital transformation from three aspects of production and manufacturing, resource management and external factors.

Keywords　Small and medium-sized manufacturing enterprises, Enterprise digital transformation, System dynamics model, Simulation

作者简介

张新（1967—），男，山东财经大学管理科学与工程学院教授、博士生导师，研究方向：信息管理与信息系统、两化融合、数字经济。E-mail：zhangxin@sdufe.edu.cn。

郭昊（1994—），男，山东财经大学管理科学与工程学院博士研究生，研究方向：信息管理与信息系统、数字经济。E-mail：sdufe_gh@163.com。

马良（1991—），男，山东财经大学管理科学与工程学院副教授，研究方向：企业社交媒体，共享经济，电子健康。E-mail：maliang1010@126.com。

张戈（1978—），男，山东财经大学管理科学与工程学院教授，研究方向：企业数字化转型、IT 采纳与价值创造。E-mail：zhangge0606@163.com。

基于时序双分支图卷积网络的交通流量预测[*]

昝欣[1] 刘煜明[2] 刘辰昀[3]

（1. 上海交通大学安泰经济与管理学院，上海 200030；2. 上海国际港务（集团）股份有限公司，上海 201201；3. 上海市大数据中心，上海 200433）

摘 要 精准的交通流量预测是现代智能交通系统稳定运行的关键。在过去的十几年中，交通流量数据呈爆炸式增长，智能交通步入大数据时代。交通流量预测受空间道路拓扑结构和时序流量运动模式等多种因素影响，如何捕获观测节点间的复杂时空相关性，如何利用合理的先验知识辅助建模海量数据，提升在真实场景下的预测精度，成为交通流量预测的重点。现有交通流量预测方法主要使用基于隐式特征提取的设计，在综合交通时空信息，捕获节点时空依赖关系上仍存在模型能力弱，可解释性差等不足。本文提出了一种时序双分支图卷积网络（Bi-Path graph convolutional network，简称 Bi-Path GCN），设计了基于时序特征提取的双分支图卷积网络。双分支图卷积网络首先利用时序特征解耦模块将时序特征拆分成低频分量和高频分量。不同分量输入由两个并行的时空特征提取模块提取有判别力的特征，并利用时空特征融合模块进行自适应加权融合。该设计显式利用了时序先验信息，提升了模型对复杂时空结构信息的捕获能力。本文还使用两个真实场景下的交通数据集评估了该方法的预测性能。实验表明，本文提出的双分支图卷积网络结构，可以有效利用不同时序分量的互补信息，简化模型的学习难度，在对比模型中取得了更好的表现，体现了本方法在精准预测交通流量方面的潜力和优越性。

关键词 图卷积网络，时序双分支结构，时序分解，自适应加权融合

中图分类号 U495

1 引言

交通流量预测是根据交通道路网络中采集的历史观测数据，估计出特定区域未来时刻的平均车辆数量。交通预测是智能交通系统（intelligent transportation system）不可或缺的一部分，准确可靠的交通预测能够促进现代交通系统建设[1]。例如，交通流量预测是车辆路径规划的重要依据，可以帮助出行人员做出更便捷的路径规划和交通工具选择。准确预测未来潜在的交通拥堵地点和拥堵时间也能够帮助交通管理者做出合理的交通管制决策，通过科学的交通资源分配来提升城市的整体通行效率。交通流的有效预测不仅是过去十几年的研究热点，更是未来智能交通运行的基础。

从本质上看，交通流量预测是从历史观测信息中提取时空相关特征来对未来交通状态进行估计。交通大数据既为交通流量预测带来了前所未有的数据支持，也对海量真实场景的交通流量建模提出了新的要求。首先需要应对的挑战在于能否充分利用已有的交通大数据信息，挖掘有判别力的时空相关性特征来精准预测交通流量？到目前为止，已有学者基于不同理论基础提出了多种预测模型，开展交通流量研

---

* 基金信息：2022 年（第二批）上海市城市数字化转型专项资金（上港集团港口物流大数据中心项目，编号：202202013）。

通信作者：昝欣，女，河南新乡人，上海交通大学安泰经济与管理学院博士后，研究方向：运输经济理论与政策、大数据政务管理。联系方式：18235701123，E-mail：18113021@bjtu.edu.cn。

究[2, 3]。然而这些研究通常在小样本数据上拥有良好的预测性能，在复杂真实场景中预测能力存在退化。其他交通流量预测系统和模型，大多采用基于隐式特征提取的模型结构，其预测的精度及可解释性均存在不足，在建模真实场景复杂流量数据集和捕获长序时空依赖方面仍有改进空间。

从交通数据的特征看，交通预测的挑战性在于：①交通数据是基于物理道路网络采集，交通预测必须考虑道路节点的复杂拓扑结构及其空间相关性。②交通数据具有高度的时序依赖性，单就独立的道路节点而言，其观测到的流量数据既在时序上会表现出一定的趋势和规律，也存在趋势之上的高频波动。随着人工智能技术在交通领域的不断应用，深度学习算法能够使用多层次架构从简单到复杂提取数据隐藏特征，能够捕获数据在时空维度上的相关性。由于交通流是复杂且非线性的，深度学习算法隐式挖掘数据相关性的特性，使其能够以高度抽象的方式建模，相较于传统方法的预测性更稳定。近年来，它被选择作为处理海量数据，以及从数据中隐式挖掘数据特性的有力手段[4]。与此同时，丰富多样的深度学习方法被设计出来，用以提取异构数据集中的时空依赖性，提升高维数据的特征建模，进而显著提升交通流量的预测结果。常见的深度学习模型包括：卷积神经网络（convolutional neural network，CNN）、长短期记忆网络（long short-term memory，LSTM）、编码器、门控循环单元（gated recurrent unit，GRU）、图卷积网络（GCN）和混合模型[3, 5]。

近期的研究表明，GCN 在建模道路网络的复杂空间拓扑结构方面有显著优势[3]。其基于的图理论中顶点、边、邻接矩阵等概念也使交通流量的建模有更好的可解释性。而非线性时间框架下的其他交通流量预测模型则仍存在这样或那样的缺陷。也有学者对 GCN 进行了扩展，Zheng 等提出了一个多注意力图形网络来预测道路结构图上的交通状况[5]。基于图结构的算法相比传统预测模型，预测精准度有所提升，但它们并没有利用变量之间的显式空间依赖关系进行研究。近期的研究关注到了交通流量的时空相关性。其中，有学者将递归神经网络（recurrent neural network，RNN）和 GCN 模型组成混合模型，如 Swain 等提出的扩散卷积递归神经网络（deep convolutional recurrent neural network，DCRNN）[6]。利用 RNN 良好的时序记忆能力，可以正确处理流量的动态特征。经典的 GCN 机制依赖人工设置的道路邻接矩阵，用于传达不同节点之间影响权重的信息。邻接矩阵中的元素通常设为道路节点的连通性，表示不同节点的影响权重。但是人工分析通常很难表达不同节点的影响差异。当连通性设置为邻接矩阵元素时，邻接矩阵变为 0-1 矩阵，这意味着下游节点在卷积层中的贡献相同。这与现实生活中的场景存在差异，会降低预测的准确性。有很多工作对此进行了改进，如在人工设定的邻接矩阵的基础上叠加自学习的节点编码动态矩阵等[7]。虽然这些工作在预测精度上取得了显著提升，但它们整体网络结构设计均采用隐式的时空建模的方式，忽视了时空特征的合理先验信息，长序时空相关性建模能力存在不足。

为了克服上述问题，本文提出了一种新的时空图卷积网络，在网络设计时显式利用时序特征中的低频和高频分量，精心构建双分支预测模式来提取有判别力且存在互补的时空特征的网络模型，能够有效预测交通流量的变化趋势和波动情况。此外本文提出了特征融合模块，该模块可以自适应加权融合互补的时间尺度特征，进一步提高预测精度。本文在方法和理论方面的主要贡献总结如下。

（1）本文开展了具有代表性的交通流量预测，基于合理的时序分解先验构造出一个双分支图卷积预测框架。特征提取分支被设计成可以提取不同频率尺度上的互补特征。该设计旨在分解复杂的交通流时空特征，并通过显式利用时间维度中的结构信息，降低模型学习难度。

（2）本文提出了自适应权重的特征融合模块，采用由粗到细（coarse-to-fine）的融合策略，融合了不同频域的时空特征，对最终的预测结果进行校正和优化。

（3）本文使用真实世界的数据集进行验证。在两个真实的数据集中，模型的预测精度均超过了同类对照方法。

2　文献综述

深度学习模型可以从数据中有效地提取局部特征。其中，传统卷积网络通常针对规则的网格数据，而图卷积网络对处理包含复杂拓扑结构的数据更有优势。总的来看，有两种方法可以进行图卷积：谱图卷积[1, 8]和空间图卷积[2]。空间图卷积直接对图的拓扑结构进行卷积操作。近年来，图卷积技术逐渐应用到交通运输领域，并扩展到具有图状拓扑结构的高维数据。

空间信息对于交通流预测具有重要意义。对于空间模型，卷积运算通常用于概括和分析附近位置或路段之间的局部空间相关性。虽然图卷积网络的运用提升了交通数据预测的精准性，但真实场景中交通流量的准确预测仍然是一个具有挑战性的问题，需要考虑以下因素。①地理空间相关性：流量状态沿道路网络上的交通节点，从一个位置传播到邻居位置节点的空间特性。②非地理空间相关性：在交通拓扑网络中，节点可能与地理距离较远的位置关联密切。③时间相关性和周期性：邻近时间的交通状况具有局部一致性。由于出行人员的活动节奏趋于稳定波动状态，交通状况也具有显著的每日周期性和每周周期性。④突发事件的相关性：除了时空关系外，天气、节假日以及交通事故等突发事件也会对交通流量产生影响[9, 10]。

基于此，最近的研究集中从空间和时间角度，分析交通流量的时间和空间模式[2, 7]。其中，DCRNN[6]、时空图卷积网络[11]和序列到序列的图卷积模型[12]均直接将空间层与时间层的信息结合，这三种方法是图卷积应用于现实交通场景的代表。比如 Zhao 等[11]提出了时空图卷积网络模型，该方法与图卷积网络和门控循环单元相结合。为了有效地利用时空因素之间的相互影响，一些研究人员进行了进一步拓展，Han 等提出了时空图卷积网络（spatial temporal graph convolution network，STGCN）[13]，解决流量域中的时间序列预测问题。Pan 等也使用 STGCN 模型[14]，利用时空块从空间和时间维度进行数据分析。在 STGCN 模型中，时间卷积层由 CNN 实现，图卷积层由 GCN 实现，这样的结合方式能够更好地分析邻近时间和位置之间的相关性，能获取更多交通流量信息，提高预测的有效性。

由于历史信息与外部因素相关因素的利用不够充分，Guo 等提出了一种增加时空属性的 GCN[15]。他们考虑了影响交通流量的外部条件，模型能够根据建模路网节点处的交通数据，获取具有更多信息的特征向量。Qiu 等考虑了交通数据的时空特征，提出了一种动态图递归卷积神经网络，结合发生的事件对路网的影响，提高了车流速度的预测准确性[16]。首先，他们设计了一种高影响力的关键交通事件发现方法。其次，设计深度学习模型来捕捉事件的特征。建立深度事件识别 GCN，有效结合交通事件、时空和周期等特征进行交通速度预测。Cao 等提出了混合时空图卷积网络，它能够通过利用即将到来的交通量数据来"推断"未来的旅行时间[17]。Huang 等提出了一种时空自适应门控图卷积网络，该网络利用道路的全球上下文信息和城市交通流的时空相关性，通过寻找道路节点的空间邻居和语义邻居来构建动态加权图[18]。

由于 GCN 可通过节点之间的邻接矩阵解决非欧几何结构问题，可以同时学习节点特征信息和结构信息，适合非规则拓扑结构数据。通过图卷积运算，得到交点之间的空间依赖性，交叉点在图中被视为顶点，交叉点之间的道路由边表示。Zhu 等提出了一种基于注意力的时空图卷积网络模型，该模型可以直接处理原始的基于图的交通网络数据，并有效捕获动态时空特征[19]。Guo 和 Xie 通过节点自适应参数学习和数据自适应图生成模块，提出了自适应图卷积循环网络，该网络能够增强传统 GCN 的预测稳定性，可以学习特定节点的模式，也适用于单独的流量序列源数据[20]。Bai 等提出了两个自适应模块，用于增强具有新功能的 GCN：①节点自适应参数学习模块，用于捕获特定于节点的模式；②数据自适应图生成模块，用于自动推断不同流量序列之间的相互依赖关系[21]。

然而，现有的图卷积模型只是改变了图的构建方式，不能从聚合节点的角度有效捕获深层空间信息，也没有区分不同车流量的时序频域特征。根据已有学者提出的方法，图卷积模型的时空相关性可能影响交通量的其他条件（如交通事故、交通要塞点）。最近的研究通常结合残差网络，向卷积层中添加连续层特征，将深层和浅层特征区分开，以分析不同城市之间的交通网络的差异[13, 16]。然而目前提出的 GCN 及其扩展模型，对网络图的结构与交通流信息相关性的关注度不高，常常将车辆交通网络的物理拓扑直接作为图的结构，模型预测的稳定性不高。Luan 等提出了一个基于贝叶斯方法的时空图卷积网络，该方法将图结构引入交通数据的预测。基于学习物理结构和端到端交通检测器节点数据的图拓扑，该模型能够发现交通流之间的时空关系[22]。然而相似的研究在卷积建模的确定性和精确性方面仍存在改进空间，在区别捕获交通流频率、细化不同频域下交通流的差异方面仍存在改进空间。

综上所述，图卷积模型一直是近期预测研究的主要趋势。虽然现有研究可以实现比传统回归模型、卷积神经网络、循环神经网络等更高的预测准确率，但大多数仍存在一些不足：①现有的 GCN 及其拓展模型无法分析和区分各个上游节点，对节点不同的影响权重的区分度不高，模型的学习能力仍有提升空间。②虽然 GCN 相比 LSTM、CNN 和 RNN 的泛化能力更强，但是，图卷积的方法仍然存在一些问题，如无法提取更长范围内的节点信息。随着网络层的加深，图卷积网络会退化，导致模型的预测性能下降。③交通流量通常具有周期性变化趋势，也受到前一时刻交通运输状况的影响。已有工作多通过人工设定的先验知识来构建复杂的图卷积网络结构。但这些假设多集中在对空间节点之间的相关性做出假设，比如通过聚类构造层次的空间网络结构，即区域子网络和节点子网络等[7, 11]。少有工作考虑通过建模时间维度数据的特征相关性，提升模型对复杂时空结构信息的捕获能力，提升预测精度。④在分析长时间序列趋势数据时，现有模型在优化模型学习速度和捕捉交通数据的时空特征方面仍面临挑战。

基于现有图卷积网络的研究，本文提出了一种基于时序分解的时空交通流预测框架，该框架能够结合时间尺度的差异，显式利用交通流数据的低频和高频分量，融合了交通数据的时空特征，能够更准确地预测交通流。

3 方法

本部分首先描述了交通预测问题的数学定义。其次将介绍本文的框架和三个关键组成部分：时序特征解耦、时空特征提取和时空特征融合模块。表 1 为主要参数介绍。

表 1 主要参数信息

主要参数	解释
θ	模型 F 的可学习参数
U	特征向量矩阵
Λ	特征值矩阵
k	均值池化的卷积核大小
Θ_1^b, Θ_2^c	常规时间卷积层的可学习权重和偏差
A	相邻矩阵
W	可学习权重

主要参数	解释
X	特征输入
Q^s, K^s, V^s	权重矩阵
$X_{n,t}^c \in R^{N \times T \times C}$	一个区域内的 N 个传感器在一段时间内收集的一系列交通数据
$\chi = \left\{ X_{:,0}^c, X_{:,1}^c, \cdots, X_{:,t}^c, \cdots \right\}$	在时间 t 期间在同一区域收集的所有交通数据
$G = (V, e, A)$	V、e 和 A 分别表示一组顶点、一组边、集合 G 的邻接矩阵
$g(\cdot)$	Tanh 激活函数
$\sigma(\cdot)$	Sigmoid 激活函数充当时间门，决定信息传递到下一层的比率
$A \in R^{n \times n}$	邻接矩阵
$D \in R^{n \times n}$	对角度矩阵
$\Lambda \in R^{N \times N}$	对角矩阵
$U \in R^{N \times N}$	傅里叶基
$Q \in R^{N * d_q}$	查询子向量
$K \in R^{N * d_k}$	关键字子向量
$V \in R^{N * d_v}$	值子向量

3.1　问题定义

本文将解决多步时序流量预测问题，$t \in (1, 2, \cdots, T)$ 表示传感器的时间采样间隔。$c \in R^C$ 表示交通信息的特征维度（如速度、交通量、流量等）。如前所述，方法旨在基于历史观察预测相关交通序列的未来值。因此，本文可以把这个目标公式化为：根据历史数据的过去 T 步，找到一个函数 F 来预测随后的 τ 步。

$$\left\{ X_{:,t+1}^c, X_{:,t+2}^c, \cdots, X_{:,t+\tau}^c \right\} = F_\theta \left(X_{:,t}^c, X_{:,t-1}^c, \cdots, X_{:,t-T+1}^c \right) \tag{1}$$

其中，θ 表示模型 F 的可学习参数，由于区域中节点之间的空间和时间复杂相关性，本文采用基于图卷积网络的模型，其图结构表示为 $G = (V, e, A)$，其中 V、e 和 A 分别表示一组顶点、一组边和 G 的邻接矩阵。所以图形求解的形式表达如下：

$$\left\{ X_{:,t+1}^c, X_{:,t+2}^c, \cdots, X_{:,t}^c \right\} = F_\theta \left(X_{:,t-T+1}^c, X_{:,t-T+2}^c, \cdots, X_{:,t}^c; G \right) \tag{2}$$

遵循谱图论，图的拉普拉斯矩阵、特征值和特征向量是图卷积的理论基础。不同类型的拉普拉斯矩阵可以分为以下三类。

（1）非归一化拉普拉斯算子，也称为组合拉普拉斯算子，公式为 $L = D - A$。

（2）归一化拉普拉斯算子，一种归一化的风格和在 GCN 常用的形式。表述为

$$L = D^{-\frac{1}{2}} L D^{-\frac{1}{2}} \tag{3}$$

（3）随机游走归一化拉普拉斯算子，与扩散–卷积有相似之处，表示为[5]

$$L = D^{-1} L \tag{4}$$

其中，$A \in R^{n \times n}$ 表示邻接矩阵；$D \in R^{n \times n}$ 表示对角度矩阵。拉普拉斯矩阵的特征分解可以得到它的特征向量矩阵 U 和特征值矩阵 Λ，所以拉普拉斯矩阵可以表示为 $L = U \Lambda U^{T}$，其中 $\Lambda \in R^{N \times N}$ 是对角矩阵，$U \in R^{N \times N}$ 是傅里叶基。

本文制定了一个图形卷积滤波器 $g_{\theta} = \mathrm{diag}(\theta)$，参数 $\theta = R^{N}$。在傅里叶域中定义的图形卷积是：$g_{\theta} \times Gx = Ug_{\theta}U^{T}x$。其中 $\times G$ 表示图形卷积运算，$U^{T}x$ 是 x 的图形傅里叶变换。

然而，这种运算的计算复杂度太大，所以通常使用切比雪夫公式进行近似：$T_{0}(x) = 1, T_{1}(x) = x, T_{k}(x) = 2xT_{k-1}(x) - T_{k-2}(x)$。

$$g_{\theta'} \approx \sum_{k=0}^{K} \theta_{k} T_{k}(\tilde{\Lambda}) \tag{5}$$

那么图形卷积可以表示为切比雪夫近似滤波器：

$$g_{\theta'} \times x \approx \sum_{k=0}^{K} \theta_{k} T_{k}(\tilde{L})x \tag{6}$$

一般来说，约定只取 $k = 1$，以避免进一步的复杂性。也就是说使用了谱图卷积的一阶近似。公式变为

$$\begin{aligned} g_{\theta'} \times x &\approx \sum_{k=0}^{1} \theta_{k} T_{k}(\tilde{L})x \\ &= \theta_{0}x + \theta_{1}(L-I)x \\ &= \theta_{0}x - \theta_{1}D^{-\frac{1}{2}}AD^{-\frac{1}{2}}x \end{aligned} \tag{7}$$

因为 θ_{0} 和 θ_{1} 是过滤器的参数，然后公式转化为

$$g_{\theta'} \times x \approx \theta\left(I + D^{-\frac{1}{2}}AD^{-\frac{1}{2}}\right)x \tag{8}$$

3.2 模型

如图 1 所示，本文的模型框架包含：时序特征解耦模块、时空特征提取模块和时空特征融合模块。其中，时序特征解耦模块首先对输入数据在时间维度进行升维，丰富时序特征表达，然后在特征域进行时序分解，通过低频和高频滤波分别得到趋势分支和季节性分支特征。时空特征提取模块由时间卷积和图卷积构造的基础特征提取单元堆叠而成，可以高效地提取出有判别力的时空域特征。两个并行分支的

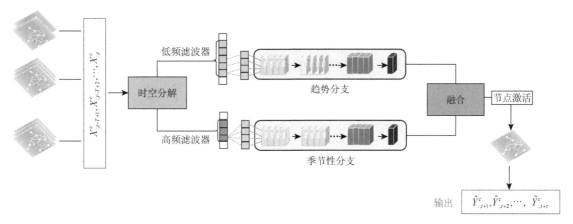

图 1　双分支时空图卷积网络

特征在时空特征融合模块进行时空维度加权融合，本文采取由粗到细的融合策略，在趋势特征基础预测之上，加入高频分量对其进行矫正和补充。最终的融合特征通过时序降维和激活层得到预测结果。

在空间特征相关性建模方面，本文使用自注意力机制来捕获节点与节点之间的长序依赖关系。具体来说，每个分支中的 GCN 层由自适应的注意力权重图引导。本文构建全局图注意模块来为每个分支生成动态自适应的邻接矩阵，使它们基于特定时空尺度进行互补特征的提取。下面本文将分模块展开介绍。

3.2.1 时序特征解耦模块

时序特征解耦模块会从频域对时序特征进行分解（图 2），并针对不同频率的时空特征设计了并行的特征提取模块，显式利用时序高频低频特征的互补性来简化学习难度，提升特征提取的判别能力。

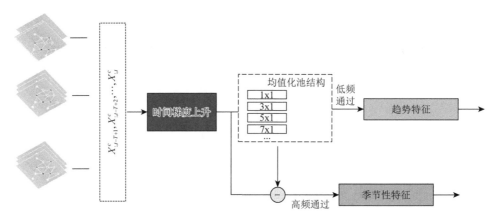

图 2 时序特征解耦模块示意图

为了提取不同的频域特征，最直接的方法是通过傅里叶或者小波变换将时序特征转化为频域特征，并在频域设计不同的掩模滤波器处理，以增强或减弱频谱中每个频率分量的强度。最后通过傅里叶逆变换将提取的频率特征转换成时序特征，但这样的转换方式不仅计算量大，而且容易造成训练不稳定，因此，我们设计了简化的时序特征解耦模块来达到同样的时序分解目的。

时序特征解耦模块主要由时序升维卷积和多尺度的均值池化金字塔构成，其中时序升维卷积用来丰富特征的时序表达，多尺度的均值池化可以看成是由不同卷积核的单个均值池化构成的低通滤波器组，用来提取不同频率的低频分量，这些低频时序特征通过集联（concatenate）的形式进行聚合，用来表达时序中的多尺度的趋势特征。时序中高频特征本文通过原始信号减去低频分量来得到，具体来说，是经过时序升维后的特征分别减去均值池化提取分支后的低频特征，然后对结果进行聚合。在本模块中，本文使用同样的集联聚合策略来得到高频时序特征的最终表达。

对于长度为 L 的输入序列 $\chi \in \mathbb{R}^{L \times d}$，时序特征分解的形式化过程为

$$\chi_{t_k} = \mathrm{Avgpool}_k \left[\mathrm{padding}(\chi) \right] \tag{9}$$

$$\chi_{s_k} = \chi - \chi_{t_k} \tag{10}$$

$$\chi_t = \mathrm{concatenate} \left[\chi_{t_1}, \cdots, \chi_{t_k} \right] \tag{11}$$

$$\chi_s = \mathrm{concatenate} \left[\chi_{s_1}, \cdots, \chi_{s_k} \right] \tag{12}$$

其中，$\chi_s, \chi_t \in \mathbb{R}^{L \times d}$ 分别表示高频时序特征和低频时序趋势特征部分；k 表示均值池化的卷积核大小。本

文采用Avgpool[·]进行移动平均，并进行填充操作保持序列长度不变。本模块解耦后的特征会分别送入时空特征提取模块进行不同频率的时空特征提取。

3.2.2 时空特征提取模块

如图3所示，整个时空特征提取模块由两个并行的特征提取分支构成，两个特征提取分支结构相同，图4详细展示了其各部分构成。

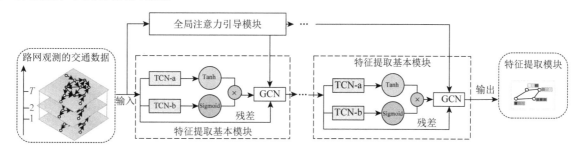

图3 时空特征提取模块结构图

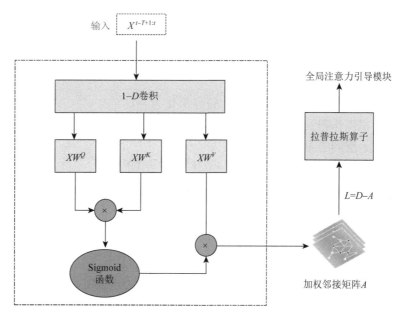

图4 通过全局注意力引导模块得到空间引导矩阵

特征提取分支由几个堆叠的特征提取块基本模块和一个全局注意力引导模块组成。如图3所示，特征提取基本模块由TCN构造的时序门特征提取和GCN空域特征提取模块构成。全局注意力引导模块用来提取时空特征之间的相关性，对GCN扩散卷积进行高层语义指引。

本文的特征提取模块与Graph WaveNet[7]结构相似，但存在以下差别：首先Graph WaveNet在时空特征提取模块，使用带膨胀系数（dilation ratio）的TCN来扩大特征提取的视觉感受区域，丰富提取到的特征表达。本文在时序特征解耦模块中设计了均值池化，该方式能够考虑不同尺度因素的影响，且在实验中添加膨胀系数之后并未使预测结果提升，所以在基础模块设置中，本文使用普通的TCN进行时序特征的提取；其次，Graph WaveNet中使用自适应的邻接矩阵作为GCN层的空域高层引导，具体而言，传统GCN结构及其变体构造了两个随机初始化的编码向量，通过乘积操作来得到原节点和目标节点之间的空间权重，而本文则是设计了基于自相关的相似度计算模块来提取全局的高层引导信息，能够更加准确地获取时空数据的特征，后文的消融实验可验证该设计的先进性。

特征提取模块中，输入解耦后的时空特征为 $\chi \in R^{N \times D \times S}$，时空特征提取形式表述如下：

$$h = g(\Theta_1 \times \chi + b) \odot \sigma(\Theta_2 \times \chi + c) \tag{13}$$

如图 4 所示，全局注意模块嵌入在每个分支中，对 GCN 提供全局时空注意引导。这样的方式相比 Graph WaveNet 中的自适应邻接矩阵有更强的空间相关性建模能力，并且可以借助空间权重对学到的相关性特征进行修正和补充。除了使用学习到的全局注意力矩阵作为额外的邻接矩阵之外，本文遵循图卷积的默认设置。它的正式表达式如下：

$$Z = AXW \tag{14}$$

其中，Z 表示空间特征结果；A 表示相邻矩阵；W 表示可学习权重；X 表示特征输入。其中 A 除了道路节点物理相关性矩阵外还集联了全局注意力引导模块学习出的动态节点相关性。全局注意力引导模块结构示意图见图 4。

全局注意模块嵌入在每个分支空间特征提取部分，为 GCN 提供全局时空注意引导。而且由于本文的结构设计，可以提供不同尺度时空感知注意力。图卷积网络的性能会显著受到相邻矩阵的影响。而多头注意力是一个理想的相关性提取模型，因为自注意力可以在每个元素之间建立依赖关系。而多头设置表达了不同子空间的信息，稳定了学习过程。与经典自相关的结构设计类似，本文首先在空间维度进行降维并生成三个分支的特征向量，分别代表 query（Q）、key（K）和 value（V），然后 query 向量和 key 向量进行点乘得到的权重图对 value 进行加权。

给定输入 $X^{t-T+1:t} = \left[X^{t-T+1:t}, \cdots, X^t \right] \in R^{T \times N \times P}$，符号简化为 χ。

然后，通过一维卷积操作得到三个子向量，即查询子向量 $Q \in R^{N \times d_q}$、关键字子向量 $K \in R^{N \times d_k}$ 和值子向量 $V \in R^{N \times d_v}$。潜在子空间学习过程可以表述为

$$Q = \vec{X}W^Q, \quad K = \vec{X}W^K, \quad V = \vec{X}W^V \tag{15}$$

这里，$W_q^s \in R^{dG \times d^s_A}, W_k^s \in R^{dG \times d^s_A}$ 和 $W_v^s \in R^{dG \times dG}$ 分别是 Q^s，K^s，V^s 的权重矩阵。

计算整体注意力矩阵：

$$\text{Attention}(Q, K, V) = \text{soft max}\left(\frac{QK^{\mathrm{T}}}{\sqrt{d_K}}\right)V \tag{16}$$

在使用多头设置来获得更丰富的潜在信息后，本文将所有注意力连接在一起，并再次投影以获得最终值：

$$\begin{aligned} \text{MultiHead}(Q, K, V) &= \text{Concat}(\text{head}_1, \cdots, \text{head}_h)W^O \\ where\ \text{head}_i &= \text{Attention}(Q_i, K_i, V_i) \end{aligned} \tag{17}$$

全局注意力引导模块生成的注意力图被用于时空特征提取模块后续的全局引导。

3.2.3　时空特征融合模块

如前所述，本文显式构造时序特征解耦模块（图 2），然后分别提取时序趋势特征和时序高频波动特征，即季节性特征。本文将采用由粗到细的策略进行特征融合，即在趋势特征的基础上通过自适应的权重选择来融合时序高频波动特征，进而完成对预测结果的修正和补充。

具体来说，时序趋势特征和时序高频特征首先在空域特征维度进行聚合，然后计算通道维度的注意力权重（channel-attention），将计算出的权重与时序高频特征进行点乘来完成特征筛选，筛选出的特征会以相加的方式与时序趋势特征进行融合。最后经过维度降低和激活层来得到最终的预测结果（图 5）。融合模块的形式表达式如下：

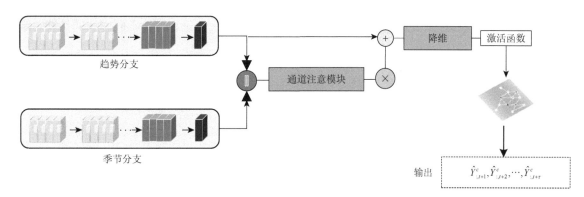

图 5　双分支时空特征融合

给定时序趋势特征和时序高频特征作为输入 $F_t = R^{C \times H \times W}$ 和 $F_s = R^{C \times H \times W}$，得到最终融合特征 F 的形式表述如下：

$$F' = \mathrm{concat}(F_t, F_s) \tag{18}$$

$$\mathrm{CA} = \mathrm{Sigmoid}(\mathrm{Adapool}(F')) \tag{19}$$

$$F = \mathrm{CA} \times F_s + F_t \tag{20}$$

其中，聚合特征 F' 通过通道维度的自适应池化操作（adaptive pooling）和 Sigmoid 激活后得到自适应权重，动态融合两个分支的互补特征。

4　实验

4.1　数据集描述

在两个真实世界交通数据集上，本文评估了时序双分支图卷积网络模型的性能：洛杉矶高速公路数据（METR-LA 和 PEMS-BAY）。每个数据集都包含交通网络的关键属性和带时间戳的地理信息，具体如下。

METR-LA 是由洛杉矶县高速公路网上的 207 个环形检测器收集的交通速度和交通量数据。最常被引用的时间段是 2012 年 3 月 1 日至 6 月 30 日。

PEMS-BAY 是 325 个传感器从 2017 年 1 月 1 日到 6 月 30 日收集的湾区数据。

本文从两个数据集中提取了交通速度，并将它们聚合到 5min 的采样间隔中，并应用了 Z 分数归一化。数据集按时间顺序划分，70%用于训练，10%用于验证，20%用于测试。

4.2　实验设置

所有实验都是在 Linux 操作系统（Intel（R）Xeon（R）CPU E5-2640 v4 @ 2.40GHz；GPU：NVIDIA GeForce GTX 1080）完成。使用开源的 Python 机器学习库 PyTorch 来构建整个工作。本文选择了一些数据扩充策略来获得最佳参数，避免过拟合。例如，使用随机噪声波动将小噪声/异常值注入时间序列中以提高鲁棒性。本文执行网格搜索策略来定位通过实验获得的最佳参数。

Adam 习惯于在训练阶段优化均方差。初始学习速率是 10^{-4}，每 15 个时期后衰减 0.7。

4.2.1　评估矩阵

本文使用平均绝对误差（mean absolute error，MAE）、平均绝对百分比误差（mean absolute percentage error，MAPE）和均方根误差（root mean squared error，RMSE）来衡量和评估不同方法的性能。定义为

$$MAE=\frac{1}{n}\sum_{t=1}^{n}\left|v_{t}-\tilde{v}_{t}\right| \tag{21}$$

$$MAPE=\frac{1}{n}\sum_{t=1}^{n}\left|\frac{v_{t}-\tilde{v}_{t}}{v_{t}}\right|\times100 \tag{22}$$

$$RMSE=\left[\frac{1}{n}\sum_{t=1}^{n}(v_{t}-\tilde{v}_{t})^{2}\right]^{\frac{1}{2}} \tag{23}$$

其中，v_t 表示监测的车辆速度；$\tilde{v}_t$ 表示预测车辆速度。

4.2.2 对照组方法

本文将时序双分支图卷积网络与以下基准方法进行比较：①历史平均法（Holt-Winters additive，简称 HA），该方法将历史流量建模为季节过程，然后使用历史季节的加权平均值作为预测值[23]。②差分自回归移动平均（autoregressive integrated moving average，ARIMA）[24]。③支持向量回归（support vector regression，SVR）：基于历史数据，SVR 使用线性支持向量机训练模型，建立输入输出关系，然后进行预测[25]。④全连接 LSTM 隐单元的递归神经网络（fully connected and unshared long short-term memory，FC-LSTM）[26]。⑤因果卷积（WaveNet）：其主要组成部分是因果卷积，是一种针对序列数据的卷积网络架构[27]。⑥DCRNN：一种扩散卷积递归神经网络，其利用由扩散过程形式化的图卷积捕获时间依赖性，并利用编码器–解码器框架捕获空间依赖性[28]。⑦STGCN：基于固定拉普拉斯矩阵捕捉时空特征的时空图卷积模型[13]。⑧Graph-WaveNet：整合扩散卷积和 1-D（一维）膨胀卷积以捕获时空相关性[11]。

4.2.3 实验结果分析

本文在 METR-LA 和 PEMS-BAY 两个真实场景数据集上，验证了提出的 Bi-Path GCN 模型（表 2 中加粗显示）和其他 8 个对照方案的结果，本文遵循默认的 15min、30min 和 60min 的结果拆分展示方式，如表 2 所示。图 6 为表中结果的可视化展示。

表 2 时序双分支图卷积与其他基线模型在 15min、30min 和 60min 时的性能比较

数据集	模型	15min			30min			60min		
		MAE	RMSE	MAPE/%	MAE	RMSE	MAPE%	MAE	RMSE	MAPE/%
METR-LA	HA	4.16	7.80	13.00	4.16	7.80	13.00	4.16	7.80	13.00
	ARIMA	3.99	8.21	9.60	5.15	10.45	12.70	6.90	13.23	17.40
	SVR	3.54	7.84	8.94	4.44	9.82	11.64	5.65	12.07	15.92
	FC-LSTM	3.44	6.30	9.60	3.77	7.23	10.90	4.37	8.69	13.20
	WaveNet	2.99	5.89	8.04	3.59	7.28	10.25	4.45	8.93	13.62
	DCRNN	2.77	5.38	7.30	3.15	6.45	8.80	3.60	7.60	10.50
	STGCN	2.88	5.74	7.62	3.47	7.24	9.57	4.59	9.40	12.70
	Graph-WaveNet	2.69	5.15	6.90	3.07	6.22	8.37	3.53	7.37	10.01
	Bi-Path GCN	**2.69**	**5.14**	**6.88**	**3.01**	**6.03**	**8.10**	**3.46**	**7.13**	**9.97**

续表

数据集	模型	15min			30min			60min		
		MAE	RMSE	MAPE/%	MAE	RMSE	MAPE/%	MAE	RMSE	MAPE/%
PEMS-BAY	HA	2.88	5.59	6.80	2.88	5.59	6.80	2.88	5.59	6.80
	ARIMA	1.62	3.30	3.50	2.33	4.76	5.40	3.38	6.50	8.30
	SVR	1.53	3.38	3.49	2.01	4.63	4.78	2.64	6.03	6.72
	FC-LSTM	2.05	4.19	4.80	2.20	4.55	5.20	2.37	4.96	5.70
	WaveNet	1.39	3.01	2.91	1.83	4.21	4.16	2.35	5.43	5.87
	DCRNN	1.38	2.95	2.90	1.74	3.97	3.90	2.07	4.74	4.90
	STGCN	1.36	2.96	2.90	1.81	4.27	4.17	2.49	5.69	5.79
	Graph-WaveNet	1.30	2.74	2.73	1.63	3.70	3.67	1.95	4.52	4.63
	Bi-Path GCN	**1.29**	**2.74**	**2.75**	**1.47**	**3.54**	**3.35**	**1.86**	**4.35**	**4.40**

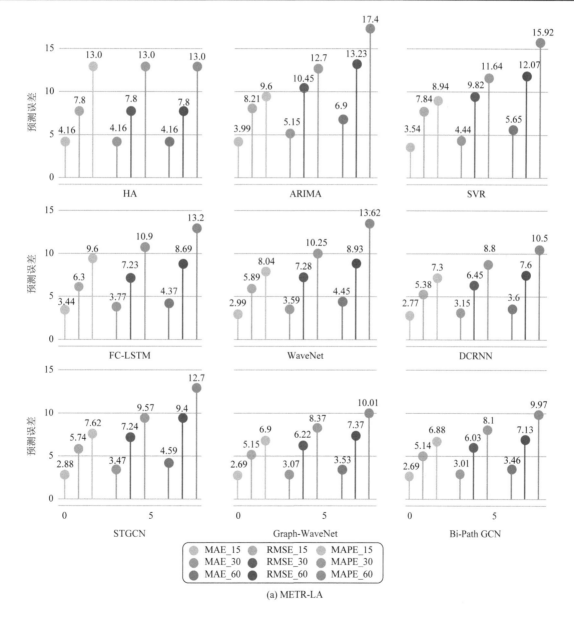

(a) METR-LA

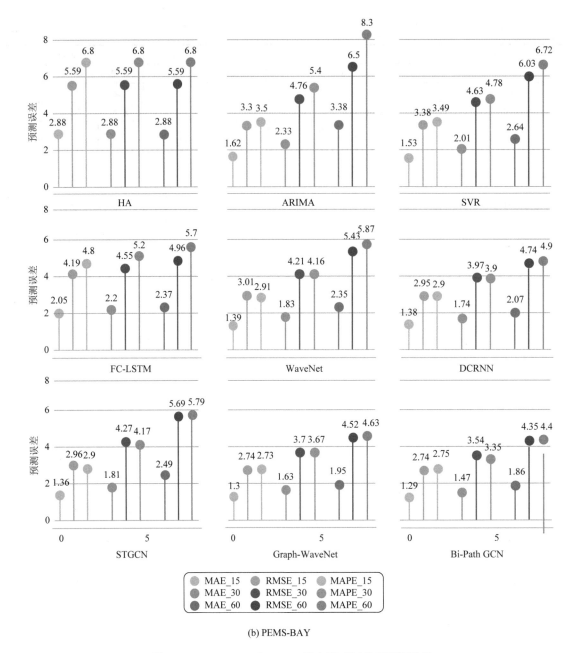

图 6　15min、30min 和 60min 的交通时间序列预测结果

　　表 2 显示，基于传统特征的时间序列预测技术的预测准确性最低。这些方法对于建模真实场景下的非线性和复杂的时空关系并不理想。这主要是由于在真实场景中，人工设定的抽象模型不能很好地拟合或基于的假设条件不能满足。其中，HA 直接使用预测区间内的平均交通速度作为未来预测值，这样的平滑性假设对预测范围内的波动不敏感，预测精度很低。其他早期深度学习方法相比传统方法显著提高了预测精度。这是因为，它们避免人工假设，直接从数据中学习挖掘有价值的特征，但其建模能力有限，仍然无法对复杂的时空相关性进行建模，并且这类模型对非网格的拓扑数据支持不够。基于 GCN 的方案比基于 LSTM 的预测更准确。这是由于基于 GCN 的模型在结构设计上具有一定的优越性，其图结构模型对具有复杂空间拓扑结构的道路流量数据更加友好。基于图卷积网络框架，最近的研究 Graph

WaveNet[7]极大提高了模型的预测精度。但是，它们没有利用任何时空结构先验信息，只采用端到端的单分支设计隐式提取数据中的相关性。因此，在模拟真实复杂的特别是长期的空间–时间的运动模式方面还存在局限性。在这些方案的对照中，Bi-Path GCN 方案可以在各阶段达到较好的预测精度。从表 2 中可以看出，30min 和 60min 的预测精度明显优于 Graph WaveNet[7]，并在 15min 的水平上与其相当。这归因于 Bi-Path GCN 模型不仅捕捉到了有判别力且互为补充的不同尺度时空依赖性，而且由粗到细的融合设计也充分利用了这种依赖性。

4.2.4 消融实验

为了验证本文提出的方案的模块有效性，本文进行了如下两组消融实验。

1. 时序特征解耦先验有效性检验

为了验证基于时序特征解耦的动机设计的双分支图卷积网络的有效性，本文与同参数量的隐式单分支结构进行对比实验。实验目的是检验预测准确性的提升是否得益于时序特征分解以及双分支结构捕获到的有判别力的时空特征。试验组（Bi-Path GCN）遵照上文说明的模型设计，即由时序特征解耦模块、时空特征提取模块和时空特征融合模块构成。在对照组一（One-Path GCN）模型结构设计中，本文使用几乎同参数量的端到端单分支结构（注意：会调整每个模块中的卷积参数，以确保输出的维数与多分支一致），并且省去了时序特征分解和融合模块。在对照组二（Bi-Path-Add GCN）模型结构设计中，本文保留了试验组中时序特征解耦模块、双分支的时空特征提取模块的设计，只将时空特征融合模块简化为特征相加操作。实验结果如表 3 所示。

表 3　实验结果对比

数据集	模型	15min			30min			60min		
		MAE	RMSE	MAPE/%	MAE	RMSE	MAPE/%	MAE	RMSE	MAPE/%
METR-LA	One-Path GCN	3.26	6.80	9.03	5.16	7.80	10.02	5.56	7.85	13.56
	Bi-Path-Add GCN	2.99	5.21	6.90	3.15	6.45	8.66	4.50	7.34	11.43
	Bi-Path GCN	**2.69**	**5.14**	**6.88**	**3.01**	**6.03**	**8.10**	**3.46**	**7.13**	**9.97**
PEMS-BAY	One-Path GCN	2.10	3.09	3.00	2.18	3.99	4.20	2.88	6.59	6.80
	Bi-Path-Add GCN	1.62	2.83	2.85	1.73	3.76	3.92	2.03	6.10	6.42
	Bi-Path GCN	**1.29**	**2.74**	**2.75**	**1.47**	**3.54**	**3.35**	**1.86**	**4.35**	**4.40**

对比试验组和对照组一，可以看到在 15min、30min 和 60min 时间间隔设置下，试验组预测误差显著降低（表 3 中加粗部分）。这表明即使在保证参数量相同的条件下，合理利用时序先验设计的结构优于隐式端到端的结构。在 60min 设置下，试验组的优势被拉大。这是由于在面对长序的复杂时空特征建模的挑战上，本文提出的双分支结构可以降低学习难度，提升模型对运动特征的捕获能力，降低预测误差。

对比试验组和对照组二，可以看到在 30min 和 60min 时间间隔设置下，试验组的预测精度更高。这是由于对照组二中简单相加的特征聚合方式，是将低频的时序趋势特征和高频时序波动视为相同权重。在较短的时间间隔下（15min），两个分支提取的时空特征相似度高，特征互补性体现不明显；而当预测时间间隔拉长，时序特征中的趋势性和高频波动的差异逐渐体现出来，且试验组中精心设计的特征融合模块可以自适应地调整两部分特征的融合权重，使用由粗到细的策略在预测趋势之上不断修正错误增加细节，可以使预测精度继续提高。

2. 自相关全局注意力引导有效性检验

本文在双分支结构的每个分支中嵌入了一个全局注意力引导模块，用以提供全局时空相关性指引。其作用在特征提取基础模块的空间特征提取部分，即 GCN 子结构。遵照 Graph WaveNet 的设置，使用扩散图卷积形式，扩散过程的平均分布是概率转移矩阵的幂级数的总和。为了研究提出的自相关全局注意力引导模块的有效性，本文以上文提到的自相关构造形式作为试验组，以 Graph WaveNet 中默认的构造形式（使用两个可学习的向量进行矩阵相乘）作为对照组（Bi-Path-Basic Guide GCN），其他参数保持一致。实验结果如表 4 所示

表 4　实验结果对比

数据集	模型	15min			30min			60min		
		MAE	RMSE	MAPE/%	MAE	RMSE	MAPE/%	MAE	RMSE	MAPE/%
METR-LA	Bi-Path-Basic Guide GCN	2.75	5.23	6.92	3.11	6.15	8.22	3.57	7.24	10.06
	Bi-Path GCN	**2.69**	**5.14**	**6.88**	**3.01**	**6.03**	**8.10**	**3.46**	**7.13**	**9.97**
PEMS-BAY	Bi-Path-Basic Guide GCN	1.32	2.80	2.84	1.55	3.57	3.44	1.93	4.52	4.57
	Bi-Path GCN	**1.29**	**2.74**	**2.75**	**1.47**	**3.54**	**3.35**	**1.86**	**4.35**	**4.40**

可以看到试验组的预测精度更优（表 4 加粗部分），这主要是由于使用自相关的模式，对节点之间长序的隐藏的相关性有更强的捕获能力。以此作为动态自适应的全局注意力引导可以使 GCN 子模块拥有更高语义的空间建模能力。

本文还分别对两个分支上的注意力引导图进行可视化（图 7），可以看到在趋势分支中热图在一些远处的节点上表现出高值，这表明全局注意力引导模块可以对长期的时空依赖性进行建模。这是非常合理的，因为预测时间序列的趋势需要融合所有的信息，即使距离很远。在高频特征分支中除了在对角线上表现出更大权重（更多的相关性）外，在长期连接中是稀疏的。这是因为高频分支更多地集中在局部相关性的捕获上。在热图上两个分支相关性差异的体现，也表明了两个分支提取的特征存在差异和互补。

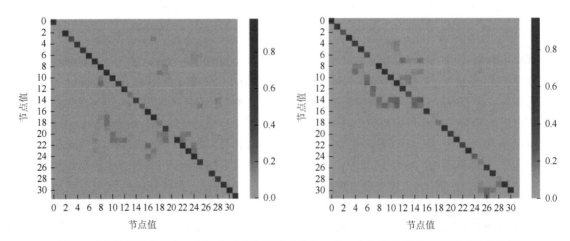

图 7　时序低频趋势分支（左）和时序高频波动分支（右）自相关注意力引导图可视化结果

5 结论

本文提出了一种基于双分支的图卷积交通流量预测模型。它根据时序不同频率来显式解耦特征，并针对性设计了时空特征提取模块和权重自适应的时空特征融合模块。相比于以往的图卷积预测模型有几个优点：①本文合理利用时序先验信息来设计网络，双分支特征互补且具有良好的可解释性；②双分支的结构设计，是对复杂时空预测问题的合理拆解，不仅简化了模型学习难度，而且提升了模型对长序时空相关性的建模能力。

在两个真实数据集上进行了大量的对比实验。结果表明：①模型比传统的单分支预测结构具有更高的精度。在前30min和60min的预测值中，本文模型明显优于其他GCN模型（Graph WaveNet）；②该研究为在图卷积网络中使用多分支互补时态特征以及时空特征由粗到细地融合提供了新的视角：可以基于其他合理假设来构造互补的特征提取分支，并使用由粗到细的策略自适应地修正预测结果。

有诸多因素影响交通状况，如天气变化（包括风、雨、闪电等）、社会事件、空气质量，以及其他现实世界中无法预测的因素。未来，本文将探索如何合理地将这些外部因素纳入模型，并基于多分支网络设计提高模型的现实预测精度。

参 考 文 献

[1] Yang Y，Feng，Z L，Song M L，et al. Factorizable graph convolutional networks[J]. Advances in Neural Information Processing Systems，2020，33，20286-20296.

[2] Lee K，Rhee W. DDP-GCN: multi-graph convolutional network for spatiotemporal traffic forecasting[J]. Transportation Research Part C：Emerging Technologies，2022，134：103466.

[3] Wang H W，Peng Z R，Wang D S，et al. Evaluation and prediction of transportation resilience under extreme weather events: a diffusion graph convolutional approach[J]. Transportation Research Part C：Emerging Technologies，2020，115：102619.

[4] Jepsen T S，Jensen C S，Nielsen T D. Relational fusion networks: graph convolutional networks for road networks[J]. IEEE Transactions on Intelligent Transportation Systems，2022，23（1）：418-429.

[5] Zheng C P，Fan X L，Wang C，et al. GMAN: a graph multi-attention network for traffic prediction[J]. Proceedings of the Thirty-Fourth AAAI Conference on Artificial Intelligence，2020，34（1）：1234-1241.

[6] Swain M，Maji B，Kabisatpathy P，et al. A DCRNN-based ensemble classifier for speech emotion recognition in Odia language[J]. Complex & Intelligent Systems，2022，8（5）：4237-4249.

[7] Wu Z H，Pan S R，Long G D，et al. Graph WaveNet for deep spatial-temporal graph modeling[EB/OL]. https://arxiv.org/abs/1906.00121[2023-08-17].

[8] Tang J J，Liang J，Liu F，et al. Multi-community passenger demand prediction at region level based on spatio-temporal graph convolutional network[J]. Transportation Research Part C：Emerging Technologies，2021，124：102951.

[9] Lin L，He Z B，Peeta S. Predicting Station-level hourly demand in a large-scale bike-sharing network: a graph convolutional neural network approach[J]. Transportation Research Part C：Emerging Technologies，2018，97：258-276.

[10] Jeon S，Hong B. Monte Carlo simulation-based traffic speed forecasting using historical big data[J]. Future Generation Computer Systems，2016，65：182-195.

[11] Zhao L，Song Y J，Zhang C，et al. T-GCN: a temporal graph convolutional network for traffic prediction[J]. IEEE Transactions on Intelligent Transportation Systems，2020，21（9）：3848-3858.

[12] Chen Z J，Lu Z，Chen Q S，et al. Spatial-temporal short-term traffic flow prediction model based on dynamical-learning graph convolution mechanism[J]. Information Sciences，2022，611：522-539.

[13] Han H Y，Zhang M D，Hou M，et al. STGCN：a spatial-temporal aware graph learning method for POI recommendation[R]. Sorrento：2020 IEEE International Conference on Data Mining（ICDM）.

[14] Pan C S，Zhu J A，Kong Z X，et al. DC-STGCN：dual-channel based graph convolutional networks for network traffic forecasting[J]. Electronics，2021，10（9）：1014.

[15] Guo S N，Lin Y F，Wan H Y，et al. Learning dynamics and heterogeneity of spatial-temporal graph data for traffic forecasting[J]. IEEE Transactions on Knowledge and Data Engineering，2022，34（1）：5415-5428.

[16] Qiu Z K，Zhu T Y，Jin Y H，et al. A graph attention fusion network for event-driven traffic speed prediction[J]. Information Sciences，2023，622：405-423.

[17] Cao Y D，Ding Y F，Jia M P，et al. A novel temporal convolutional network with residual self-attention mechanism for remaining useful life prediction of rolling bearings[J]. Reliability Engineering & System Safety，2021，215：107813.

[18] Huang X H，Ye Y M，Ding W H，et al. Multi-mode dynamic residual graph convolution network for traffic flow prediction[J]. Information Sciences，2022，609：548-564.

[19] Zhu J W，Wang Q J，Tao C，et al. AST-GCN：attribute-augmented spatiotemporal graph convolutional network for traffic forecasting[J]. IEEE Access，2021，9：35973-35983.

[20] Guo H T，Xie K. Research on Traffic Forecasting Based on Graph Structure Generation[R]. Lancaster：2021 16th International Conference on Computer Science & Education.

[21] Bai L，Yao L N，Li C，et al. Adaptive graph convolutional recurrent network for traffic forecasting[C].//Proceedings of the 34th International Conference on Neural Information Processing Systems.New York：ACM，2020：17804-17815.

[22] Luan S，Ke R M，Huang Z，et al. Traffic congestion propagation inference using dynamic Bayesian graph convolution network[J]. Transportation Research Part C：Emerging Technologies，2022，135：103526.

[23] Chan R K C，Lim J M Y，Parthiban R. A neural network approach for traffic prediction and routing with missing data imputation for intelligent transportation system[J]. Expert Systems with Applications，2021，171：114573.

[24] Xie Y M，Zhang P L，Chen Y Y. A fuzzy ARIMA correction model for transport volume forecast[J]. Mathematical Problems in Engineering，2021，2021：1-10.

[25] Lv Z H，Li Y X，Fen H L，et al. Deep learning for security in digital twins of cooperative intelligent transportation systems[J]. IEEE Transactions on Intelligent Transportation Systems，2022，23（9）：16666-16675.

[26] Chen W，Li Z P，Liu C，et al. A deep learning model with Conv-LSTM networks for subway passenger congestion delay prediction[J]. Journal of Advanced Transportation，2021，2021：1-10.

[27] Tian C Y，Chan W K. Spatial-temporal attention Wavenet：a deep learning framework for traffic prediction considering spatial-temporal dependencies[J]. IET Intelligent Transport Systems，2021，15（4）：549-561.

[28] Hou F，Zhang Y，Fu X L，et al. The prediction of multistep traffic flow based on AST-GCN-LSTM[J]. Journal of Advanced Transportation，2021，2021（31）：1-10.

Traffic Flow Prediction Based on Bi-Path Graph Convolutional Networks

ZAN Xin[1], LIU Yuming[2], LIU Chenyun[3]

（1. Antai College of Economics & Management, Shanghai Jiao Tong University, Shanghai 200030, China;

2.Shanghai International Port（Group）Co., Ltd., Shanghai 201201, China;

3.Shanghai Big Data Center, Shanghai, 200433, China）

Abstract Accurate traffic flow prediction is the key to the stable operation of modern intelligent transportation systems. In the past decade, traffic flow data has been growing explosively, and intelligent transportation has stepped into the era of big data. Traffic flow prediction is influenced by various factors such as spatial road topology and temporal movement patterns, so how to capture the complex spatio-temporal correlation between observed nodes, enhance the prediction accuracy of the model by using proper a priori knowledge to assist in modeling massive data have become the focus of traffic flow prediction. Existing traffic flow prediction methods mainly use prediction models based on implicit feature extraction, which are still inadequate in integrating traffic spatio-temporal information and capturing spatio-temporal dependencies of nodes. This paper proposes a temporal bipartite graph convolutional network（Bi-Path GCN）, and designs a bipartite graph convolutional network based on temporal feature extraction. It first splits the temporal features into low-frequency and high-frequency components using the temporal feature decoupling module. Two parallel spatio-temporal feature extraction modules extract the different component inputs with discriminative power, and adaptive weighted fusion is performed using the temporal feature fusion module. Such a design explicitly utilizes the temporal decomposition a priori information and enhances the model's ability to capture complex spatio-temporal structure information. This paper also evaluates the prediction performance of the method using two real traffic datasets. Experiments show that the two-branch graph convolutional network structure proposed in this paper can effectively utilize the complementary information of the frequency temporal components, simplify the learning difficulty of the model, and achieve better performance in the comparison models, reflecting the potential and superiority performance of proposed method in accurately predicting traffic flow.

Keywords Graph convolutional networks, Bi-Path GCN, Temporal decomposition, Adaptive weighted fusion

作者简介

昝欣（1991—），女，上海交通大学安泰经济与管理学院博士后，研究方向：运输经济理论与政策、大数据政务管理。E-mail：18113021@bjtu.edu.cn。

刘煜明（1983—），男，上海国际港务（集团）股份有限公司，科技信息部主管，研究方向：港口大数据。E-mail：liuyuming1@portshanghai.com.cn。

刘辰昀（1978—），上海市大数据中心，数据治理部，研究方向：数字化政务管理。E-mail：1519746037@qq.com。

社交媒体下的原生广告赞助披露：
研究综述与展望[*]

贾微微[1]　别永越[1]　李晗[1]　蒋玉石[2]

（1. 吉林财经大学管理科学与信息工程学院，吉林 长春 130117；

2. 西南交通大学经济管理学院，四川 成都 610031）

摘　要　社交媒体蓬勃发展带来信息服务与信息沟通的颠覆式变革。原生广告兴起引发学者对赞助披露规范与机制的新审视。本文基于系统述评及文献计量，呈现赞助披露研究进展，诠释现有研究理论视角、研究范式，厘清赞助披露七种模式及区别，结合说服知识模型和叙事说服理论提出双说服路径赞助披露广告刺激反应模型，从信息加工及关系视角解构社交媒体赞助披露对广告效果的影响，拓展了原生广告理论研究，为数字经济下的信息系统实践带来启示。

关键词　原生广告，赞助披露，广告识别，说服知识模型，叙事说服

中图分类号　F713.82

1　引言

数字经济战略统筹下，信息技术与市场融合的壁垒逐渐消融。伴随信息系统应用场景的媒介拓展，基于社交媒体的信息服务与沟通决策成为信息系统学科的热点议题。社交媒体信息传播途径的变革及广告渠道的激增使企业依赖传统媒体的单向沟通战略正逐渐向社交媒体下的多向沟通战略倾斜[1]。过去十年，原生广告，也称为赞助内容，已从一种基于类似出版商编辑内容的特定形式与外观的付费广告理念，发展为广告商说服顾客的新媒体传播战略[2,3]。消费者面对的伪装广告形式激增，包括但不限于付费搜索广告[1]、赞助评论[4]、赞助新闻内容[5]、赞助社交媒体帖子[6]、赞助博客文章[7]、网红营销[8]及品牌或产品植入广告[9]。通过将广告与媒体内容的形式、风格与布局相融合，隐藏或模糊消费者识别广告的特征线索，使消费者难以识别广告意图[10]。

然而，原生广告也是最具伦理争议的说服策略之一[11,12]。它试图隐藏自身广告特征，不进行明确商业意图披露，消费者难以分辨非商业背书信息与赞助内容，其高速发展加剧了人们对媒体伦理的担忧[13]。近年来，各国纷纷出台立法及自律措施提高消费者广告识别能力，如欧洲广告标准联盟（European Advertising Standards Alliance）[14]及美国联邦贸易委员会（Federal Trade Commission，FTC）[15]等。新媒体平台也推出相关规范，例如，Instagram 2017 年推出置于帖子顶部的标准化内置赞助披露格式"与品牌的付费合作"[16]，小红书 2019 年推出《推广笔记社区规范》，明确发布推广笔记需进行利益相关性

*基金项目：国家社会科学基金项目（17CGL006）；吉林省科技发展计划项目（20210601155FG）；吉林省教育厅社会科学项目（JJKH20190752SK）。

通信作者：蒋玉石，西南交通大学经济管理学院，教授，博士生导师，E-mail：906375866@qq.com。

声明等。然而，尽管各国政府在过去几年密切关注社交媒体赞助披露并提出指导方针，仍存在很多不披露及模糊披露的情形[17]。赞助披露，即通过表明内容由赞助商或合作伙伴提供，表明广告的商业性质，成为数字经济时代对数字广告、网红经济等新业态有效监管，确保市场行为具有竞争性且繁荣、高效发展的热点议题[18, 19]。

近年来，聚焦社交媒体原生广告下的赞助披露议题，基于信息价值、人机交互、信息行为等信息系统以及管理领域的跨学科研究涌现。信息价值层面，学者对社交媒体下的赞助披露进行了现象学探究，形成区别于传统媒介赞助披露的新研究议程[20, 21]。社交媒体中的原生广告具有消费者难以识别的商业意图，需要披露赞助信息[6, 22]。有效的赞助披露不仅能保护消费者，而且使发布信息的媒介更可信[20]。此外，人机交互层面，既有研究探析了不同披露形式下的广告效果。与标准披露相比，详细披露带来更高的赞助透明度感知，增加信息可信度[23]。此外，商业收益赞助披露（直接收入、销售佣金、免费商品等）对用户态度存在消极影响[24]，而非赞助披露不影响用户反应[25]。然而，赞助披露不同类型的本质区别及作用仍相对模糊，缺少对赞助披露类型较为全面的解读。广告实践者对何种类型赞助披露有效，多大程度有效存疑。基于信息系统设计的多元化赞助披露呈现形式与人机互动效果尚不明晰。信息行为层面，赞助披露作用机制研究取得一定突破，为解读赞助披露下消费者如何识别及加工原生广告信息做出贡献，指出赞助披露提高感知赞助透明度[26]，提升消费者识别能力来抵制原生广告说服效果[27]。学者结合心理抗拒理论等探索赞助披露对消费者信息反应的影响[28, 29]。然而，关系边界等一定程度上可以缓和赞助披露的消极影响[30]，赞助披露的负面效果和正面效果仍存在争论，赞助披露下的广告识别和说服机制研究仍相对分离（表1）。

表1　赞助披露代表性文献贡献与鸿沟

赞助披露的内涵	
代表性文献	脸书（Facebook）、微博等新媒体赞助帖子具有商业性质，需要披露赞助信息[7, 26] 赞助披露的披露特征影响广告识别[1] 在线平台投放产品广告的用户信息处理机制是重要研究议题[32] 社交媒体等原生广告披露中"广告"与"赞助"措辞的不同说服效果[33]
贡献与鸿沟	贡献：在线平台基于生成内容的赞助披露信息价值研究受到学术界及政府广告监管的重视，形成区别于传统媒介赞助披露的新研究议程 鸿沟：对新媒体情境下原生广告赞助披露的监管及内涵诠释仍呈碎片化
赞助披露的类型	
代表性文献	公正披露、明确披露、不披露形式影响消费者反应[25] 与标准披露相比，详细披露带来更高赞助透明度，增加广告可信度[23] 商业收益披露（收入、销售佣金、免费商品）与一般赞助披露影响消费者态度[24]
贡献与鸿沟	贡献：赞助披露形式研究涌现为指引社交媒体影响者规范沟通决策的研究新范式 鸿沟：赞助披露不同类型的本质区别及作用仍相对模糊，缺少对赞助披露类型划分较为全面的解读
赞助披露的作用机制	
代表性文献	提出隐蔽广告识别效应模型，解析个体特征等对隐蔽广告识别的影响及应对策略[10] 赞助披露通过激活消费者说服知识可能产生提高与减少消费者抗拒态度的不同效果[34] 从准社会关系、消费者–品牌关系强度、品牌一致性及广告披露视角诠释影响者对追随者的说服力[35-38]
贡献与鸿沟	贡献：消费者对赞助披露的信息加工过程研究取得较大突破，相关研究为解读消费者如何感知和处理基于线上平台生成内容的赞助披露做出重要贡献 鸿沟：赞助披露的广告识别与说服机制研究相对分离

续表

	综述研究
代表性 文献	基于元分析诠释披露赞助内容所带来的影响，揭示披露赞助内容降低品牌态度、可信度和来源评价，增加认知度、说服知识和抵制[31]
贡献与 鸿沟	贡献：定量呈现既有研究中赞助信息披露的影响机理 鸿沟：差异化说服策略下消费者的信息加工过程不清，现有研究对赞助信息加工机制缺乏叙事等多情境多元说服模式的系统勾勒
本文	聚焦原生广告赞助信息披露新议题，进行系统文献计量，诠释相关研究进展、研究范式及知识体系；厘清原生广告赞助披露类型，拓展人机交互下的原生广告赞助披露内涵研究；勾勒赞助披露说服效果双说服路径，拓展信息行为视域下的原生广告赞助披露效果机制研究

本文试图以相关研究演进脉络的述评为起点，以关键理念内涵的解析为线索，揭示赞助披露下的原生广告效应机制理论逻辑，为健全规范有序的数字化、信息化发展体系提供启示。研究贡献主要体现在如下三个方面。

第一，较为系统地对赞助披露既有研究进行梳理，从时间脉络、来源分布、理论视角、研究范式、知识结构层面，力图相对全面地呈现和解读不同阶段的研究要点和理论贡献。目前为止，赞助披露相关综述研究仅有 1 篇聚焦披露赞助内容下消费者说服知识的调用及效果的元分析[31]，缺少对原生广告赞助披露主要研究主题、相关研究贡献的系统述评，未能解析不同说服策略下消费者的信息加工过程，制约了新媒体时代下原生广告有效说服的实现。本文基于系统述评及文献计量客观系统地探究原生广告赞助披露实践推进难的根源所在，这是揭示社交媒体原生广告赞助披露信息价值黑箱的基础。

第二，从人机互动层面探讨了赞助披露的内涵，基于信息公正性感知和商业意图推断双重视角构建原生广告赞助披露分类框架。既有赞助披露内涵研究中不同类型赞助披露的本质区别仍相对模糊，缺少对赞助披露类型划分较为全面的解读。赞助披露实践仍存在忽略、认知错误、盲目规避等现象。本文致力于解答如何认识社交媒体下的赞助披露以及以何种模式进行赞助披露，从原生广告隐蔽说服的特性及赞助披露的驱动因素层面，提出七种原生广告赞助披露类型，这是诠释社交媒体赞助信息披露情境下数据要素呈现与互动效果的新视角。

第三，丰富了信息行为视域下的新媒体原生广告理论研究，以知识说服和叙事说服双重路径诠释了社交媒体原生广告赞助披露下的广告效应机制。赞助披露下的广告传播效果研究中，广告识别和信息加工机制探索仍相对分离，对原生广告信息加工机制缺少多情境多元说服模式下的系统性勾勒。伴随原生广告形式与内容的多样化发展，对不同说服策略的说服边界探索有限，这是优化沟通决策、减少赞助披露负面效果的关键。本文聚焦不同说服情境下用户对原生广告信息加工的系统过程关键问题，尝试基于广告识别、信息加工、边界条件三个方面解构赞助披露下用户的信息加工机制，提出基于双说服路径的整合研究框架，以期相对全面地理论推演未来研究的可行方向，为信息系统领域研究及实践提供启示。

2　理论背景

2.1　原生广告：广告与内容的融合

伴随数字通信的转型与媒体生态的数字化，消费者向数字媒介迁移，形成新的消费期望和习惯，带来媒体消费者的分化和前所未有的商业竞争[39]。广告行业经历了范式变革[39]，从产品中心观发展到追求消费者参与[40, 41]。广告信息大致分为两类，一类是传统横幅广告等明显付费内容，另一类是试图融入非商业语境的原生广告[42]。传统横幅广告的盲目性和低点击率促使人们努力开发更有吸引力和更有效的广告形式[39]。原生广告作为跨媒介品牌推广极具吸引力的现象，被誉为数字沟通热门的广告形式[43]。根据 Native Advertising Institute（原生广告协会）的调查，消费者看原生广告的次数比传统广告多 53%，购买意愿提高 18%，与原生广告互动频次有时可以和常规社交互动相当[44]。

新媒体时代，原生广告成为一种新的在线广告形式，其特点是与周围非广告内容融合[1, 45]，以模仿媒体内容的形式保持消费者在线体验，避免商业信息入侵导致消费者不满甚至恼怒[1]，可以有效避免广告拦截[19]。原生广告继承了内容营销、品牌新闻和赞助内容的类似特征，但根据发布媒体数字环境的不同，其执行方式存在差异[46]。新闻伪装、社交媒体网红付费推广等都是原生广告的表现形式。网红等社交媒体影响者（social media influencer），指在社交媒体平台依靠自我打造而建立庞大粉丝社交网络的微名人[47]，其为产品或品牌背书是当下主要且有效的原生广告形式之一[21]。越来越多广告商倾向于通过社交媒体影响者营销将品牌、产品或有说服力的信息整合到非商业内容中以期更好地接触消费者[48]。

然而，原生广告缺乏明确赞助披露可能误导消费者[13]。社交媒体上的原生广告没有被恰当贴上商业性质标签，不能帮助消费者清晰区分商业信息与消费者生成内容，出版商或社交媒体平台的合法性、自主性[49]及可信度受到侵蚀[23, 50]。因此，原生广告的潜在隐蔽性及负面效应引发学界关注，出现原生广告具有欺骗性的争论[6]，而赞助信息披露成为解决该问题的重要手段[32]。

2.2 广告说服效果

自 Sheth 关于广告效果衡量的开创性研究以来，广告传播的目标已经超越了产品宣传与推广，拓展到广告与媒体、社会、经济、信源、受众的广告生态[51]。技术爆炸对广告类型、性质及有效性的影响推动相关研究的动态演进[52]。

20 世纪末以来，广告如何使消费者倾向于某种选择、在多大程度上影响消费者决策是广告效果研究的热门话题。广告说服研究基于说服理论探索了增强广告说服力的广告策略，如吸引注意力广告策略（attention-getting advertising tactic，AGAT）。然而，学者对 AGAT 的效果存在争议。一方面，AGAT 可以增加信息加工。更多关注和信息处理能够增加态度持久性及对负面信息的态度抵抗[53]。另一方面，即使广告商成功使用 AGAT 增加广告处理注意力，也可能产生负面影响（如操纵意图推断等），从而降低说服力[54, 55]。

近十几年来，原生广告涌现为广告商所青睐的新媒体战略，如图 1 所示。数字广告激增下，消费者可以采取拦截措施回避线上广告[2]。原生广告有效性在多大程度上是由于消费者没有意识到广告内容？广告与社会的关系，如广告与监管环境的互动、青少年广告素养对原生广告识别及效果的影响等广告伦理成为重要研究课题[56]。随着广告性质及有效性的演变，学术界对广告效果的诠释更加全面，纳入更多利益相关者、社会影响要素，拓展监管制度、广告伦理与说服效果研究。环境因素（社交媒体环境、赞助披露监管等）、原生广告多元利益相关者（广告商、出版商、消费者、政府组织等）、社交媒体影响者（新信源特质、说服策略等）成为诠释社交媒体原生广告效果的新趋势。

本文尝试系统梳理信息系统及管理学交叉领域中原生广告赞助披露的相关研究成果，同时捕捉社交媒体下原生广告披露不断演进的学术观点。具体来讲，我们首先回顾了 2012—2022 年原生广告赞助披露研究现状，选择 2012 年作为时间节点的考量是原生广告理念于 2011 年被提出，并且多数期刊文献出现在此之后。本文系统厘清了原生广告赞助披露研究的现状、主题及理论贡献。其次，对现有研究进行了扩展，基于赞助披露下的人际互动视角，从透明度感知及商业意图推断双重维度对原生广告赞助披露的内涵进行细化探析。此外，基于信息加工视角提出体现社交媒体原生广告生态（赞助披

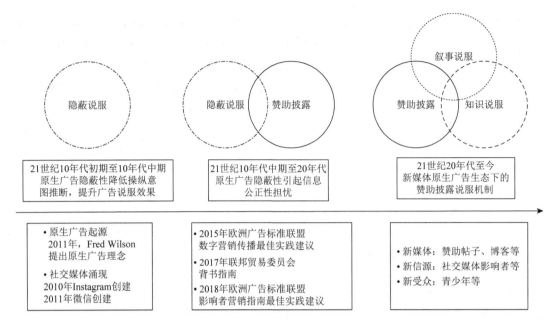

图1　原生广告赞助披露研究演进图

露特征、社交媒体影响者信源特征、受众广告识别、信息加工双路径等）的整合赞助披露广告刺激反应模型，延展未来信息系统领域可行的研究方向。

3　研究方法

为实现研究目标，我们对广告赞助披露相关文献进行了系统回顾和计量分析。首先，采用系统综述法识别和评估相关文献，以期相对全面地呈现学者对赞助披露关键问题的科学贡献，规避研究者熟悉度、可用性偏差及内隐偏好的影响。其次，采用文献计量分析，基于引文分析与关键词共现，进一步建立各研究间的关系知识结构，诠释相关研究主题[57]。

3.1　数据收集

基于 Web of Science、Scopus 数据库搜索标题、摘要、关键字中包含赞助披露、广告披露、赞助信息披露、原生广告赞助披露的文献，共获得 548 篇文献样本。排除非英语撰写及非同行评审文献，对标题、摘要、全文进行系统性筛查，进一步排除财务管理、组织行为等非营销传播的赞助披露文献，筛选研究聚焦点为原生广告及社交媒体赞助信息披露文献作为最终研究样本（共计 164 篇，其中 Scopus 样本 97 篇），如表 2 所示，时间演进上呈现如图 2 所示的整体激增态势。

表 2　文献样本纳入及排除标准

维度	纳入标准	排除标准
研究领域	广告传播 社交媒体营销传播	财务管理（如上市公司对子公司财务赞助等）、组织行为（如企业社会责任、碳信息披露等公司环境披露）等非营销传播领域
研究聚焦点	原生广告、社交媒体赞助等	电子政务、企业社会化商务、公共关系等
文献类型	赞助披露；原生广告披露； 社交媒体赞助信息披露	对赞助信息界定模糊（如用户生成内容、企业生成内容等）

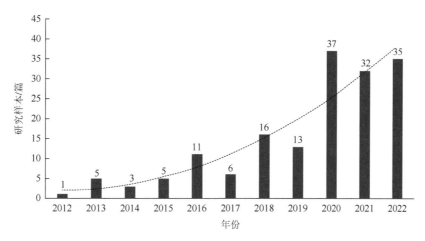

图 2　原生广告赞助披露时间演进（2012—2022.11）

3.2　数据分析与整合

　　为呈现原生广告赞助披露相关研究的整体脉络，我们对样本主要来源期刊（发表相关文献 2 篇及以上）和研究时间线进行了系统梳理（表 3）。结果显示，相关研究成果主要发表于澳大利亚商学院院长理事会（ Australian Business Deans Council，ABDC ）A 及 A+ 类期刊。其中，*International Journal of Advertising*、*Journal of Advertising*、*Journal of the Academy of Marketing Science* 是排名前三的期刊。前十名高被引关键文献显示，高被引文献中 4 篇为 Boerman 等发表（表 4）。

表 3　发表赞助披露相关研究的主要学术期刊及时间一览表

期刊名称	ABDC 排名	2012 年	2013 年	2014 年	2015 年	2016 年	2017 年	2018 年	2019 年	2020 年	2021 年	2022 年	共计
International Journal of Advertising	A				1	1		2		8	8	3	23
Journal of Advertising	A				1	1		4	1	1	1	2	11
Journal of the Academy of Marketing Science	A+				2	1	1	1		2		2	9
Journal of Interactive Marketing	A						1	2		3		3	9
Journal of Interactive Advertising	B							1	1	1	4	1	8
Journal of Public Policy & Marketing	A		1	1				2				3	7
Health Marketing Quarterly	B		1				2	1	1			1	6
Journal of Current Issues & Research in Advertising	B					1				1	4		6
Computers in Human Behavior	A					1			1	2	1		5
Journal of Business Research	A									1	2	1	4
European Journal of Communication Research										3		1	4
International Journal of Research in Marketing	A+										1	2	3
Journal of Financial Services Marketing	B		1	1	1								3
Journal of Media Ethics								1		1	1		3
American Behavioral Scientist						3							3
Frontiers in Psychology										3			3

续表

期刊名称	ABDC 排名	2012 年	2013 年	2014 年	2015 年	2016 年	2017 年	2018 年	2019 年	2020 年	2021 年	2022 年	共计
Journal of Consumer Marketing	A								1		1		2
Public Relations Review	A				1				1				2
Journal of Advertising Research	A											2	2
Journal of Communication	A	1										1	2
Journal of Consumer Affairs	A		1						1				2
Journal of Consumer Behaviour	A					1		1					2
Journal of Product & Brand Management	A									1		1	2
Journal of Media Psychology-Theories Methods and Applications						1						1	2
Journal of Youth and Adolescence							1			1			2
Digital Journalism										2			2
共计		1	4	2	5	11	5	15	7	27	22	28	127

注：表中为发表相关文献 2 篇及以上期刊样本

表 4　文献被引数量前十名

作者（年份）	来源	引用次数
Wojdynski and Evans（2016）[2]	*Journal of Advertising*	255
Boerman 等（2012）[48]	*Journal of Communication*	172
Boerman 等（2017）[6]	*Journal of Interactive Marketing*	170
Campbell 等（2013）[58]	*Journal of Consumer Psychology*	113
Boerman 等（2014）[59]	*Psychology & Marketing*	92
Boerman 等（2015）[60]	*Journal of Advertising*	92
de Veirman 和 Hudders（2020）[28]	*International Journal of Advertising*	90
Hwang 和 Jeong（2016）[7]	*Computers in Human Behavior*	78
van Reijmersdal 等（2016）[29]	*American Behavioral Scientist*	77
Wojdynski（2016）[5]	*American Behavioral Scientist*	75

　　基于 ABDC 研究领域划分标准，本文梳理了研究样本的学术领域，相关研究呈现信息系统、营销管理等跨学科分布态势。我们进一步对广泛出现的主题进行编码，以探析主要研究流及理论贡献，见表 5。

表 5　文献样本的研究领域及研究流分布一览表

年份	研究领域			研究流				合计
	信息系统（806）	管理（1503）	营销管理 旅游、物流（1505/1506）	原生广告赞助 披露不足现象	原生广告 识别	信息 加工	信源受众 关系	
2012		1				1		1
2013			3	1	1	3		5
2014			2	2		1		3

续表

年份	研究领域			研究流				合计
	信息系统（806）	管理（1503）	营销管理旅游、物流（1505/1506）	原生广告赞助披露不足现象	原生广告识别	信息加工	信源受众关系	
2015			2	1	1	1	2	5
2016	1		3	1	5	4	1	11
2017			1		3	2	1	6
2018		1	12	2	7	4	3	16
2019	2	1	6	3	3	4	3	13
2020	2		18	5	17	10	5	37
2021	1		20	5	7	10	10	32
2022	1	1	18	3	10	9	13	35
合计	7	5	85	23	54	49	38	164

注：806、1503、1505、1506 为 ABDC 研究领域代码

由三位作者通过迭代优化重复主题识别。其中，两位作者独立阅读 10 篇论文并对研究流和理论视角进行独立编码，经研讨后继续第二轮 10 篇论文编码，达成共识后由三名研究者对剩余 144 篇样本进一步编码[61]。结果显示，现有研究对原生广告赞助披露不足现象、广告识别、信息加工及信源受众关系进行了有益探索。

本文对现有研究的理论视角进行编码（表 6）。结果显示，学者主要基于说服知识模型、心理抗拒理论、媒介信息处理有限能力模型等探索社交媒体下原生广告不易识别的现象及原生广告说服过程。此外，结合社交媒体特征，基于准社会关系理论、来源可信度理论、社会渗透理论等对社交媒体下的赞助信息披露进行了解析。

表 6 主要赞助披露文献理论基础一览表

期刊名称	数量	说服知识	心理抗拒	媒介信息处理有限能力	归因理论	准社会关系	信号理论	来源可信度	情感转移	社会规范	启动理论	图式理论	期望违背	社会渗透	叙事传递
International Journal of Advertising	23	22	4	5	2	2	2				2	1	1	2	
Journal of Advertising	11	8	2	1	1	2	1		1						1
Journal of the Academy of Marketing Science	9	5	1	1					1				1		
Journal of Interactive Marketing	9	5	1	2				1							
Journal of Interactive Advertising	8	3		1							1				
Journal of Public Policy & Marketing	7	4				1									
Health Marketing Quarterly	6	3			1			1			1				
Journal of Current Issues & Research in Advertising	6	3	1				1						1		
Computers in Human Behavior	5	4		1	2	1		2							
Journal of Business Research	4	3													
European Journal of Communication Research	4	1	1	1											
American Behavioral Scientist	3	3	2												
Frontiers in Psychology	3	2	1				1		2	1					
Journal of Media Ethics	3	1	1								1		1		

续表

期刊名称	数量	说服知识	心理抗拒	媒介信息处理有限能力	归因理论	准社会关系	信号理论	来源可信度	情感转移	社会规范	启动理论	图式理论	期望违背	社会渗透	叙事传递
Journal of Financial Services Marketing	3	2													
International Journal of Research in Marketing	3	2			3										
Digital Journalism	2	1													
Journal of Consumer Affairs	2	1													
Journal of Consumer Behaviour	2			1							1				
Journal of Media Psychology-Theories Methods and Applications	2	1						1	1	1					
Journal of Product & Brand Management	2	1											1		
Journal of Youth and Adolescence	2	2	2	1											
Journal of Advertising Research	2	2													
Journal of Communication	2	2													
Public Relations Review	2	2													
Journal of Consumer Marketing	2	1					1								
共计	127	83	16	14	9	7	6	5	5	4	3	3	3	2	1
占比		65%	13%	11%	7%	6%	5%	4%	4%	3%	2%	2%	2%	2%	1%

注：表中为发表赞助披露文献 2 篇及以上期刊样本且被学者采用 2 次及以上的理论

3.2.1　主导范式一：基于媒介信息处理有限能力模型的原生广告识别

社交媒体下娱乐信息和广告内容边界的模糊引发人们对消费者广告识别能力的担忧，赞助披露下的广告识别成为学者关注的热点。媒介信息处理有限能力模型是诠释广告识别的理论基础之一[27, 37, 62]。媒介信息处理有限能力模型为用户无法准确识别原生广告商业性质提供了解释。

媒介信息处理有限能力模型包含两个主要假设[63]。第一，人是信息处理者，信息处理是感知刺激后将其转化为心理表征并进行心理加工，以相同或改进形式再现的过程。第二，个体处理信息能力有限，信息处理需要心理资源的支持，而心理资源是有限性资源。该模型提出，信息处理涵盖编码、存储、检索三个子过程，信息处理的彻底程度受多重因素影响。其中，消息接收者是否拥有足够的处理资源是信息处理效果的关键前因。鉴于心理资源的有限性，个体处理信息能力有限[63, 64]。消费者不能同时处理所有信息，通常选择关注最可能满足其期望的信息区域[65]，而对表面不相关信息进行选择性过滤。原生广告的隐蔽性说服特征影响广告识别。消费者能否注意到赞助披露，与披露位置、视觉突出程度、披露时机、是否有明确标识等披露文本特征相关。

3.2.2　主导范式二：基于心理抗拒理论与说服知识模型的赞助披露信息加工

心理抗拒理论，即用户抵制说服尝试的消极心理反应[66]，诠释了消费者面临说服威胁时的抗拒心理[67]。当个体试图重获失去的自由时，自由参与行为的威胁激发其觉醒意识[67]。这种唤起或抗拒心理状态诠释了个体在有意义行为受到说服威胁时可能产生的心理反应[68]。对自身自由的感知威胁抗拒源于限制行为尝试，是心理抗拒理论的核心[69, 70]。基于赞助披露，消费者意识到原生广告说服倾向时会产生威胁感知，进而产生抗拒态度[29]，即赞助披露通过激活消费者说服知识提高心理抗拒。也有研究指出，赞助披露可以激活消费者说服知识对赞助信息进行详细评估，通过提高感知赞助透明度缓解对原生广告欺骗意图的认知[27]。

学者主要基于细化似然模型[71]和启发式系统模型[72]解释用户的信息处理过程。但早期说服理论的假设前提是信息接收者意识到信息说服意图[18, 71]。然而，随着新闻、娱乐和广告界限的模糊，用户往往在未意识到说服意图情境下进行信息处理[10]。说服知识模型为赞助披露为何提升广告识别能力提供了解释。说服知识最初由 Friestad 和 Wright 提出，指人们应对说服策略的个人知识[55]，诠释用户如何应对销售人员的说服策略[54, 73]。该模型认为只有当个体认识到信息的说服性质时其认知图式才会发生改变[55]，即只有当人们意识到有说服尝试时才能利用说服知识对其进行解释、评估和回应[55]。因此，赞助披露可以通过呈现内容与赞助商的关系，帮助用户了解信息的广告性质，提高广告识别能力，有效规避因未准确识别广告信息而被误导或欺骗[10, 18]。

3.2.3 主导范式三：基于准社会关系理论的赞助披露说服边界

准社会关系（para-social relationship，PSR）理论源于心理学，最初指观众与名人间的亲密关系，即当个体不断暴露在媒体人物环境时会形成与名人的亲密感[74]。社交媒体情境下，当原生广告信源为网红等具有影响力的个体时，信源与消费者构建准社会关系[47]。Tukachinsky 和 Stever 改编了 Knapp 的人际关系模型，认为准社会关系对沟通的影响只在建立强大的准社会关系的基础上产生[75]。Kamins 和 Gupta 提出匹配假说，认为信源与赞助品牌一致性有利于消费者感知信源与广告内容所传递的品牌价值，进而产生积极效果[76]。

信源与赞助品牌高一致性有利于对信源是信息有效来源的认知形成，而信源与赞助品牌不匹配可能导致消费者认为信源缺乏相关知识或能力产生信源及信息不可信认知[76]。同时，这种一致性有助于减少广告和社交媒体内容间的割裂感，减弱消费者对赞助信息的心理抗拒[37]。此外，也有研究认为当消费者与影响者建立亲密关系纽带时，会寻求高度个性化建议，弱化影响者和品牌一致性的影响[35]。

为进一步明晰原生广告赞助披露研究的主要研究主题和知识结构，我们进行了参考文献共引分析，以探寻共引文献集群。共引网络通过绘制被引用最多的广告赞助披露文献相对空间位置，利于探索有影响力的学者与文献间的关系。基于 6051 篇被引文献数据集，获取 40 篇符合 15 篇引用标准的文章，形成 3 个集群呈现赞助披露的关键研究主题，如表 7 所示。聚类 1 中，学者对赞助披露的策略及品牌效果进行了探究；聚类 2 中，学者对赞助披露下的说服知识激活机制进行了探查；聚类 3 中，学者拓展了赞助披露对社交媒体口碑形成、社会化媒体影响者背书的广告披露作用机制研究。关键词共现呈现的主要聚类（即原生广告危害，如原生广告、广告监管、消费者欺诈等；原生广告说服，如说服知识、广告素养、行为倾向等；社交媒体情境下的赞助披露，如社会化媒体影响者、可信度等）与共引分析结果吻合。

表 7　赞助披露共引聚类

共引聚类	知识要素		
集群 1：赞助披露策略	自变量	中介/调节变量	因变量
Boerman 等[48]	披露时长	说服知识	品牌记忆 品牌态度
Campbell 等[58]	披露时机	操纵意图推断	消费者反应
van Reijmersdal 等[77]	赞助披露 情绪	说服知识	品牌回忆 品牌态度
Boerman 等[59]	披露时机	广告识别 信息处理	品牌态度
Boerman 等[60]	披露类型	视觉关注 广告识别	品牌记忆 品牌态度

续表

共引聚类	知识要素		
集群 2：赞助披露下的广告说服	自变量	中介/调节变量	因变量
Friestad and Wright[55]	说服知识模型		
Wojdynski and Evans[2]	披露立场 语言	说服意图推断 广告识别	可信度评价
van Reijmersdal 等[29]	赞助披露	广告说服 认知/情感抵抗品牌态度	消费倾向
Campbell 和 Kirmani[78]	说服动机可及性、消费者 认知能力	说服知识	感知与评价
Wei 等[79]	说服知识激活	感知适当性 品牌熟悉度	品牌评价
集群 3：社交媒体下的赞助披露	自变量	中介/调节变量	因变量
Boerman 等[6]	赞助披露	概念性说服知识 态度性说服知识	社交媒体网络口碑
Evans 等[80]	赞助披露语言	新媒体广告识别	态度 行为意图
Hwang 和 Jeong[81]	赞助披露 （不披露/简单/诚实披露）	怀疑倾向 信息测性	赞助帖子反应
de Jans 等[82]	赞助披露 （披露/不披露）	广告素养 影响者可信度 准社会互动	消费倾向
Schouten 等[83]	背书人 （影响者/名人）	识别 可信度	广告态度 消费倾向

4 赞助披露内涵探析

4.1 赞助披露的内涵

传统情境下，如电视植入广告[48]，赞助披露是激发用户广告识别的有用线索。1970 年联邦贸易委员会制定"明确而明显"的赞助披露标准以规范电视广告沟通中的赞助披露问题。赞助披露在减少来自信息或其他线索的误导性印象方面发挥潜在重要作用。

社交媒体情境下，商业信息触及目标群体时并没有传统媒体那么显眼，商业信息表征与所嵌入的内容相似，消费者可能难以做出准确区分[6]。随着社交媒体的发展，为保护消费者免受原生广告误导和欺骗，联邦贸易委员会等出台规定敦促营销人员在社交媒体发布赞助内容必须进行赞助信息披露[84]。例如，某个消费者生成内容包含品牌赞助时须添加一个明确表达来展示与品牌间的赞助关系，如在内容中添加"本内容由[某品牌]赞助"[7]。

现有研究表明赞助披露可以激活消费者广告识别和说服知识，提高其对相关信息的识别与判断能力[1]。然而，许多信息生成者和品牌方不愿提供明确赞助披露信息。不进行赞助披露，将导致消费者难以区分创作信息与商业信息，品牌试图通过将原生广告伪装成创作信息向消费者传达说服意图。若消费者未发现原生广告的说服意图，可能保持信任并持有积极态度。事实上，伴随消费者对原生广告形式的接触，品牌已很难隐藏赞助信息的广告本质[42]。一旦消费者意识到信息由品牌赞助，会激活说服知识并表达对信息的负面看法[1]。鉴于此，本文将赞助披露界定为通过披露信源与品牌间的赞助关系以及生成信息中所包含的商业性质来告知消费者信息中蕴含商业意图的一种赞助信息披露行为。

4.2 厘清赞助披露的类型

随着娱乐与商业信息边界的模糊，原生广告趋于不易识别，信息接受者的公正性感知也趋于弱化的态势。按照这一逻辑，本文基于现有研究基础，尝试从商业意图识别难度和信息公正性感知两个维度区分赞助披露的七种不同类型并厘清其本质区别（图3）。

图3 原生广告的赞助披露类型

不披露，指不进行任何关于赞助信息的披露。不进行赞助披露可使消费者认为内容不具有商业意图，增强说服力。但若消费者意识到广告试图伪装成非赞助信息，依据说服知识模型的意义变化原则，消费者将产生被误导和欺骗认知，对广告产生更强烈的厌恶，从而增强防御抵抗[55]。

模糊披露，指在赞助披露标签中使用不通俗易懂的专业术语（如"解决方案""工作室""推广人"等不常见词汇）或采取模糊陈述（如"我已经使用某产品几个月，很喜欢它"）。模糊披露会导致背书产品信息不透明感知，产生对影响者信源的不真诚、不信任感[42]。

标准披露，指采取一种标准格式指出该信息由某一品牌赞助。如"该内容由[品牌名]赞助""#[品牌名]赞助"等形式。这会激活消费者说服知识，降低抵抗态度。标准披露可能一开始导致消费者对信息的批判性处理，而信息透明度感知也可能带来对原生广告、信息发布者更积极的评价[23]。

内在动机披露，指在标准披露基础上强调信源内部动机。例如，对产品的兴趣，甚至与特定品牌合作的长期愿望。消费者更多地被内在欲望和激情所驱动，而非商业目标，这将提高其对信息的信任[85]。

外在动机披露，指在标准披露基础上，进一步揭示信源与品牌的财务关系，可能包括金钱关系（付费推广）和物质关系（免费样品）。该补偿对信源来讲是外在的[85]，属于外部激励接受动机。财务或物质补偿会导致更高广告识别、较高怀疑、较低可信度及采纳意愿。

诚实披露，指在标准披露基础上表明信息虽是赞助性质，但强调所生成的信息内容是该信源自身对产品、品牌或事件等的诚实意见。例如，"本内容由某品牌赞助，但信息是真实的"。该披露形式强调诚实观点，可引发高来源可信度和积极信息态度，恢复信源可信性，促成积极信息态度。相关研究表明，单纯赞助披露会导致信源可信度和积极信息态度的降低，而强调诚实意见不会导致信源可信度的下降和消极信息态度[7]。

非赞助披露，指明确声明未接受赞助来推荐商品，对未接受商业推广的信源来说至关重要。通过公正性披露表明信源的自身动机，避免消费者怀疑[25]。非赞助披露不太可能被消费者认为是商业信息，消费者对信息更加信任[86]。与未披露帖子相比，不仅带来更积极的品牌效应，而且促成对信源更积极的评价。

5 赞助披露下的双说服加工路径整合框架构想

现有赞助披露下的广告识别和说服机制研究仍相对分离，消费者信息加工研究局限于说服知识模型，对原生广告信息加工机制揭示尚不全面。本文基于现有研究提出赞助披露广告刺激反应模型整体框架构想，具体分为三个研究方向（图4），以期相对全面地诠释社交媒体下赞助披露实践中出现的新问题，探析不同说服策略下的信息加工过程及效应机制。基于赞助披露特征相关因素、信息加工相关因素、关系特征因素、广告内容特征因素、消费者特征因素诠释社交媒体原生广告赞助披露的广告刺激效应函数 $Y = f(D, P, R, G, C)$，其中，D = 赞助披露特征相关因素的 j 向量，P = 信息加工相关因素的 k 向量，R = 关系特征因素的 h 向量，G = 广告内容特征因素的 m 向量，C = 消费者特征因素的 n 向量，构建一般正则方程：

$$a_1 y_1 + a_2 y_2 + a_3 y_3 + a_4 y_4 + a_5 y_5 = (b_1 x_1 + b_2 x_2 + \cdots + b_j x_j) + (b_{j+1} x_{j+1} + b_{j+2} x_{j+2} + \cdots + b_k x_k)$$
$$+ (b_{k+1} x_{k+1} + b_{k+2} x_{k+2} + \cdots + b_h x_h) + (b_{h+1} x_{h+1} + b_{h+2} x_{h+2} + \cdots + b_m x_m)$$
$$+ (b_{m+1} x_{m+1} + b_{m+2} x_{m+2} + \cdots + b_n x_n)$$

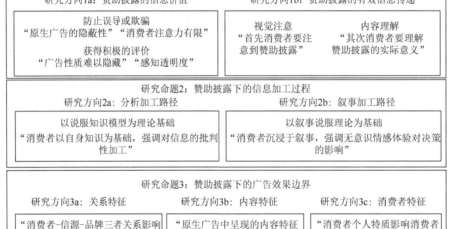

图 4 赞助披露的作用机制框架研究思路

接下来，我们将结合所构建效应函数中的各影响因素，提出社交媒体原生广告赞助披露未来研究的可行方向。

5.1 研究命题 1：赞助披露下的广告识别

5.1.1 研究方向 1a：赞助披露的信息价值

遵循媒介信息处理能力有限模型，用户浏览社交媒体信息的注意力往往局限于兴趣驱动的信息要素。消费者可能难以发现隐匿于原生广告的商业信息[63]。因此，个体在主要任务（如浏览信息）上投入的精力越多，用于次要任务（如注意和记住品牌植入）的资源越少。用于分辨广告信息的心理资源投入有限将难以彻底处理信息，导致商业信息识别不足。因此，需要进行赞助披露帮助消费者提升注意力，增加广告识别的可能性[87]。

伴随消费者对原生广告接触的增多，伪装商业性质已日益困难[10]，即使未进行赞助披露[88]，消费者也很有可能了解到社交媒体内容背后所隐藏的商业意图[35]。依据说服知识模型的意义变化原则[55]，消费者发现品牌方试图隐藏广告意图时会感觉被误导和欺骗，对广告信息产生更强烈的厌恶感，增强防御抵抗。

此外，赞助披露可以有效提高消费者赞助透明度感知。赞助透明度指使消费者注意到信息付费性质和赞助商身份的程度，是衡量消费者对给定商业意图信息如何清晰或透明地传达其商业性质的总体印象[89]。赞助透明度可以有效提升信源可信度与信息可信度[23]。

5.1.2　研究方向 1b：赞助披露的有效信息传递

基于人机互动效果视角，赞助披露实现有效信息传递需要以用户识别披露信息为前提。消费者能否注意到赞助披露取决于披露信息的文本特征：披露文本位置[1]、视觉突出程度[90]、披露时机[59]、是否有明确标识[5]等。披露文本位置指赞助标识文本在页面的位置。部分研究认为页面的中间位置能够吸引最多的视觉注意[1]。视觉突出程度（取决于赞助披露的大小、字体及文本与背景的对比）影响消费者赞助披露信息识别[5,91]。此外，赞助披露时机影响信息的有效传递，赞助内容前进行赞助披露能更好地触发广告识别[92,93]。加入明显图像或标识也是让消费者注意到赞助披露的有效方法[5]。

除视觉注意外，消费者能否理解赞助披露信息也是触发广告识别的关键因素。前文基于商业意图识别难度和信息公正性感知的赞助披露类型梳理印证了上述观点。赞助披露需使用易于理解及精确的语言，清晰、直接传达信源与赞助商的付费关系[5]。与使用模糊或抽象语言披露相比，清晰、明确的披露语言表征将产生更高水平的广告识别[21]。

观点 1：赞助披露影响消费者原生广告识别，披露特征调节赞助披露对原生广告识别的影响。

5.2　研究命题 2：赞助披露下的信息加工过程

赞助披露下消费者对披露信息的加工过程如何？随着研究和实践的不断发展，越来越多的赞助信息采取"讲故事"的说服策略，即将商业意图与故事相融合。叙事策略目前被广泛应用于品牌研究，是塑造品牌形象及口碑的有效方法[94,95]。原生广告与叙事结合的常见形式是在网红个人生活帖中展示其使用某一产品的照片或视频。这种文字与视觉叙事的有机结合给消费者提供想象空间[96]。然而，这种消费者参与广告的信息行为模式在赞助披露研究中被忽视。为弥合上述研究鸿沟，本文在心理抗拒理论基础上，创新性地结合叙事影响理论视角系统勾勒赞助披露的双说服信息加工路径。

5.2.1　研究方向 2a：分析加工路径

本文所指的分析加工路径指消费者利用分析策略，基于拥有的知识图示对说服性信息进行评估、判断的广告信息加工过程。依据说服知识模型，说服信息的可接受度源于消费者依赖自身说服知识和信息线索对信息的动机进行评估与处理的能力[55]。分析加工路径下，信源尝试通过说服性信息正面说服消费者，而消费者利用拥有的知识图式评估广告信息是否具有足够说服力[97]。只有信息呈现强说服力时，消费者才会产生信息采纳行为[55]。本文认为消费者处于分析加工路径情境下，首先需要理解信息，进而评估信源动机，对信息进行评估与判断。

既有研究指出心理抗拒理论及说服知识模型是诠释赞助披露下消费者分析加工路径的理论基础[31]。赞助披露通过激活说服知识产生悖论效应，一方面，赞助披露通过强调赞助内容的说服意图，增加消费者对说服知识的激活；另一方面，赞助披露通过提高感知透明度降低赞助内容的欺骗性，降低消费者对说服知识的激活。这导致两种相反的中介效应，即通过说服知识的激活可能同时增加和减少消费者批判态度[34]。

观点 2：分析加工路径下，消费者对广告信息的评估（动机推断、信息理解、来源可信度、信息可信度）影响原生广告效果。

5.2.2　研究方向 2b：叙事加工路径

叙事加工路径下，说服性信息要素蕴含于叙事故事。故事中的事件会分散用户注意力，角色视角情境下用户无法仔细审视所嵌入的说服性信息要素[98, 99]。因此，叙事说服使消费者沉浸于故事信息，通过无意识情感体验弱化用户说服策略[100]。传播学及心理学等领域学者关注到叙事这一有效说服手段，试图阐明其影响机制[101]。

叙事说服的核心流程是消费者将自身视角转移至叙事，将信息要素与认知相关联，创建故事世界的心理意象模型，从他人视角间接体验叙事。这种视角性转变和心理意象的构建过程让消费者产生被故事世界吸引的感觉，即叙事传递。消费者对叙事的理解是叙事传递的必要条件[101]。Gerrig 是第一个在小说语境中提出叙事传递概念的人[102]，将叙事传递概念化为脱离原始世界的状态。消费者在叙事传递状态中关注故事信息要素，理解、参与及处理信息，结束叙事传递体验返回现实世界后对叙事世界经历进行反思及意义重构，创造自身意义并应用到观点形成或行为[101]。

观点 3：叙事加工路径下，无意识情感信息要素加工（意象构建、叙事传递）影响原生广告效果。

5.2.3　两种信息加工模式的对比

消费者面对叙事说服尝试的信息加工模式与分析加工模式有显著差异。分析加工模式依赖消费者对广告论据的有效审查支持或反对广告信息，个体不仅关注广告信息的论点、论据，还会关注个体知识储备及先验经验等[103]。呈现有力论据和观点的原生广告才能有效说服消费者。叙事加工模式提供更多细节与生动想象，让故事信息接收者沉浸于体验[104]。消费者沉浸于故事情境时，叙事说服更多通过无意识情感作用而非有意识批判评估来影响消费者，其信息加工是叙事信息渐进内化的结果[105]。叙事可以引起情感与认知反应，影响消费者信念及态度，其效果强烈且持久[106, 107]。

其次，消费者通过赞助披露意识到内容的广告本质时对信息进行加工，进而影响广告态度与行为意向。值得指出的是，分析加工路径和叙事加工路径两种信息加工模式可能同时存在。这是因为消费者需要使用现有知识结构理解叙事中呈现的事件、角色或对象信息要素，并结合自身知识图示进行叙事反思。叙事传递增强消费者与叙事的关系纽带，限制对广告说服意图的感知和说服动机推断，即消费者对说服知识的调用[108]。因此，尽管分析加工路径与叙事加工路径的信息加工机制不同，但二者并非互相独立，可能同时存在且相互影响。

5.3　研究命题 3：赞助披露下的广告效果边界

5.3.1　研究方向 3a：关系特征

本文进一步拓展了关系特征视角的原生广告效果边界。如前所述，匹配假说是诠释广告效果边界的理论基础之一[35, 109, 110]。信源与赞助商品牌一致性[111]，指信源与赞助品牌形象[112]及信源与赞助品牌的共同价值观、使命或目标群体方面的匹配程度[113]。赞助商与消费者关系表现为消费者品牌关系[36]。消费者认识到内容的商业性质后会意识到信息不仅来源于信源也来自赞助商。这时，消费者与赞助商关系影响消费者态度。品牌可以被概念化为具有与消费者相似的人格特征[114, 115]。与人际关系类似，品牌利用持续互动培养客户关系，建立品牌情感依恋[116]。因此，品牌被消费者赋予更高信任及类人属性，积极影响原生广告沟通效果[36]。强大的消费者-赞助商关系（如消费者-品牌关系）对消费者具有认知和情感价值。现有研究支持这一观点，认为强势品牌的原生广告具有较低侵入性，且与消费者更相关，可能限制说服知识效应。因此，来自消费者更信任品牌的广告可以减少赞助披露带来的抗拒和消极态度[36]。根据来源可信度理论，具有高来源可信度的信源会对消费者产生积极影响。消费者与信源存在准社会关系时，认为信源亲密、值得信任。强消费者-信源准社会关系下，消费者认为该信源可靠，即使意识到说服意图仍会倾向于保持积极态度和行为[117, 118]。赞助披露条件下，与信源存在准社会关系的消费者比不存在准社会关系的消费者表现出更积极的态度[35]。赞助来自有效信源时，消费者可能选择信任赞助信息[117]。信源和消费者具有准社会关系情境下，赞助披露使信源背书信息呈现透明感及真实性进而提升积极态度[38]。

观点 4：关系特征调节赞助披露对原生广告识别及广告效果的影响。

5.3.2　研究方向 3b：内容特征

说服知识模型相关研究较多集中于消费者怀疑主义，诠释消费者不相信营销者的主张或怀疑营销人员的动机[119]。说服知识最初指人们用来应对说服策略的个人知识，并不特指消费者对广告的怀疑倾向[120]。因此，有研究提出消费者并非总是对说服事件持怀疑态度，说服知识不仅包含为何说服事件应受到怀疑的信息要素，还包含为何及何时应受到信任的信息要素[117]。消费者会结合赞助内容的信息要素特性进行信息加工，影响态度生成。广告呈现强有力说服效果时，消费者可能选择信任广告传递的信息[121]。如强调内容是真实的观点会缓解赞助披露的负面影响[7]；相较于单边信息（仅强调优点或缺点），消费者认为双边信息（同时表达优点和缺点）更加可信[28]等。

同样，内容特征在叙事加工中也极为重要。现有研究发现，叙事连贯性和叙事质量是预测信息评价的重要指标[100]。叙事连贯性是判断一个故事及信息要素是否一致、连贯且不存在矛盾的程度；叙事质量指媒介叙事中音频、视觉及其他数据元素体系引人注目且有说服力的程度[100]。叙事内容特征涉及消费者能否顺利理解叙事内容，并进行吸收与内化[122]。

观点 5：内容特征调节赞助披露对原生广告识别及广告效果的影响。

5.3.3　研究方向 3c：消费者特征

赞助披露下的广告效果与消费者个人特质有关。例如，能否有效识别广告信息与消费者个人素养有关，如媒介信息素养[26]。消费者自身特征影响广告识别，如注意力集中及理解能力影响赞助披露的含义的解读。消费者信息加工与个体理解力相关，如儿童和青少年信息加工能力弱于成年人[123]，更难识别广告信息。此外，研究表明，部分消费者对广告具有更高的怀疑倾向，具有该特质的消费者面对广告说服的态度会更为消极[7]。

研究表明，消费者特征在叙事加工路径中同样重要。例如，当叙事与个人相关时，用户将过去经历与新信息相关联，叙事的个人相关性（个人介入水平）是关键要素。叙事高相关情境下，消费者倾向于将叙事元素与生活事件或他人相关联[124]，接受故事中暗示的信念。一旦信源可信性通过共同经历确认建立，消费者可能接受信源的其他声明。消费者与叙事的相关性越强，越有可能认可叙事传递的信息[106]。

观点 6：消费者特征调节赞助披露对原生广告识别及广告效果的影响。

6 总结与展望

今日头条、微信、哔哩哔哩等多元化社会化媒体的飞速发展为新媒体时代的信息服务和沟通决策带来机遇与挑战。近年来，在线原生广告颇受赞助商爱戴。然而，缺乏赞助信息披露对消费者造成的欺骗或误导也给消费者、媒体、信源及赞助商带来威胁，赞助披露作为重要议题引起学术界及政府高度重视。

本文聚焦社交媒体下赞助披露的信息价值及行为机制议题，对赞助披露研究进行系统梳理和计量分析，剖析其起源、研究现状、主要研究范式及主题，进一步提出社交媒体下原生广告赞助披露研究的未来方向。具体来讲，本文纵览赞助披露相关研究流，呈现现有研究的理论视角及研究贡献。诠释社交媒体情境下赞助披露的演变，基于新媒体情境下信息源与信息接受者边界趋于模糊的态势，从公正性感知和赞助广告识别难度两个维度深入解读不同类型的赞助披露的概念和作用，这是人机交互研究的新视角。此外，聚焦赞助披露的信息加工全过程勾勒基于知识说服和叙事说服模式双说服机制研究框架，引入信源特征（可信度、专业性等）、背书信息特性（讯息面向、个人相关性等）、关系特征（信源-消费者关系、消费者-赞助商关系、信源-赞助商关系）等边界条件，解构体现社交媒体原生广告生态的整合赞助披露广告刺激反应模型，这是对赞助披露下信息行为研究的深化和拓展，丰富了相关研究成果。然而，目前赞助披露研究尚处于探索阶段，仍有许多需进一步深化的研究议题。

其一，信息价值层面，深化赞助披露下的原生广告理论创新研究。社交媒体情境下的原生广告与其他信息内容的形式、风格和布局相融合，隐藏或模糊消费者能够识别广告的特征线索，以不易于赞助广告识别为鲜明特征，以粉丝消费者等多主体线上口碑传播为价值外延，这给基于赞助披露视角的消费者信息行为理论创新研究带来了机遇与挑战。目前赞助披露相关研究主要聚焦于说服知识理论、心理抗拒理论等探索原生广告的赞助披露对消费者的影响机理，忽视了信源与赞助商双向背书机理研究。未来的研究可以结合匹配假说、意义迁移理论等进一步探索赞助披露的积极效应机制。例如，企业如何通过赞助社交媒体信源提升品牌形象？信源成功进行品牌背书衍生的个人形象提升积极效应机制等。

其二，人机交互层面，进一步拓展赞助披露模式创新研究。既有研究虽已探究部分披露形式，但仍存在研究数量少、视角单一等问题。相关研究虽探索简单披露、诚实披露、动机披露等形式，但总体来说是文字加符号的书面表达形式。未来研究可立足实践活动特点，深入探索多元化赞助披露形式的作用及效果，以期在避免消费者受到误导与欺骗的同时，尽可能降低消费者对商业意图信息的厌恶与排斥情绪，达到多方共赢。例如，已有部分网红信源在视频标题中加入特定语句、标点符号，或在视频中手持特定玩偶、装饰物等告知粉丝该视频包含赞助信息。未来研究可以探查网红信源与粉丝消费者间利用秘密符号或标志进行赞助披露下的用户信息识别及互动效应机制。此外，信息系统设计领域可以进一步拓展个性化、共创式信息披露模式研究，如 AI 辅助的赞助披露效果、用户共同参与虚拟影响者赞助披露设计的互动及效果等。

其三，信息行为层面，深化赞助披露下基于关系视角的广告信息加工深层作用机制研究。准社会关系的作用与价值在社会化媒体研究中已被广泛认可。但在赞助披露研究中，准社会关系对消费者广告信息加工过程的影响机制仍不明确，准社会关系影响赞助披露效果的路径仍需进一步探索。例如，信源与粉丝消费者的准社会关系可能减少消费者说服知识唤起程度，消费者品牌介入水平影响广告态度和品牌态度，在高水平情境下可能极大缓和赞助披露负面效应，信源品牌高契合度同样可能缓和这一矛盾。此外，进一步的研究可以细化原生广告信息加工中叙事说服的边界条件及机理研究。叙事说服信息加工模式下，赞助披露是否能有效唤醒赞助广告识别？消费者特性、平台效应、品牌介入度等要素是否会成为叙述说服效果的边界条件？叙述修辞策略是否对消费者处理赞助披露的信息加工过程产生影响？例如，赞助披露提高消费者的广告识别水平，当消费者认知到信息是广告时是否导致消费者拒绝叙事参与？叙事传递过程中，消费者注意力集中于叙事情境是否抑制广告识别？另外，哪些因素影响消费者对叙事的反思？这些问题仍需未来研究进一步探索。

其四，信息技术与个体层面，深化赞助披露下广告信息加工的文化差异及特殊群体的广告识别及信息加工机理研究。文化要素方面，Zimand-Sheiner 等研究发现土耳其消费者对赞助内容的可信度明显低于美国和以色列[125]。鉴于此，未来可尝试拓展文化因素对赞助披露效果的影响机理研究。特殊群体方面，由于儿童的认知和情感能力未得到充分发展，更难以进行广告识别。缺乏理解赞助的认知技能，儿童相比成年人较难在广告中保护自己[123]。未来研究可以探究针对儿童等特殊群体的广告识别及引导机制。例如，针对儿童群体，探索基于人机互动视角的对比色和非常规形状在赞助披露设计及效果中的应用[82]。

其五，沟通决策优化层面，拓展赞助披露情境下大数据驱动的原生广告效果优化研究。一方面，未来可以尝试构建基于人工神经网络等人工智能技术的原生广告效果综合预测模型，挖掘社会化媒体影响者多维信源特征、信源与用户及用户间跨社交媒体平台互动行为痕迹等多维指标对原生广告效果预测的潜力，识别社交媒体原生广告效果的情境因素。此外，社交媒体原生广告的资源配置优化也是具有潜力的研究方向，未来研究可以基于市场反应模型及最优化控制算法创新，探索企业资源有限条件下实现社交媒体原生广告投放决策中的多信源甄选、多目标实现等资源最优化配置方案。

此外，数字业态监管层面，探索我国基于社交媒体赞助披露规范的数字广告监管创新路径。这是解决信息生成者如何规范履行互联网信息责任的关键，明晰哪些信息生成者在哪些情境下以何种形式进行赞助披露是确保规范的赞助信息传播，满足社交媒体消费者对透明度的要求。未来研究可结合数字广告发展情境及监管瓶颈，剖析国际商会等全球公认赞助披露实践准则，以完善我国互联网信息监管实践规范和指南，探索与国际通行规则相衔接的信息监管制度体系为着眼点，推进我国互联网信息监管改革中有规范可依、有指南可循、有线索可追溯的改革创新，探究新媒体情境下互联网信息监管新路径。

参 考 文 献

[1] Sahni N S，Nair H S. Sponsorship disclosure and consumer deception：experimental evidence from native advertising in mobile search[J]. Marketing Science，2020，39（1）：5-32.

[2] Wojdynski B W，Evans N J. Going native：effects of disclosure position and language on the recognition and evaluation of online native advertising[J]. Journal of Advertising，2016，45（2）：157-168.

[3] De Veirman M，Cauberghe V，Hudders L. Marketing through Instagram influencers：the impact of number of followers and product divergence on brand attitude[J]. International Journal of Advertising，2017，36（5）：798-828.

[4] Li Y，Wang Y. Native advertising on news websites：the impacts of media organizational factors on disclosure clarity[J]. Digital Journalism，2022，1-22

[5] Wojdynski B W. The deceptiveness of sponsored news articles：how readers recognize and perceive native advertising[J]. American Behavioral Scientist，2016，60（12）：1475-1491.

[6] Boerman S C，Willemsen L M，van Der Aa E P. "This post Is sponsored" effects of sponsorship disclosure on persuasion knowledge and electronic word of mouth in the context of Facebook[J]. Journal of Interactive Marketing，2017，38：82-92.

[7] Hwang Y，Jeong S H. "This is a sponsored blog post，but all opinions are my own"：the effects of sponsorship disclosure on responses to sponsored blog posts[J]. Computers in Human Behavior，2016，62：528-535.

[8] Naderer B，Matthes J，Schäfer S. Effects of disclosing ads on Instagram：the moderating impact of similarity to the

influencer[J]. International Journal of Advertising，2021，40（5）：686-707.

[9]　张光前，张席婷. 微信公众号内植入广告对用户持续使用公众号影响的研究[J]. 信息系统学报，2019，（2）：53-66.

[10]　Wojdynski B W，Evans N J. The Covert Advertising Recognition and Effects（CARE）model：processes of persuasion in native advertising and other masked formats[J]. International Journal of Advertising，2020，39（1）：4-31.

[11]　Schauster E，Neill M. Have the ethics changed? An examination of ethics in advertising and public relations agencies[J]. Journal of Media Ethics，2017，32（1）：45-60.

[12]　Harvard Business Review. The ethics of using paid content in journalism[EB/OL]. https://hbr.org/2013/07/the-ethics-of-using-paid-content-in-journalism[2023-08-18].

[13]　Han J K，Drumwright M，Goo W. Native advertising：is deception an asset or a liability？[J]. Journal of Media Ethics，2018，33（3）：102-119.

[14]　European Advertising Standards Alliance [EASA]. Best Practice Recommendation on Influencer Marketing[EB/OL]. https://easa-alliance.org/publications/best-practice-recommendation-on-influencer-marketing-guidance_v2023/[2023-10-14].

[15]　Federal Trade Commission. FTC's Endorsement Guides：What People Are Asking[EB/OL]. https://www.ftc.gov/business-guidance/resources/ftcs-endorsement-guides-what-people-are-asking[2023-08-18].

[16]　Boerman S C. The effects of the standardized Instagram disclosure for micro-and meso-influencers[J]. Computers in Human Behavior，2020，103：199-207.

[17]　Van der Goot M J，Van Reijmersdal E A，Zandbergen S K P. Sponsorship disclosures in online sponsored content：practitioners' considerations[J]. Journal of Media Ethics，2021，36（3）：154-169.

[18]　Amazeen M A，Vargo C J. Sharing native advertising on twitter：content analyses examining disclosure practices and their inoculating influence[J]. Journalism Studies，2021，22（7）：916-933.

[19]　Hardy J. Sponsored editorial content in digital journalism：mapping the merging of media and marketing[J]. Digital Journalism，2021，9（7）：865-886.

[20]　An S，Kang H，Koo S. Sponsorship disclosures of native advertising：clarity and prominence[J]. Journal of Consumer Affairs，2019，53（3）：998-1024.

[21]　Asquith K，Fraser E M. A critical analysis of attempts to regulate native advertising and influencer marketing[J]. International Journal of Communication，2020，14：5729-5749.

[22]　Tsao W C，Mau T C. Ethics in social media marketing：how should sponsorship information be disclosed in online product reviews？[J]. Aslib Journal of Information Management，2019，71（2）：195-216.

[23]　Krouwer S，Poels K，Paulussen S. Moving towards transparency for native advertisements on news websites：a test of more detailed disclosures[J]. International Journal of Advertising，2020，39（1）：51-73.

[24]　Pfeuffer A，Huh J. Effects of different sponsorship disclosure message types on consumers' trust and attitudes[J]. International Journal of Advertising，2020，40（1）：49-80.

[25]　Stubb C，Colliander J."This is not sponsored content"-The effects of impartiality disclosure and e-commerce landing pages on consumer responses to social media influencer posts[J]. Computers in Human Behavior，2019，98：210-222.

[26]　Campbell C，Evans N J. The role of a companion banner and sponsorship transparency in recognizing and evaluating article-style native advertising[J]. Journal of Interactive Marketing，2018，43：17-32.

[27]　Weitzl W J，Seiffert-Brockmann J，Einwiller S. Investigating the effects of sponsorship and forewarning disclosures on recipients' reactance[J]. Communications，2020，45（3）：282-302.

[28]　de Veirman M，Hudders L. Disclosing sponsored Instagram posts：the role of material connection with the brand and message-sidedness when disclosing covert advertising[J]. International Journal of Advertising，2020，39（1）：94-130.

[29]　van Reijmersdal E A，Fransen M L，van Noort G，et al. Effects of disclosing sponsored content in blogs：how the use of resistance strategies mediates effects on persuasion[J]. American Behavioral Scientist，2016，60（12）：1458-1474.

[30]　Kapoor P S，Balaji M S，Jiang Y Y，et al. Effectiveness of travel social media influencers：a case of eco-friendly hotels[J]. Journal of Travel Research，2022，61（5）：1138-1155.

[31]　Eisend M，van Reijmersdal E A，Boerman S C，et al. A meta-analysis of the effects of disclosing sponsored content[J].

Journal of Advertising，2020，49（3）：344-366.

[32] Matthes J，Naderer B. Product placement disclosures：exploring the moderating effect of placement frequency on brand responses via persuasion knowledge[J]. International Journal of Advertising，2016，35（2）：185-199.

[33] Campbell C，Grimm P E. The challenges native advertising poses：exploring potential federal trade commission responses and identifying research needs[J]. Journal of Public Policy & Marketing，2019，38（1）：110-123.

[34] Beckert J，Koch T，Viererbl B，et al. The disclosure paradox：how persuasion knowledge mediates disclosure effects in sponsored media content[J]. International Journal of Advertising，2021，40（7）：1160-1186.

[35] Breves P，Amrehn J，Heidenreich A，et al. Blind trust？The importance and interplay of parasocial relationships and advertising disclosures in explaining influencers' persuasive effects on their followers[J]. International Journal of Advertising，2021，40（7）：1209-1229.

[36] Hayes J L，Golan G，Britt B，et al. How advertising relevance and consumer-brand relationship strength limit disclosure effects of native ads on Twitter[J]. International Journal of Advertising，2019，39（1）：1-35.

[37] Kim D Y，Kim H Y. Influencer advertising on social media：the multiple inference model on influencer-product congruence and sponsorship disclosure[J]. Journal of Business Research，2021，130：405-415.

[38] Lou C. Social media influencers and followers：theorization of a trans-parasocial relation and explication of its implications for influencer advertising[J]. Journal of Advertising，2022，51（1）：4-21.

[39] Palau-Sampio D. Sponsored content in Spanish media：strategies，transparency，and ethical concerns[J]. Digital Journalism，2021，9（7）：908-928.

[40] Gambetti R C，Graffigna G. The concept of engagement：a systematic analysis of the ongoing marketing debate[J]. International Journal of Market Research，2010，52（6）：801-826.

[41] 倪宁，徐智，杨莉明. 复杂的用户：社交媒体用户参与广告行为研究[J]. 国际新闻界，2016，38（10）：111-127.

[42] Woodroof P J，Howie K M，Syrdal H A，et al. What's done in the dark will be brought to the light：effects of influencer transparency on product efficacy and purchase intentions[J]. Journal of Product & Brand Management，2020，29（5）：675-688.

[43] Steigrad A. Native Advertising：The Pros and Cons[EB/OL]. https://wwd.com/business-news/marketing-promotion/ftc-examines-native-advertising-7299934/[2023-10-14].

[44] Native Advertising Institute. The Ultimate Native ads guide[EB/OL]. https://www.nativeadvertisinginstitute.com/blog/native-advertising-ultimate-guide[2023-08-18].

[45] 康瑾. 原生广告的概念、属性与问题 [J]. 现代传播（中国传媒大学学报），2015，37（3）：112-118.

[46] Taiminen K，Luoma-aho V，Tolvanen K. The transparent communicative organization and new hybrid forms of content[J]. Public Relations Review，2015，41（5）：734-743.

[47] 贾微微，别永越. 网红经济视域下的影响者营销：研究述评与展望[J]. 外国经济与管理，2021，43（1）：23-43.

[48] Boerman S C，van Reijmersdal E A，Neijens P C. Sponsorship disclosure：effects of duration on persuasion knowledge and brand responses[J]. Journal of Communication，2012，62（6）：1047-1064.

[49] Amazeen M A，Bucy E P. Conferring resistance to digital disinformation：the inoculating influence of procedural news knowledge[J]. Journal of Broadcasting & Electronic Media，2019，63（3）：415-432.

[50] Wellman M L，Stoldt R，Tully M，et al. Ethics of authenticity：social media influencers and the production of sponsored content[J]. Journal of Media Ethics，2020，35（2）：68-82.

[51] Sheth J N. Measurement of advertising effectiveness：some theoretical considerations[J]. Journal of Advertising，1974，3（1）：6-11.

[52] Stafford M R，Taylor C R. Analyzing the impact of the leading articles in the journal of advertising from its first 50 years：an integrative framework[J]. Journal of Advertising，2022，51（5）：624-642.

[53] Haugtvedt C P，Strathman A J. Situational product relevance and attitude persistence[J]. Advances in Consumer Research，1990，17（1）：766-769.

[54] Campbell M C. When attention-getting advertising tactics elicit consumer inferences of manipulative intent：the importance

of balancing benefits and investments[J]. Journal of Consumer Psychology，1995，4（3）：225-254.

[55]　Friestad M，Wright P. The persuasion knowledge model：how people cope with persuasion attempts[J]. Journal of Consumer Research，1994，21（1）：1-31.

[56]　Hudders L，De Pauw P，Cauberghe V，et al. Shedding new light on how advertising literacy can affect children's processing of embedded advertising formats：a future research agenda[J]. Journal of Advertising，2017，46（2）：333-349.

[57]　van Eck N J，Waltman L. CitNetExplorer：a new software tool for analyzing and visualizing citation networks[J]. Journal of Informetrics，2014，8（4）：802-823.

[58]　Campbell M C，Mohr G S，Verlegh P W J. Can disclosures lead consumers to resist covert persuasion？ The important roles of disclosure timing and type of response[J]. Journal of Consumer Psychology，2013，23（4）：483-495.

[59]　Boerman S C，van Reijmersdal E A，Neijens P C. Effects of sponsorship disclosure timing on the processing of sponsored content：a study on the effectiveness of European Disclosure Regulations[J]. Psychology & Marketing，2014，31（3）：214-224.

[60]　Boerman S C，van Reijmersdal E A，Neijens P C. Using eye tracking to understand the effects of brand placement disclosure types in television programs[J]. Journal of Advertising，2015，44（3）：196-207.

[61]　Crossan M M，Apaydin M. A multi-dimensional framework of organizational innovation：a systematic review of the literature[J]. Journal of Management Studies，2010，47（6）：1154-1191.

[62]　Uribe R，Fuentes-García A. Disclosing product placements of fast food to children：the importance of reinforcing the use of disclosures and the age of children[J]. Health Communication，2020，35（11）：1415-1425.

[63]　Lang A. The limited capacity model of mediated message processing[J]. Journal of Communication，2000，50（1）：46-70.

[64]　Agarwal N K，Alsaeedi F. Creation，dissemination and mitigation：toward a disinformation behavior framework and model[J]. Aslib Journal of Information Management，2021，73（5）：639-658.

[65]　杨强，宁迪，席悦，等. 在线动机对社交媒体广告点击行为的影响机制研究[J]. 信息系统学报，2021，（1）：62-78.

[66]　Chen Q，Feng Y Q，Liu L N，et al. Understanding consumers' reactance of online personalized advertising：a new scheme of rational choice from a perspective of negative effects[J]. International Journal of Information Management，2019，44：53-64.

[67]　Brehm J W. A Theory of Psychological Reactance[M]. New York：Academic Press，1966.

[68]　Miller C H，Ivanov B，Sims J，et al. Boosting the potency of resistance：combining the motivational forces of inoculation and psychological reactance[J]. Human Communication Research，2013，39（1）：127-155.

[69]　Banas J A，Richards A S. Apprehension or motivation to defend attitudes？ Exploring the underlying threat mechanism in inoculation-induced resistance to persuasion[J]. Communication Monographs，2017，84（2）：164-178.

[70]　Richards A S，Banas J A，Magid Y. More on inoculating against reactance to persuasive health messages：the paradox of threat[J]. Health Communication，2017，32（7）：890-902.

[71]　Petty R E，Cacioppo J T. The elaboration likelihood model of persuasion[J]. Advances in Experimental Social Psychology. 1986，19：123-205.

[72]　Chaiken S. The heuristic model of persuasion[M]. Zanna M P，Olson J M，Herman C P. Social influence：The Ontario Symposium. New York：Psychology Press，1987：3-39.

[73]　Rian N B Z. Customer preference for decision authority in credence services：the moderating effects of source credibility and persuasion knowledge[J]. Managing Service Quality：An International Journal，2014，24（3）：274-299.

[74]　Horton D，Richard Wohl R R. Mass communication and para-social interaction[J]. Psychiatry，1956，19（3）：215-229.

[75]　Tukachinsky R，Stever G. Theorizing development of parasocial engagement[J]. Communication Theory，2019，29（3）：297-318.

[76]　Kamins M A，Gupta K. Congruence between spokesperson and product type：a matchup hypothesis perspective[J]. Psychology and Marketing，1994，11（6）：569-586.

[77]　van Reijmersdal E A，Lammers N，Rozendaal E，et al. Disclosing the persuasive nature of advergames：moderation effects of mood on brand responses via persuasion knowledge[J]. International Journal of Advertising：The Review of Marketing

Communications，2015，34（1）：70-84.

[78] Campbell M C，Kirmani A. Consumers' use of persuasion knowledge：the effects of accessibility and cognitive capacity on perceptions of an influence agent[J]. Journal of Consumer Research，2000，27（1）：69-83.

[79] Wei M L，Fischer E，Main K J. Examination of the effects of activating persuasion knowledge on consumer response to brands engaging in covert marketing[J]. Journal of Public Policy & Marketing，2008，27（1）：34-44.

[80] Evans N J，Phua J，Lim J，Jun H. Disclosing Instagram influencer advertising：the effects of disclosure language on advertising recognition，attitudes，and behavioral intent[J]. Journal of Interactive Advertising，2017，17（2）：138-149.

[81] Hwang Y，Jeong S H. "This is a sponsored blog post，but all opinions are my own"：the effects of sponsorship disclosure on responses to sponsored blog posts[J]. Computers in Human Behavior，2016，62：528-535.

[82] de Jans S，Vanwesenbeeck I，Cauberghe V，et al. The development and testing of a child-inspired advertising disclosure to alert children to digital and embedded advertising[J]. Journal of Advertising，2018，47（3）：255-269.

[83] Schouten A P，Janssen L，Verspaget M. Celebrity vs. influencer endorsements in advertising：the role of identification，credibility，and product-endorser fit[J]. International Journal of Advertising，2020，39（2）：258-281.

[84] FTC Staff Reminds Influencers and Brands to Clearly Disclose Relationship[EB/OL]. https://www.ftc.gov/news-events/press-releases/2017/04/ftc-staff-reminds-influencers-brands-clearly-disclose[2023-10-14].

[85] Gerrath M H E E，Usrey B. The impact of influencer motives and commonness perceptions on follower reactions toward incentivized reviews[J]. International Journal of Research in Marketing，2021，38（3）：531-548.

[86] Johnson B K，Potocki B，Veldhuis J. Is that my friend or an advert？ The effectiveness of Instagram native advertisements posing as social posts[J]. Journal of Computer-Mediated Communication，2019，24（3）：108-125.

[87] Klein E G，Czaplicki L，Berman M，et al. Visual attention to the use of #ad versus #sponsored on e-cigarette influencer posts on social media：a randomized experiment[J]. Journal of Health Communication，2020，25（12）：925-930.

[88] Hoek R W，Rozendaal E，Van Schie H，et al. Testing the effectiveness of a disclosure in activating children's advertising literacy in the context of embedded advertising in vlogs[J]. Frontiers in Psychology，2020，11.

[89] Wojdynski B W，Evans N J，Hoy M G. Measuring sponsorship transparency in the age of native advertising[J]. Journal of Consumer Affairs，2018，52（1）：115-137.

[90] Binford M T，Wojdynski B W，Lee Y I，et al. Invisible transparency：visual attention to disclosures and source recognition in Facebook political advertising[J]. Journal of Information Technology & Politics，2021，18（1）：70-83.

[91] Amazeen M A，Wojdynski B W. The effects of disclosure format on native advertising recognition and audience perceptions of legacy and online news publishers[J]. Journalism，2020，21（12）：1965-1984.

[92] De Pauw P，Hudders L，Cauberghe V. Disclosing brand placement to young children[J]. International Journal of Advertising，2018，37（4）：508-525.

[93] van Reijmersdal E A，Rozendaal E，Hudders L，et al. Effects of disclosing influencer marketing in videos：an eye tracking study among children in early adolescence[J]. Journal of Interactive Marketing，2020，49：94-106.

[94] 汪涛，周玲，彭传新，等. 讲故事 塑品牌：建构和传播故事的品牌叙事理论——基于达芙妮品牌的案例研究[J]. 管理世界，2011，（3）：112-123.

[95] 神铭钰，卫海英，毛立静. 痛并快乐？品牌故事类型对消费者态度的影响研究[J]. 外国经济与管理，2021，43（12）：100-117.

[96] Feng Y，Chen H，Kong Q. An expert with whom I can identify：the role of narratives in influencer marketing[J]. International Journal of Advertising，2021，40（7）：972-993.

[97] Hamby A，Daniloski K，Brinberg D. How consumer reviews persuade through narratives[J]. Journal of Business Research，2015，68（6）：1242-1250.

[98] Escalas J E. Imagine yourself in the product：mental simulation，narrative transportation，and persuasion[J]. Journal of Advertising，2004，33（2）：37-48.

[99] Grigsby J L，Mellema H N. Negative consequences of storytelling in native advertising[J]. Journal of Interactive Marketing，2020，52：61-78.

[100] Cho H，Shen L J，Wilson K. Perceived realism：dimensions and roles in narrative persuasion[J]. Communication Research，2014，41（6）：828-851.

[101] Hamby A，Brinberg D，Jaccard J. A conceptual framework of narrative persuasion[J]. Journal of Media Psychology Theories Methods and Applications，2018，30（3）：113-124.

[102] Gerrig R J. Narrative thought？[J]. Personality and Social Psychology Bulletin，1994，20（6）：712-715.

[103] 严进，杨珊珊. 叙事传输的说服机制[J]. 心理科学进展，2013，21（6）：1125-1132.

[104] Orazi D C，Lei J，Bove L L. The effect of ending disclosure on the persuasiveness of narrative PSAs[J]. Journal of Business Research，2021，127：241-251.

[105] Escalas J E. Self-referencing and persuasion：narrative transportation versus analytical elaboration[J]. Journal of Consumer Research，2007，33（4）：421-429.

[106] Green M C. Transportation into narrative worlds：the role of prior knowledge and perceived realism[J]. Discourse Processes，2004，38（2）：247-266.

[107] Green M C，Brock T C. The role of transportation in the persuasiveness of public narratives[J]. Journal of Personality and Social Psychology，2000，79（5）：701-721.

[108] Gillespie B，Joireman J. The role of consumer narrative enjoyment and persuasion awareness in product placement advertising[J]. American Behavioral Scientist，2016，60（12）：1510-1528.

[109] Lee S S，Chen H，Lee Y H. How endorser-product congruity and self-expressiveness affect Instagram micro-celebrities' native advertising effectiveness[J]. Journal of Product & Brand Management，2021，31（1）：149-162.

[110] Lee S S，Johnson B K. Are they being authentic？The effects of self-disclosure and message sidedness on sponsored post effectiveness[J]. International Journal of Advertising，2022，41（1）：30-53.

[111] De Cicco R，Iacobucci S，Pagliaro S. The effect of influencer-product fit on advertising recognition and the role of an enhanced disclosure in increasing sponsorship transparency[J]. International Journal of Advertising，2021，40（5）：733-759.

[112] Gwinner K. A model of image creation and image transfer in event sponsorship[J]. International Marketing Review，1997，14（3）：145-158.

[113] Wakefield L，Wakefield K，Lane Keller K. Understanding sponsorship：a consumer-centric model of sponsorship effects[J]. Journal of Advertising，2020，49（3）：320-343.

[114] Fournier S. Consumers and their brands：developing relationship theory in consumer research[J]. Journal of Consumer Research，1998，24（4）：343-373.

[115] Veloutsou C. Brands as relationship facilitators in consumer markets[J]. Marketing Theory，2009，9（1）：127-130.

[116] Delbaere M，McQuarrie E F，Phillips B J. Personification in advertising[J]. Journal of Advertising，2011，40（1）：121-130.

[117] Isaac M S，Grayson K. Beyond skepticism：can accessing persuasion knowledge bolster credibility？[J]. Journal of Consumer Research，2017，43（6）：895-912.

[118] Hwang K，Zhang Q. Influence of parasocial relationship between digital celebrities and their followers on followers' purchase and electronic word-of-mouth intentions，and persuasion knowledge[J]. Computers in Human Behavior，2018，87：155-173.

[119] DeCarlo T E. The effects of sales message and suspicion of ulterior motives on salesperson evaluation[J]. Journal of Consumer Psychology，2005，15（3）：238-249.

[120] Isaac M S，Grayson K. Priming skepticism：unintended consequences of one-sided persuasion knowledge access[J]. Psychology & Marketing，2020，37（3）：466-478.

[121] Briñol P，Rucker D D，Petty R E. Naïve theories about persuasion：implications for information processing and consumer attitude change[J]. International Journal of Advertising，2015，34（1）：85-106.

[122] Hamby A，Brinberg D，Daniloski K. Reflecting on the journey：mechanisms in narrative persuasion[J]. Journal of Consumer Psychology，2017，27（1）：11-22.

[123] Rozendaal E，Buijzen M，Valkenburg P. Comparing children's and adults' cognitive advertising competences in the Netherlands[J]. Journal of Children and Media，2010，4（1）：77-89.

[124] Quintero Johnson J M，Sangalang A. Testing the explanatory power of two measures of narrative involvement：an investigation of the influence of transportation and narrative engagement on the process of narrative persuasion[J]. Media Psychology，2017，20（1）：144-173.

[125] Zimand-Sheiner D，Ryan T，Kip S M，et al. Native advertising credibility perceptions and ethical attitudes：an exploratory study among adolescents in the United States，Turkey and Israel[J]. Journal of Business Research，2020，116：608-619.

Native Advertising Sponsorship Disclosure on Social Media: a Literature Review and Prospect

JIA Weiwei[1], BIE Yongyue[1], LI Han[1], JIANG Yushi[2]

（1. School of Management Science and Information Engineering, Jilin University of Finance and Economics, Changchun 130117, Jilin，China

2. School of Economic and Management, Southwest Jiaotong University, Chengdu 610031, Sichuan, China）

Abstract　The vigorous development of social media has brought a destructive change in the field of information service and communication. The rise of native advertising has triggered a new examination of the norms and mechanisms of sponsorship disclosure. Based on systematic and bibliometric literature review, this paper summarized the research progress of sponsorship disclosure, interpreted the theoretical perspective as well as the research paradigm of existing research, and clarified the seven modes of sponsorship disclosure. Moreover, focusing on information processing and relationship, a dual persuasive path advertising stimulus response model of sponsorship disclosure based on persuasive knowledge model and narrative persuasive theory was proposed to further deconstruct the impact of social media sponsorship disclosure on advertising effects. The paper expanded the native advertising theory and brought enlightenment to the information system practice in the digital economy.

Keywords　Native advertising, Sponsorship disclosure, Advertising recognition, Persuasion knowledge model, Narrative persuasion

作者简介

贾微微（1982—），女，吉林财经大学管理科学与信息工程学院教授、硕士生导师，山东博兴人，研究方向为原生广告、协同创新、影响者营销等。E-mail：jiaweiwei123@hotmail.com。

别永越（1997—），男，吉林财经大学管理科学与信息工程学院硕士研究生，吉林长春人，研究方向为数字广告、影响者营销。E-mail：bieyongyue@126.com。

李晗（1998—），男，吉林财经大学管理科学与信息工程学院硕士研究生，湖北荆州人，研究方向为信息行为、社交机器人等。E-mail：3202938669@qq.com。

蒋玉石（1979—），男，西南交通大学经济管理学院教授、博士生导师，湖南衡阳人，研究方向为神经营销、网络广告、人力资源管理等。E-mail：906375866@qq.com。

信息管理与信息系统一流专业建设改革与创新[*]

许伟[1]　程絮森[1]　马宝君[2]　左美云[1]

（1. 中国人民大学信息学院，北京 100872；2. 脑机协同信息行为教育部和上海市重点实验室，上海外国语大学国际工商管理学院，上海 201620）

摘　要　本文基于第十届中国系统工程学会信息系统工程专业委员会中主题为"信息管理与信息系统一流专业建设与评估"的第八届院长/系主任论坛特邀专家分享与讨论内容，回顾了信息管理与信息系统一流专业建设中的经验措施和面临的挑战，提出了新时代背景下信息管理与信息系统专业改革创新的实施路径，最后结合研讨内容总结了该专业未来发展的建议。

关键词　信息管理与信息系统，专业建设，专业改革，创新发展

中图分类号　C931.6

信息管理与信息系统专业院长/系主任论坛，作为中国系统工程学会信息系统工程专业委员会（China Association for Information Systems，CNAIS）学术年会的一个重要分论坛，迄今已经举办八届，成为 CNAIS 的一个品牌论坛，每次都能够吸引近百位该专业所在学院院长、系主任和相关专业教师参加，讨论当年的学科热点问题[1]。

为贯彻全国教育大会和新时代全国高校本科教育工作会议精神，落实教育部《关于加快建设高水平本科教育　全面提高人才培养能力的意见》以及"六卓越一拔尖"计划 2.0 系列文件要求，教育部于 2019 年 4 月启动了一流本科专业建设"双万计划"，计划用 3 年时间建设 10 000 个左右国家级和 10 000 个左右省级一流本科专业点，以全面振兴本科教育，提高人才培养质量，实现高等教育内涵式发展。目前，一流专业建设工作已经开展 4 年多了，"信息管理与信息系统"一流专业建设有什么好的经验和措施，同时做了哪些改革和创新等方面的内容，是信管类专业负责人及教师们十分关注的问题。

1. 第八届院长系主任论坛内容概述

2022 年 12 月 3 日，在 CNAIS 第十届年会召开之际，主题为"信息管理与信息系统一流专业建设与评估"的第八届院长/系主任论坛作为 CNAIS 年会的会中会，在中国人民大学信息学院副院长左美云教授、经济信息管理系主任许伟教授、程絮森教授和上海外国语大学国际工商管理学院副院长马宝君教授等四位联合主席的共同组织下顺利举办。本次论坛由左美云教授主持论坛主旨报告，程絮森教授、马宝君教授和许伟教授围绕信息管理与信息系统专业建设改革与创新分别主持了课程思政、虚拟教研室建设与拔尖人才培养圆桌论坛，来自国内各高校信息管理与信息系统类专业所在学院的百余位院长、系主任和专业教师等参与了本次论坛。

首先，本次论坛由 CNAIS 大会主席徐心教授致辞，指出了"院长/系主任论坛"对信管学科发展做

---

*本论文受到教育部信息管理与信息系统专业虚拟教研室（马宝君教授主持）、中国人民大学吴玉章课程思政名师工作室（左美云教授主持）的支持和资助。

通信作者：左美云，中国人民大学信息学院，教授，E-mail：zuomy@ruc.edu.cn。

出的重要贡献，已经成为 CNAIS 的品牌和特色活动。近年来数字经济的发展给学科带来了机遇与挑战，各校学科负责人共同讨论了如何进一步巩固和发展学科建设，大家群策群力，共同提出创新发展方向。

在论坛主旨报告环节，北京理工大学管理与经济学院党委书记颜志军教授做了题为《理工科大学管理类一流本科专业建设思考》的主旨报告，报告从"大类招生""导师制培养""控制专业人数比例"和"实践课程"等方面总结介绍一流本科专业建设经验，提出了构建双创"内循环"的学生创业方式和国际化一流信息管理人才培养模式。华中科技大学管理学院管理科学与信息管理系主任赵学锋教授做了题为《基于技能培养和知识传授的一流本科专业建设》的主旨报告，介绍了本科专业建设面临的困扰和解决办法，指出以发展大数据方向为破局点，建立信息管理与信息系统专业转型路径，立足价值引领、课程思政等育人着力点，推进全员育人，同时以"金课"建设为导向，从能力培养和知识传授两个维度重塑课程体系。

第一个圆桌论坛的主题为信管专业课程思政建设，由中国人民大学信息学院程絮森教授主持，共有六位嘉宾就该主题进行分享。南开大学商学院副院长李凯教授介绍了南开思政课程建设的总体要求是"课课有思政""人人能思政""处处讲思政"，从学校、学院、基层教学组织和教师四维并进，同时介绍了在电子商务概论课程中有机融入思政元素。中央财经大学信息学院党委书记章宁教授从人文素养、科技强国、信息素养三个角度介绍了信管专业课程思政建设要求。东北财经大学管理科学与工程学院副院长丁学君教授总结本学院充分挖掘专业课程内容中蕴含的隐性思政元素，建立了科学完整的课程思政教学体系，将知识传授、能力培养和价值塑造一体化推进，真正做到"立德树人"。对外经贸大学信息学院信息管理系主任于晓丹副教授提出依托学校学科特色和优势，建设面向数字经济新技术、新模式、新业态场景下的"新"信管专业人才培养模式。深圳大学管理学院管理科学系副系主任冯元粤副教授介绍本专业采取整体性设计、一体化推进和差异化时间的原则，搭建"六位一体"的专业思政建设体系。西安财经大学管理学院信息管理系主任陈树广教授提出"培根铸魂、启智润心"的理念，倡导优质专业思政资源共享。

第二个圆桌论坛的主题为信管专业虚拟教研室建设，由上海外国语大学国际工商管理学院副院长马宝君教授主持，共有五位嘉宾就该主题进行分享。复旦大学管理学院信息管理与商业智能系主任张诚教授从课程准备和课程质量角度对老师自身提出了更高的要求，重点阐述了课程资源共享的重要性。安徽财经大学管理科学与工程学院副院长魏瑞斌教授分析了各学校类别差异性，提出构建信管专业知识图谱来更好支撑学科建设和发展。宁波财经学院金融与信息学院副院长徐莹教授从地方应用型民办本科高校角度出发，提出从"找准自身定位，求真务实发展；专业核心稳定，特色方向灵活；双创价值引领，产教深度融合"三个方面谋求信管专业更好发展。东华大学旭日工商管理学院管理科学与工程系副主任吴勇副教授从课程资源共享、培养方案学习交流和新教师培训等角度出发，对虚拟教研室提出更深层次的需求。山东财经大学管理科学与工程学院信息系主任张戈教授提出建立统一资源平台的需求，以期实现更好的信息系统专业建设。

第三个圆桌论坛的主题为信管专业拔尖人才培养，由中国人民大学信息学院经济信息管理系主任许伟教授主持，共有四位嘉宾就该主题进行分享。CNAIS 秘书长、清华大学经济管理学院郭迅华教授提出应充分听取学生对课程和学科意见建议，课程体系方面目前已经定位在商务智能和大数据分析，同时提出"培养拔尖人才的任务应该是创造什么环境来为培养拔尖人才服务"的理念。合肥工业大学管理学院副院长姜元春教授围绕"数字素养"论述了如何培养拔尖人才。中国地质大学（武汉）经济管理学院朱镇教授提出了从专业能力提升和跨专业融合两个方面培养拔尖人才。北京外国语大学国际商学院管理科学与工程系主任范静教授提出复合型多语拔尖人才培养计划，构建了面向全球未来科技时代的、符合北外特色的"信息系统＋大数据分析＋多语种"的信息管理与信息系统人才培养平台。

2. 信息管理与信息系统专业建设改革与创新举措

自 1998 年教育部将经济信息管理、科技信息、林业信息管理、信息学与管理信息系统五个专业合并为信息管理与信息系统专业后,该专业已经经过了二十多年的发展[2]。目前,全国设立相关专业的高校已达六百余所。近年来,互联网、大数据、人工智能、区块链元宇宙等新一代信息技术的快速发展,对信息管理与信息系统专业原有的课程体系和人才培养模式提出了挑战[3]。信息管理与信息系统一流专业建设面临挑战的同时也在积极探索自身的发展路径,注重改革与创新。基于本次论坛讨论内容,本文总结出以下信管专业改革与创新的主要举措。一是应加强课程思政,推进课程质量提升。二是应实施多措并举,完善人才培养体系。三是应实现信息共享,促进专业资源整合。

3. 信息管理与信息系统专业发展建议

新一代信息技术快速发展的时代,信管专业的内涵和外延都在持续地发生着变化。本文在信管一流专业建设改革创新经验的基础上,结合本次院长/系主任论坛特邀专家分享与讨论内容,提出以下促进信管类专业发展的建议。

(1)重视新技术采纳,实现信管专业转型升级。在新技术快速发展的新时代,不断更新课程体系,在保持信息管理与信息系统专业核心课程稳定的基础上,研发一批与时俱进的新课程,保证信管类专业在相对稳定建设与发展的同时与时俱进。

(2)加强实践性教学,提高学生创新创业能力。利用专业实践性强的特点与优势,积极推动学生课外实践活动,通过"互联网+"大赛、大学生创新创业训练计划等活动,将所学知识运用到实践中去。同时,邀请企业管理人员开展讲座,理论与实践相结合,开拓学生思路,形成课程知识和课外实践的良性互动。此外,面向企业的需求,利用假期开展实践训练营等活动,提高学生学以致用的能力,加强人才培养与社会企业需求的深层次融合。

(3)推进开放创新,形成跨专业跨院校协同创新发展。由于各个学校具备不同的特色和优势学科,在保持信管专业人才培养体系和核心课程稳定发展的前提下,各院校可从自身特色出发,结合学校优势学科,如工学类、财经类、医学类等,探索信管专业跨专业/跨院校协同育人机制,重点培养具有院校特色的经济管理与信息技术交叉复合特征的信息管理与信息系统专业人才,扎实推进跨专业/双学位建设项目。同时,积极探索信管专业开放创新模式,以虚拟教研室、人才培养联盟等多种方式,促进信管专业培养模式多元化发展。

综上所述,信管专业一方面要坚守初心,坚持立德树人,围绕信息管理与信息系统专业内涵加强课程思政建设,在新技术驱动下转型升级,实现可持续发展;另一方面,信管专业要开放创新,积极与其他专业进行交叉融合,加强专业内课程、教师等资源共享,扩大专业和学科影响力。

参 考 文 献

[1]　程絮森, 颜志军, 左美云. 数字化转型背景下的信息管理与信息系统类学科建设[J]. 信息系统学报, 2021, 2: 108-111.

[2]　中华人民共和国教育部高等教育司. 普通高等学校本科专业目录和专业简介[M]. 北京: 高等教育出版社, 1998.

[3]　许伟, 程絮森, 左美云. 数智化转型背景下的信息管理与信息系统专业交叉与融合[J]. 信息系统学报, 2022, 2: 162-165.

Discipline Reform and Innovation of Information Management and Information Systems

XU Wei [1], CHENG Xusen[1], MA Baojun[2], ZUO Meiyun [1]

(1. School of Information, Renmin University of China, Beijing 100872，China; 2. Key Laboratory of Brain-Machine Intelligence for Information Behavior（Ministry of Education and Shanghai）, School of Business and Management, Shanghai International Studies University, Shanghai 201620，China）

Abstract   Drawing on the presentation of invited expert and results of discussion in the eighth deans and department chairs meeting with theme of "Discipline Reform and Innovation of Information Management and Information Systems" at the Tenth China Association for Information Systems, this paper has reviewed current situation of information management and information systems. After that, this paper has claimed that the discipline faces with unprecedented opportunities in the new setting and given discipline reform and innovation approach for information management and information systems. Finally, this paper summarizes the suggestions about future development of the information management and information systems by combining the practical case and the discussion content.

Keywords   Information management and information systems, Discipline construction, Discipline reform, Innovation development

作者简介

许伟（1981—），男，中国人民大学信息学院教授，研究方向为信息系统、商业分析、大数据应用等。E-mail：weixu@ruc.edu.cn。

程絮森（1984—），男，中国人民大学信息学院教授，研究方向为共享经济与数字商务、信任及互联网行为、虚拟团队与人机协作等。E-mail：xusen.cheng@ruc.edu.cn。

马宝君（1985—），男，上海外国语大学国际工商管理学院教授，脑机协同信息行为教育部和上海市重点实验室副主任，教育部信息管理与信息系统专业虚拟教研室负责人，研究方向为脑机协同信息行为、数据科学与商业分析、信息系统等。E-mail：mabaojun@shisu.edu.cn。

左美云（1971—），男，中国人民大学信息学院教授，研究方向为智慧医养、医养大数据分析、区块链应用、政府数据治理等；本文通信作者，E-mail：zuomy@ruc.edu.cn。

《信息系统学报》审稿专家

刘登攀（清华大学）　　　　　　　　刘盾（西南交通大学）

刘冠男（北京航空航天大学）　　　　　刘和福（中国科学技术大学）

刘红岩（清华大学）　　　　　　　　刘建国（上海财经大学）

刘鲁（北京航空航天大学）　　　　　　刘鲁川（山东财经大学）

刘汕（西安交通大学）　　　　　　　　刘位龙（山东财经大学）

刘璇（华东理工大学）　　　　　　　　刘烨（清华大学）

刘咏梅（中南大学）　　　　　　　　　刘震宇（厦门大学）

刘仲英（同济大学）　　　　　　　　　卢涛（大连理工大学）

卢向华（复旦大学）　　　　　　　　　鲁耀斌（华中科技大学）

陆本江（南京大学）　　　　　　　　　陆文星（合肥工业大学）

罗城（天津大学）　　　　　　　　　　罗念龙（清华大学）

罗裕梅（云南大学）　　　　　　　　　马宝君（上海外国语大学）

马费成（武汉大学）　　　　　　　　　马良（山东财经大学）

马卫民（同济大学）　　　　　　　　　毛基业（中国人民大学）

梅姝娥（东南大学）　　　　　　　　　苗苗（西南交通大学）

闵庆飞（大连理工大学）　　　　　　　牛东来（首都经济贸易大学）

欧国立（北京交通大学）　　　　　　　潘煜（上海外国语大学）

戚桂杰（山东大学）　　　　　　　　　齐佳音（上海对外经贸大学）

秦春秀（西安电子科技大学）　　　　　邱凌云（北京大学）

裘江南（大连理工大学）　　　　　　　任菲（北京大学）

任明（中国人民大学）　　　　　　　　任南（江苏科技大学）

单晓红（北京工业大学）　　　　　　　邵培基（电子科技大学）

沈波（江西财经大学）　　　　　　　　石岩松（清华大学）

史楠（上海对外经贸大学）　　　　　　宋明秋（大连理工大学）

宋培建（南京大学）　　　　　　　　　宋婷婷（上海交通大学）

苏芳（暨南大学）　　　　　　　　　　孙建军（南京大学）

孙磊磊（北京航空航天大学）　　　　　孙元（浙江工商大学）

唐晓波（武汉大学）　　　　　　　　　童昱（浙江大学）

万岩（北京邮电大学）　　　　　　　　王翀（北京大学）

王聪（北京大学）　　　　　　　　　　王刚（合肥工业大学）

王昊（清华大学）　　　　　　　　　　王洪伟（同济大学）

王君（北京航空航天大学）　　　　　　王刊良（中国人民大学）

王楠（北京工商大学）　　　　　　　　王念新（江苏科技大学）

王珊（中国人民大学）　　　　　　　　王文怡（西安电子科技大学）

卫强（清华大学）　　　　　　　　　　闻中（北京外国语大学）

吴鼎（清华大学）　　　　　　　　　　吴金南（安徽工业大学）

吴俊杰（北京航空航天大学）　　　　　吴亮（贵州师范大学）

吴鹏（四川大学）　　　　　　　　　　夏昊（哈尔滨工业大学）

肖静华（中山大学）　　　　　　　　　肖泉（江西财经大学）

肖勇波（清华大学）　　　　　　　　　谢康（中山大学）

徐心（清华大学）　　　　　　　　　徐云杰（复旦大学）
许伟（中国人民大学）　　　　　　　闫强（北京邮电大学）
闫相斌（北京科技大学）　　　　　　严建援（南开大学）
严威（中国传媒大学）　　　　　　　颜志军（北京理工大学）
杨波（中国人民大学）　　　　　　　杨善林（合肥工业大学）
杨雪（南京大学）　　　　　　　　　杨彦武（华中科技大学）
杨翼（浙江大学）　　　　　　　　　姚忠（北京航空航天大学）
叶强（哈尔滨工业大学）　　　　　　叶青（清华大学）
叶琼伟（云南财经大学）　　　　　　易成（清华大学）
殷国鹏（对外经济贸易大学）　　　　尹秋菊（北京理工大学）
于笑丰（南京大学）　　　　　　　　余力（中国人民大学）
余艳（中国人民大学）　　　　　　　袁华（电子科技大学）
曾庆丰（上海财经大学）　　　　　　张诚（复旦大学）
张金隆（华中科技大学）　　　　　　张瑾（中国人民大学）
张明月（上海外国语大学）　　　　　张楠（清华大学）
张朋柱（上海交通大学）　　　　　　张文平（中国人民大学）
张新（山东财经大学）　　　　　　　张紫琼（哈尔滨工业大学）
赵建良（香港城市大学）　　　　　　赵昆（云南财经大学）
赵捧未（西安电子科技大学）　　　　赵英（四川大学）
仲秋雁（大连理工大学）　　　　　　仲伟俊（东南大学）
周军杰（汕头大学）　　　　　　　　周涛（杭州电子科技大学）
周荫强（香港大学）　　　　　　　　周中允（同济大学）
朱庆华（南京大学）　　　　　　　　左美云（中国人民大学）
左文明（华南理工大学）